U0451192

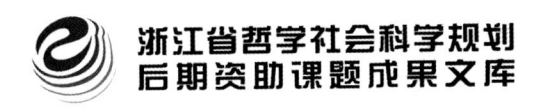

浙江省哲学社会科学规划
后期资助课题成果文库

会计信息契约有用性研究

Kuaiji Xinxi Qiyue Youyongxing Yanjiu

张兴亮 著

中国社会科学出版社

图书在版编目（CIP）数据

会计信息契约有用性研究 / 张兴亮著 . —北京：中国社会科学出版社，2015.11

ISBN 978 - 7 - 5161 - 7299 - 5

Ⅰ.①会⋯　Ⅱ.①张⋯　Ⅲ.①会计信息 - 研究　Ⅳ.①F230

中国版本图书馆 CIP 数据核字（2015）第 296740 号

出版人	赵剑英
责任编辑	宫京蕾
特约编辑	乔继堂
责任校对	朱妍洁
责任印制	何艳

出　版	中国社会科学出版社
社　址	北京鼓楼西大街甲 158 号
邮　编	100720
网　址	http：//www.csspw.cn
发 行 部	010 - 84083685
门 市 部	010 - 84029450
经　销	新华书店及其他书店

印刷装订	北京市兴怀印刷厂
版　次	2015 年 11 月第 1 版
印　次	2015 年 11 月第 1 次印刷

开　本	710×1000　1/16
印　张	16.25
插　页	2
字　数	274 千字
定　价	62.00 元

凡购买中国社会科学出版社图书，如有质量问题请与本社营销中心联系调换
电话：010 - 84083683
版权所有　侵权必究

摘　　要

　　会计信息不仅是投资者进行投资决策的基础，也能够用于评价管理层受托责任的履行情况，这是会计的两个基本目标。对会计信息有用性进行研究是检验会计准则建设与执行效果，评价会计目标是否实现的一个重要手段。会计信息有用性的研究分为价值相关性和契约有用性两个研究方向。由于我国证券市场建立时间不长，法规有待进一步完善，还存在较多的政府干预等因素，证券市场的有效性还有待提高，因此，基于有效证券市场理论的会计信息价值相关性的研究很难取得卓有成效的研究成果。鉴于此，本书研究会计信息在企业契约缔结与履行中的作用，即会计信息契约有用性，目的是构建会计信息契约有用性研究的理论框架，通过对会计信息契约有用性进行历史考察，发现会计信息契约有用性的历史证据，结合我国的制度背景对会计信息契约有用性进行实证检验，提出提高会计信息契约有用性的政策建议。

　　本书以企业的契约理论、代理理论为基础，以交易成本理论为分析工具，使用规范研究、历史分析以及实证检验等研究方法，对会计信息契约有用性进行了系统的理论分析和严密的实证检验，为促进会计准则建设与执行，完善公司治理机制，深化宏观制度建设与改革提供理论支持和经验证据。除导论和结语外，全书分六章内容展开具体研究。

　　第一章对会计信息契约有用性进行了理论分析，是全书的理论框架，提出了会计信息契约有用性基本命题。本章从企业的契约性质、契约的不完备性推导出企业所有权的存在，引入代理理论作为企业所有权安排的理论框架；以代理理论为起点，以交易成本为分析工具，从理论上分析会计信息在解决企业中各契约方代理冲突中的作用，最终提出会计信息契约有用性基本命题。会计系统满足作为契约自我履约机制的全部条件，会计信息是各契约方认可的共同知识；会计信息能够降低契约缔结时的信息成本和衡量成本等外生交易成本而影响契约结构,从而决定了各契约方以会计信息设计契约条款的契约结构;会计信息能够降低契约履行中契约各方之间的信息不对称,降低了监督成本等内生交易成本(代理成本),发挥了治理作用。

第二章是对会计信息契约有用性的历史考察,既考察了会计程序及方法随着企业组织变迁而不断发展变化的历史演进过程,又对会计准则产生与发展的契约动因进行了历史截面分析。随着企业组织形式由业主制演变为合伙制和公司制,会计程序及方法也不断发展;特别是股份有限公司出现后,企业契约的构成和契约结构变得复杂,股份有限责任公司中的会计程序及方法必须经历一系列变革才能满足股份有限责任公司运行的要求。同时,本章还从美国会计准则发展的历史截面剖析中发现,股份有限责任公司中契约构成的变动对会计规则的需求,是会计准则产生与发展的基本动因;用于对经营者进行激励的高管薪酬契约需要剩余计量规则,高管薪酬契约是会计准则产生与发展的动因之一;有限责任制度的产生导致了以会计信息为基础设计契约条款这种新的债务契约结构的产生,债务契约双方对会计信息产生规则的需求导致了会计准则的产生,以此降低交易成本,债务契约是会计准则产生与发展的又一个动因。

第三章是分析制度背景和会计信息质量对会计信息契约有用性的影响。代理理论忽视了制度因素及会计信息质量对解决企业中代理冲突机制的影响,因此,以代理理论为起点构建的会计信息契约有用性理论框架,也必须结合制度背景和会计信息质量进行补充和完善。本章从国有企业改革、民营企业发展、转轨经济与新兴市场等制度环境方面,对影响会计信息契约有用性的制度背景进行了分析;在总结目前各国会计信息质量特征体系基础上,论证了目前我国现有制度环境下,企业契约对会计信息质量的基本要求。本章最后对制度背景和会计信息质量影响会计信息契约有用性的机理进行了剖析。研究发现,制度环境通过影响企业内部契约安排规则而影响会计信息契约有用性;会计信息质量决定企业契约对会计信息依赖的程度,质量越高的会计信息在企业契约中被赋予越高的权重。

第四章对会计信息在高管薪酬契约中的作用进行了实证检验。本章采用隐性契约法,通过检验会计业绩与高管薪酬之间的关系,来检验会计信息在高管薪酬契约缔结中的作用;从会计信息在高管变更中作用的视角,来检验会计信息在高管薪酬契约履行中的作用。在研究过程中,本章以在

第一章提出的会计信息契约有用性基本命题为基础，结合制度背景和会计信息质量，提出有待检验的假说，运用我国股票市场2007—2010年上市公司的数据，对会计信息在高管薪酬契约缔结与履行中的作用进行检验。实证研究发现，高管薪酬契约缔结时使用了以会计业绩为基础的契约条款；不同产权性质企业的会计信息在高管薪酬契约缔结时作用的不同是由政府干预导致的；高管薪酬契约缔结时，对价值相关性越高的会计信息赋予越高的权重，且当高管权力越低时，这种状况越显著。高管薪酬契约的履行是以高管薪酬契约的缔结为基础的，高管薪酬业绩敏感度越大，会计信息在高管变更决策中的作用也越大；高管薪酬粘性越低，高管薪酬契约有效性越高，会计信息在高管变更中的作用越大。

第五章对会计信息在债务契约中的作用进行了实证检验。本章以第一章提出的会计信息契约有用性基本命题为基础，结合制度背景和会计信息质量，提出有待检验的研究假说；以2007—2010年中国上市公司为研究样本，通过研究会计信息与企业获得借款额度之间的关系，来检验会计信息在债务契约缔结中的作用；运用事件研究法，通过检验企业借款后的会计稳健性是否有显著提高，来检验会计信息在债务契约履行中的作用。研究发现，会计信息作为共同知识，降低了债务契约缔结时契约双方之间的信息不对称；会计信息的这种作用在国有企业中更显著，这一现象是由国有企业具有较高的会计信息质量导致的，2003年的银行业改革对国有企业预算软约束产生了积极的硬化作用；好的制度环境直接提升了会计信息在债务契约缔结时的有用性。借款发生后，基于会计信息的债务契约条款在债务契约的履行中发挥了重要监督作用，表现为借款发生后企业的会计稳健性显著提高；这一现象在民营企业中更显著，原因是银行因民营企业的信息风险更大而要求的额外补偿。

第六章总结了会计信息契约有用性的研究启示，同时提出了若干政策建议。在会计准则建设方面，本书建议在会计准则制定和修订过程中，要保证计量属性的可获得性、慎重选择会计准则的制定模式，应重新考虑会计信息契约有用性与价值相关性的关系，提高会计稳健性，保持会计准则的相对稳定，减少企业的调整成本。在会计准则执行方面，本书建议应分别从会计伦理、注册会计师审计和媒体监督等方面，分别构建会计准则的自我执行机制、强制执行机制以及会计准则执行中的非正式制度。在公司治理机制的完善方面，本书建议，应当从构建高管行为准则、完善高管信息披露制度以及有效发挥独立董事监督职能等方面，形成上市公司高管权力治理的有效机制，使高质量的会计信息在企业契约中发挥更大作用。在宏观制度建设与改革方面，本书建议要继续深入推进市场化改革，减少政府干预，不断完善宏观制度安排，改善会计信息发挥治理作用的制度环境。

本书的主要创新体现在以下几个方面：第一，系统构建了会计信息契约有用性的理论框架，这一理论框架是本书实证研究的基础，并能为今后从事会计信息契约有用性的研究提供理论基础。第二，发现了会计盈余的价值相关性对其薪酬契约有用性具有积极影响的经验证据，为会计准则制定中权衡价值相关性和契约有用性提供了有益启示；将高管薪酬契约的缔结与履行的研究结合了起来，丰富了目前的研究文献。第三，将事件研究法引入会计信息在债务契约履行中作用的研究，弥补了目前这一领域研究的不足，运用事件研究法提高了实证检验的力度。

本书主要研究企业组织形成之后，即股权契约缔结之后，会计信息在解决委托人与代理人之间代理冲突中的作用问题，因此，本书并不涉及会计信息在股权契约中作用的研究。未来研究可通过分析企业中的第二类代理问题来探讨会计信息在股权契约中的作用。另外，会计信息只有同时降低高管薪酬契约和债务契约缔结与履行中的交易成本，才能发挥有效的契约作用；未来可以从会计稳健性的角度，研究基于会计信息的高管薪酬契约对债务契约的影响，即将会计信息在高管薪酬契约和债务契约中作用的这两类问题结合起来研究。

关键词： 交易成本　会计信息　契约有用性　制度环境　会计信息质量　高管薪酬契约　债务契约

Abstract

Accounting information can not only server as the basis for investors' decision, but also play a role of evaluating managers' accountability, which are two objectives of accounting. Studying the usefulness of accounting information is an important approach to test the effect of accounting standards, and to evaluate the achievement of accounting objectives. Studies of accounting information usefulness can be divided into value-relevance studies and contractual usefulness studies. Due to some reasons such as the short history of stock exchange markets, the incompleteness of laws, and more government intervention, the effectiveness of stock exchange markets need to promote further. Studies on value relevance of accounting information which are on basis of the effective securities market theory can make little useful research achievement in China. So this book studies the role of accounting information to help contracts'signing and fulfillment in enterprises. The goals of this book are to establish the theory framework for contractual usefulness of accounting information, to find history evidence by historical review, to make empirical research basing on the analysis of institution background, and to propose some policy recommendations to promote contractual usefulness of accounting information.

Basing on contract theory and agency theory, taking transaction cost theory as analytical tool, and using norm research method, historical analysis, and empirical research method, this book makes a theoretical analysis and empirical tests for contractual usefulness of accounting information, which provides theoretical support and empirical evidence for prompting the establishment and fulfillment of accounting standards, for completing corporation governance mechanisms, and for deepening system reform. Besides the introduction and the conclusion, this book has six chapters.

The first chapter is the theoretical analysis which is the theory framework of contractual usefulness of accounting information. The chapter also puts forward two basic propositions in the contractual usefulness of accounting information. The chapter deduces the existence of corporation ownership from the contractual nature of corporations and the incompleteness of contracts, and uses agency theory as the theory framework of corporation ownership arrangement. From the start point of agency theory and using transaction cost as the analysis tool, the chapter theoretically analyzes the contractual usefulness of accounting information to resolve the agency conflict among contract parties, and puts forward the basic propositions in the contractual usefulness of accounting information. The chapter finds that accounting system meets all conditions of contract self-enforcing mechanisms; accounting information is the common knowledge among contract parties, and affects contractual structure by reducing the information cost and measurement cost when contracts are signed. The chapter also finds that accounting information plays a role of governance by reducing information asymmetry among contract parties, and reduces the cost of supervision during the fulfillment of contracts.

The second chapter is the historical review about the contractual usefulness of accounting information. There is not only a review of historical evolution about accounting procedures and methods which developed continuously following the changes of business organizations, but also a historical cross sectional analysis about the contractual reason for the development of accounting standards. The chapter finds that accounting procedures and methods developed continuously as business organization changed from proprietorship to partnership and corporation system. Especially, contracts in corporations become complex after joint stock limited companies appeared, so account procedures and methods would not satisfy the need of joint stock limited companies until it changed. Simultaneously, from the historical cross sectional analysis of the development about accounting standards in USA, the chapter also finds that the basic reason for the development of accounting standards is the change of contracts as joint stock limited companies appeared. More specially, executive compensation contracts which need the measurement rule to measure residuals is one reason for the appearance and development of accounting standards. The appearance of limited liability system leads to the appearance of debt contract structure that composes with contractual provision based on accounting information. It is the need of accounting rules from debt contract parties leads to the appearance of accounting standards, so the debt contract is another reason for the appearance of accounting standards.

The third chapter analyzes the effect of institution background and accounting information quality on the contractual usefulness of accounting information. The agency theory neglect the effect of institution elements and accounting information on the mechanisms used to resolve the agency conflict. So the theory framework based on agency theory must be supplemented. The chapter analyzes the institution background form such aspects as the reform about SOEs, the development of private enterprises, and the institutional environment in transition economy and emerging market. The chapter analyzes the need of corporation contracts about the quality characters of accounting information on the basis of conclusion about the quality character system in USA, IASB and China. The chapter finally analyzes the impact mechanisms about institutional background and accounting information quality; and finds that institution background affects the contractual usefulness by affecting the rules about contracts in corporations, accounting information quality determines degree of dependence on accounting information in corporation contracts, the accounting information with higher quality is given a higher weight in corporation contracts.

The forth chapter makes an empirical test about the contractual usefulness of accounting information in executive compensation contracts. The chapter uses implicit contract approach to test the contractual usefulness when executive compensation contracts are signed by testing the relationship between accounting earnings and executive compensation, and test the contractual usefulness of accounting information during fulfillment of executive compensation contracts by testing the role of accounting information in executive turnover. In the research process, the chapter proposes hypothesis on the basis of the basic propositions in the first chapter. Concretely, the chapter tests the usefulness of accounting information when executive compensation contract is signed by using listed corporations' data form 2007 to 2010. The empirical study finds that executive compensation contracts use contractual provision based on accounting information when they are signed; it is government intervention which leads to the different contractual usefulness of accounting information between SOEs and private enterprises; and that the higher value relevance of accounting information is given a higher weight in compensation contracts, which is more significant when executives' power is lower. Signing contract if the premise to fulfill the contract. The chapter finds that the higher of pay-performance sensitivity, the higher usefulness of accounting information in executives' turnover will be; and that the lower of executive payment sticky, the higher usefulness of accounting information in executives' turnover will be.

The fifth chapter makes an empirical test about the usefulness of accounting information in debt contracts. The chapter proposes hypothesis on the basis of the basic propositions in the first chapter, and selects listed companies from 2007 to 2010 as research sample. The chapter tests the usefulness of accounting information in debt contracts when they are signed by testing the relationship between accounting information and loans, and test the usefulness of accounting information in the fulfillment of debt contracts by examining accounting conservatism does raise or not after debt contracts were signed using event study. The chapter finds that accounting information plays a role of common knowledge which can reduce information asymmetry among debt contract parties. Such role of accounting information is more significant in SOEs, which results from the higher accounting information quality in SOEs. The bank industry reform from 2003 has played a role of governance to budget soft constraint in SOEs. The chapter also finds that the better institution background, the higher usefulness of accounting information will be. The contract provisions based on accounting information play an important role of governance in the fulfillment of debt contracts. The accounting conservatism becomes higher after the debt contracts were signed, which is more significant in private enterprises because there are more risk that lead to banks need more compensation in private enterprises.

The sixth chapter concludes the enlightenment from the study, and proposes some policy suggestions. With respect to the construction of accounting standards, this book suggests that we must assure the availability of measurement attributes, must select the model about the construction of accounting standards deliberately, must recognize the relationship between contractual usefulness and value relevance again, must promote accounting conservatism, and must stabilize the accounting standards appropriately. With respect to the fulfillment of accounting standards, this book proposes to establish self-enforcing mechanism, enforcement mechanism, and informal institution from aspects of accounting ethics, CPA and media supervision respectively. With respect to corporation governance, this book suggests establishing mechanisms that control executives' power from such aspects as the construction of executives' behavior standards, completing the disclosure system about executives' information, and making independent directors work effectively. With respect to macro institution construction and reform, this book proposes to improve institution environment that contributes to contractual usefulness of accounting information by promoting market-oriented reform, reducing government intervention, and improving macro institution arrangement.

The innovations made in this book can be summarized from the following four aspects. First, this book constructs the theory framework for contractual usefulness of accounting information which is a theoretical basis for the empirical studies in this book and for future studies. Second, this book finds the empirical evidence about the effect of value relevance on contractual usefulness of accounting information, which can offer useful enlightenment for the trade-off between value relevance and contractual usefulness in the process of formulating accounting standards. Furthermore, this book combines the study on executive compensation contracts signing with the study on executive compensation contracts fulfillment, which enriches the existing research literatures. Third, this book introduces event study into the research about the usefulness of accounting information in fulfillment of debt contracts, which can make up the shortage of studies in this field. Using of event study also promotes the power of empirical tests.

This book studies the role of accounting information in reducing the agency conflict between principal and agent after business organization was established, so this book does not include the role of accounting information playing in equity contracts. In future studies, researchers can study the contractual usefulness of accounting information in equity contracts from analyzing the second agency problem in enterprises. In addition, accounting information would not play an effective role in contracts until accounting information reduced the transaction cost in the signing and fulfillment of executive compensation contracts and debt contracts simultaneously. In future studies, researchers can study the effect of executive compensation contracts on debt contracts from the aspect of accounting conservatism, which can combine studies on contractual usefulness of accounting information in executive compensation contracts with studies on contractual usefulness of accounting information in debt contracts.

Keywords: Transaction Cost; Accounting Information; Contractual usefulness; Institution Environment; Accounting Information Quality; Executive Compensation Contract; Debt Contract

目 录

导 论 ……………………………………………………………… (1)
  第一节　研究背景与意义 …………………………………………… (1)
  第二节　国内外研究综述 …………………………………………… (5)
    一　理论研究：会计信息有用性的契约观 ……………………… (5)
    二　实证研究：会计信息与高管薪酬契约 ……………………… (8)
    三　实证研究：会计信息与债务契约 …………………………… (13)
    四　国内外研究评价 ……………………………………………… (16)
  第三节　研究思路及基本框架 ……………………………………… (18)
  第四节　研究说明与相关约定 ……………………………………… (21)
    一　本书与《会计契约论》的区别 ……………………………… (21)
    二　研究范围的说明 ……………………………………………… (21)
    三　会计信息的界定 ……………………………………………… (22)

第一章　会计信息契约有用性的理论分析 ……………………… (23)
  第一节　企业的契约性质及契约的不完备性 ……………………… (23)
    一　企业的契约性质：新制度经济学家的经典诠释 …………… (23)
    二　认识企业契约性质的重要意义 ……………………………… (27)
    三　企业契约的不完备性 ………………………………………… (28)
  第二节　企业所有权及其安排 ……………………………………… (30)
    一　企业所有权：剩余控制权与剩余索取权 …………………… (30)
    二　企业所有权安排的基本原则：公司治理结构 ……………… (33)
  第三节　企业所有权安排的具体理论框架：代理理论 …………… (35)
    一　代理理论的产生与发展 ……………………………………… (35)
    二　代理理论对企业性质的认识 ………………………………… (37)
    三　股东与经理人之间代理冲突的治理机制：激励与监督 …… (37)

四　股东与债权人之间的利益冲突及治理机制 …………………… (40)
　第四节　会计信息契约有用性的基本命题 ……………………………… (41)
　　　一　会计信息契约有用性基本命题的提出 …………………………… (41)
　　　二　会计信息的薪酬契约有用性 ……………………………………… (44)
　　　三　会计信息的债务契约有用性 ……………………………………… (45)

第二章　会计信息契约有用性的历史考察 ………………………………… (47)
　第一节　企业组织变迁与会计程序及方法的发展 ……………………… (47)
　　　一　业主所有制企业与会计程序及方法 ……………………………… (47)
　　　二　合伙制企业与会计程序及方法 …………………………………… (49)
　　　三　股份有限责任公司与会计程序及方法 …………………………… (50)
　第二节　会计准则产生与发展的契约动因 ……………………………… (56)
　　　一　会计准则产生与发展的契约动因：理论分析 …………………… (56)
　　　二　会计准则产生与发展的契约动因：历史证据 …………………… (57)
　　　三　会计准则产生与发展的高管薪酬契约动因 ……………………… (59)
　　　四　会计准则产生与发展的债务契约动因 …………………………… (61)

第三章　会计信息契约有用性的影响因素 ………………………………… (62)
　第一节　制度背景 ………………………………………………………… (63)
　　　一　国有企业改革与民营企业发展 …………………………………… (63)
　　　二　转轨经济与新兴市场中的制度环境 ……………………………… (68)
　　　三　制度背景对会计信息契约有用性的影响机理 …………………… (73)
　第二节　会计信息质量 …………………………………………………… (74)
　　　一　美国、国际会计准则理事会和中国的会计信息质量
　　　　　特征体系 ………………………………………………………… (75)
　　　二　我国目前制度背景下企业契约对会计信息质量特征的
　　　　　要求 ………………………………………………………………… (77)
　　　三　会计信息契约有用性与价值相关性之间的关系 ………………… (78)
　　　四　会计信息质量对会计信息契约有用性的影响机理 ……………… (79)

第四章　会计信息在高管薪酬契约中作用的实证检验 ………………… (81)
　第一节　会计信息在高管薪酬契约缔结中作用的实证检验 ………… (81)

一　引言 ·· (81)
　　二　假说发展 ·· (83)
　　三　实证研究设计 ·· (90)
　　四　实证结果与分析 ··· (95)
　　五　稳健性检验 ·· (109)
　　六　研究小结 ·· (112)
　第二节　会计信息在高管薪酬契约履行中作用的实证检验 ········ (113)
　　一　引言 ·· (113)
　　二　假说发展 ·· (116)
　　三　研究设计 ·· (118)
　　四　实证结果及分析 ··· (126)
　　五　敏感性测试 ·· (135)
　　六　研究小结 ·· (138)

第五章　会计信息在债务契约中作用的实证检验 ···················· (140)
　第一节　会计信息在债务契约缔结中作用的实证检验 ············ (141)
　　一　引言 ·· (141)
　　二　假说发展 ·· (144)
　　三　研究设计 ·· (149)
　　四　实证结果与分析 ··· (156)
　　五　稳健性检验 ·· (175)
　　六　研究小结 ·· (181)
　第二节　会计信息在债务契约履行中作用的实证检验 ············ (181)
　　一　引言 ·· (181)
　　二　假说发展 ·· (183)
　　三　研究设计 ·· (186)
　　四　事件研究结果及分析 ·· (192)
　　五　研究小结 ·· (199)

第六章　会计信息契约有用性的研究启示与政策建议 ·············· (201)
　第一节　会计准则建设 ··· (201)
　　一　提高会计信息的可靠性 ····································· (201)

二　重新认识会计信息契约有用性与价值相关性之间的
　　　　关系 ··· (202)
　　三　注重会计信息的稳健性 ··· (203)
　　四　保持会计准则的相对稳定 ····································· (204)
第二节　会计准则执行 ··· (205)
　　一　构建会计准则的自我执行机制：会计伦理 ············ (205)
　　二　构建会计准则的强制执行机制：注册会计师审计 ······ (206)
　　三　构建会计准则执行中的非正式制度：媒体监督 ······ (207)
第三节　公司治理机制的完善：高管权力治理 ····················· (207)
　　一　完善高管信息披露体系 ··· (207)
　　二　构建高管行为准则 ·· (209)
　　三　有效发挥独立董事的监督职能 ······························· (209)
第四节　宏观制度建设与改革 ··· (211)
　　一　继续推进市场化改革 ·· (212)
　　二　减少政府过度干预 ·· (212)

结　语 ··· (214)
　第一节　研究结论 ··· (214)
　第二节　主要创新 ··· (216)
　第三节　研究局限 ··· (216)
　第四节　未来研究方向 ·· (217)

主要参考文献 ··· (219)

后记 ··· (241)

导　　论

第一节　研究背景与意义

　　会计规则作为一份公共契约，能够在降低交易成本及提高社会资源配置效率方面发挥重要作用。我国资本市场的建立，产生了对公共契约——会计规则的需求，经过近 20 年的建设，财政部陆续实施和完善了一系列会计规则：1993 年两则两制、2000 年《企业会计制度》以及 2006 年的《企业会计准则》。会计规则发挥这种公共契约的作用依赖于企业根据该规则生产的会计信息。《企业会计准则（2006）》提出会计的目标是提供决策有用的信息，以及反映企业管理层受托责任的履行情况。因此，对会计信息有用性的研究，是最能检验会计规则作为公共契约是否发挥了应有的作用，最能体现会计目标的研究方向。比弗（Beaver，1996）认为会计研究的基本对象是会计信息，无论会计研究的内容、方法等如何演化，最终都可归结为会计信息有用性。

　　比弗（1998）指出，财务会计信息发挥着两个既相互区别又相互联系的作用：一是便于企业利益相关者做出相关决策；二是使缔约方如管理当局与投资者之间的缔约更加容易，因为企业部分契约采用了财务报告数据。因此，会计信息有用性的研究可以分为两个方向[①]：其一是价值相关性的研究，其二是会计信息在企业契约中作用的研究。姜金香等（2005）、孙铮和刘浩（2006）以及孙铮和贺建刚（2008）将会计信息在

[①] 孙铮和刘浩（2006）将会计信息有用性视为会计信息的决策有用性，并将其分为投资有用性和契约有用性。为了与会计目标一致，本书将实现"提供决策有用的会计信息"这一会计目标的会计信息有用性视为价值相关性；将实现"反映管理层受托责任履行情况"这一会计目标及其他契约作用的会计信息有用性视为契约有用性。孙铮和贺建刚（2008）对会计信息的价值相关性（该文称其为决策有用性）和契约有用性进行了综述。

契约签订、监督和执行过程中，对各契约方的约束与监督作用称为会计信息契约有用性。

价值相关性的研究起源于美国发达的资本市场中投资者关于企业价值估计的需求。这类研究试图探索企业会计信息，特别是盈余信息在企业价值评估中的作用，主要分为信息观和计量观两个研究流派。信息观主要在于检验会计盈余信息是否具有增量的信息含量，而计量观主要在于寻找根据会计信息直接对股票进行定价的方法（赵宇龙，1999；孙铮和刘浩，2006）。[①] 由于受到企业契约的影响，如企业债务契约要求企业提供更加稳健的会计信息，这类研究大多认为会计信息对于企业价值的评估能起到一定作用，但作用不大。霍尔特豪森和瓦茨（Holthausen 和 Watts，2001）认为这类研究对于会计准则制定的帮助是微不足道的。同时这类研究的基本理论前提是有效市场理论，但资本市场的效率一直受到人们的争论（Lee，2001）。由于我国资本市场发展时间不长，市场效率有待进一步完善和提高，上市公司是资本市场的基石，上市公司的治理效率一直是近年来证券监管部门关注的重点；因此，相对于会计信息价值相关性的研究，会计信息如何在公司契约中发挥作用，提高公司治理效率，即会计信息契约有用性的研究是现阶段更有价值的研究方向。姜金香等（2005）也认为，契约有用性对会计实践的解释力要强于价值相关性，并且我国当前会计信息的社会环境决定了契约有用性应当占主导地位。

考虑以上缘由，本书基于新制度经济学中的契约理论、代理理论和交易成本等理论，采用规范研究与实证研究相结合的方法，构建会计信息契约有用性理论框架，考察会计信息契约有用性的历史证据，并结合我国的制度背景对我国上市公司会计信息契约有用性进行实证检验。本书对于进一步认识会计信息的有用性，指导企业会计准则的制定，完善上市公司治理机制等方面，具有重要的理论与现实意义。具体体现在以下几个方面。

（1）系统梳理会计信息契约有用性的基本内涵，为认识会计本质提供新的重要视角。《企业会计准则（2006）》明确指出："财务会计报告的

---

① 在信息观中，最具代表性的文献是鲍尔和布朗（Ball 和 Brown，1968）；1981 年美国斯坦福大学的比弗教授出版了 *Financial Reporting：An Accounting Revolution* 一书（国内翻译为《财务呈报：会计革命》），对信息观进行了全面总结。在计量观中，最具代表性的文献是奥尔森（Ohlson，1988，1991）以及彭曼（Penman，1992）等。

目标是向财务会计报告使用者提供与企业财务状况、经营成果和现金流量等有关的会计信息,反映企业管理层受托责任履行情况,有助于财务会计报告使用者做出经济决策。"首先,对于受托责任这一目标,现代财务会计与公司制企业中所有权与经营权分离而产生的受托责任密切相关。会计对受托责任的界定及其履行情况的反映和控制便意味着会计成为契约履行机制的重要组成部分(雷光勇,2004),这正是会计信息的契约有用性,因此从会计信息契约有用性角度来认识会计的本质,可以说找到了现代财务会计发展的源头。① 其次,对于"有助于财务会计报告使用者做出经济决策"这一目标,这反映了会计信息的决策有用性。孙铮和刘浩(2006)进一步把决策有用性分为投资有用性和契约有用性。李明辉(2008)认为受托责任与决策有用实际上是一种本质与表面的关系,管理层对受托责任的完成情况是相关利益团体做出有关决策的基本依据。因此,会计信息契约有用性反映了会计的基本目标。

总之,会计信息契约有用性的研究能够追溯现代会计发展的源头,并能够从与企业组织发展演变一致的角度认识会计,这符合会计应当为经济发展服务这一基本理念。会计信息契约有用性认为,会计不仅是一个信息系统,更重要的是会计在监督经济运行过程中发挥了能动作用,这也与郭道扬教授提出的"会计控制论"(郭道扬,1989)思想一致。因此,进一步系统地对会计信息契约有用性进行分析,对于认识会计的本质,准确把握会计的发展方向起到了重要作用。

(2)全面考察会计信息契约有用性的历史证据,为检验会计信息的契约作用提供了基本路径。会计起源于对交易的记录与报告,而交易中双方的权利是通过契约界定的。随着企业组织形式的不断发展变化,会计方法和程序也在不断地发展变化,这体现了会计信息服务于企业契约运行这一基本规律。企业的组织形式经历了独资企业、合伙企业和公司制企业三种形式,会计方法也随着企业组织形式的变迁而不断发展变化,大量的现代会计方法和程序,如收入实现原则、配比原则以及权责发生制等原则,

---

① 在国内,杨时展教授最早提出会计受托责任理论。杨时展(1992)指出,一个人在什么时候接受了对方委托的资源及运用、管理此一资源的权力,就理所当然要承担向委托人交代的责任。这一责任是随同运用上述资源的权力俱来的,会计原本的目的就在于认定受托责任的完成情况,在于把受托责任说清楚。

就是随着公司制企业的建立而逐渐发展起来的。现代企业产权制度的变迁决定着现代会计理论与实务的发展及其趋势（夏成才和王雄元，2003）。会计程序与方法随着企业契约形式变化的根本原因在于会计信息要服务于企业契约，降低企业缔约方的交易成本，这也是公司治理的根本目的所在。随着资本市场的建立，企业所有权结构变得更加复杂，企业的契约关系人（特别是股东）数量迅速增加，对于他们来说，是否存在一套既定的会计信息生成规则，从而显著地降低交易成本显得十分重要（刘浩和孙铮，2005），这产生了对公共会计规则的需求。会计规则的产生，使会计信息的供给进入管制时代，考察会计信息在企业契约中的作用显得更加复杂。

因此，对会计信息契约有用性进行历史考察，是证明会计信息具有企业契约治理作用的重要方法。同时，由于企业组织结构的变迁是企业契约对产权界定和保护变迁的结果，而会计信息在其中起到了重要作用，所以，对会计信息契约有用性进行历史考察，也验证了按照新制度经济学中产权理论、契约理论和交易成本理论对会计行为进行研究的合理性，有助于我们找到适用于研究中国会计行为的理论基础。

（3）重点分析制度因素对会计信息契约有用性的影响，为合理解释中国会计实践提供了必要保证。目前，针对中国会计问题的研究在选择变量时，主要受到西方文献的影响。但是与西方成熟市场体系、完善的制度环境不同，我国目前仍然处于由计划经济向市场经济的过渡阶段，即我国仍然是一个转轨经济国家。基于转轨经济国家的共同特征，政府干预和市场机制的不完善是我国上市公司最基本的制度环境（李增泉和孙铮，2009）。因此，在运用经典的代理理论研究我国会计信息契约有用性时，必须加入中国的制度变量，才能为现实找到较为准确的理论解释，提高研究效果。具体来说，可采用新制度经济学中的交易成本理论等将中国的制度变量纳入研究模型。因为诺斯（2008）指出制度决定交易成本；威廉姆森（Williamson，2000）进一步指出制度决定交易成本，从而影响契约结构，所以基于新制度经济学的这种逻辑，制度决定契约结构，从而决定了会计信息在企业契约中的运用。诺斯（2008）将制度分为正式规则、非正式规则和履行机制；会计规则作为一种公共契约或公共制度，其在公司治理中的作用依赖于其他正式制度和非正式制度对会计规则的替代和互补作用。

现有的证据已充分证明，用新制度经济学中的基本理论来解释我国上市公司的会计行为，可以更有效地推出"可以被事实推翻的结论"（李增泉和孙铮，2009）。因此，考虑中国特有的制度因素对会计信息契约有用性的影响，能更准确、合理地解释中国的会计实践。

（4）实证检验会计信息契约有用性，为提出基于中国制度背景的政策建议提供重要依据。会计信息契约有用性的实证检验，是检验我们依据新制度经济学中的产权理论、契约理论以及交易成本等理论提出的研究假说是否能被证伪的科学方法。若假说不能被证伪，则说明研究中的理论推测能较合理地解释会计信息契约有用性。

研究会计信息契约有用性的根本目的，是为会计准则的建设与执行、公司治理机制的完善，以及宏观制度建设与改革提供政策建议，实证研究提供的经验证据是提出政策建议的基础。本书在实证检验会计信息契约有用性时，充分考虑中国特色的制度因素的影响，这使得根据实证研究结果提出政策建议时，更具有针对性。

第二节 国内外研究综述

一 理论研究：会计信息有用性的契约观

与会计信息价值相关性的信息观与计量观相对应，会计信息契约有用性也可称为会计信息有用性的契约观。会计信息有用性的契约观是实证会计理论的基础，它起源于实证会计理论的构建过程。瓦茨和齐默尔曼（Watts 和 Zimmerman，1978）首次分析了作为一系列契约联结的企业，其契约各方在谋求自身利益最大化的过程中，如何影响企业管理层对待会计准则的态度。管理层的报酬组合、企业政治成本和税收共同决定管理层对会计准则的态度。当准则制定机构要求企业实施能够增加会计利润的会计准则时，大企业的管理层更可能会反对，因为利润增加，会引起大企业政治成本、税赋等显著增加，会导致监督机构的管制，从而可能使股价下降，影响管理层的报酬；反之，当在制定会计准则时选择能够降低会计利润的会计政策时，可能会受到大企业管理层的支持。虽然瓦茨和齐默尔曼（1978）有一定的局限性，但这篇文献首次从契约的角度来解释会计准则制定时，应考虑不同会计政策或会计方法的选择对契约方的影响，开创了实证会计理论之先河，形成了会计信息有用性之契约观的萌芽。泽夫（Zeff，1978）更全面地指出，财务报告能够影响企业管理层、投资者、债权人以及政府部门等利益相关者的决策行为，即财务报告具有经济后果（economic consequences），在制定会计准则时，在选择不同的会计方法时，必须考虑财务报告的这一经济后果。瓦茨和齐默尔曼于1986年出版了实证会计理论的集大成之作——《实证会计理论》，该著作从会计信息在企业契约中的使用会影响契约各方的利益，因而会影响会计政策选择和会计准则制定的角度，构建了实证会计理论。因此可以说，会计信息有用性的契约观是实证会计理论的基础。具体地，瓦茨和齐默尔曼（1986）指出："那些有关产权和契约理论的文献认为，会计在制定契约的条款以及在监督这些条款的实施中扮演着重要的角色，会计数据经常被用于各种契约（债务契约、管理人员报酬方案、公司章程及细则等）。"

会计信息有用性的契约观深刻地揭示了会计准则制定中的利益冲突与博弈过程，对会计准则的制定产生了深远影响，也丰富了会计学术界对会计社会功能的认识。桑德（2000）把企业看成契约的联结，并认为，为了使企业运转，会计承担着五个方面的职能：（1）计量各个契约主体对于企业资源集合的投入；（2）确定并支付每个契约主体的约定利益；（3）把其他契约主体履行约定义务和获取约定利益告知相应的主体；（4）帮助维持一个契约地位；（5）向所有契约主体提供可证实的信息作为共同知识，以便缔约。与代理理论一脉相承，桑德（2000）重点关注的是企业契约主体之间的冲突，并认为会计是为了解决契约主体之间的冲突而提供各契约主体共享的事实。

企业是一系列契约的联结，并且契约是不完全的，因而导致企业所有权的存在，企业所有权的安排即为公司治理结构。公司治理也是以契约形式进行的，如解决股东与企业管理层之间代理冲突的高管薪酬契约，以及解决股东与债权人之间代理冲突的债务契约等。布什曼和史密斯（Bushman和Smith，2001）以契约理论和代理理论为基础，总结了会计信息在公司内部控制机制，如管理层激励计划（高管薪酬契约）等，以及公司外部控制机制，如外部股东或债权人的监督（债务契约）等公司治理机制中的作用，并将其称为财务会计信息的治理作用。财务会计信息的治理作用是会计信息契约有用性的较为具体和直接的一个方面。布什曼和史密斯（2001）清晰地分离出了会计信息在高管薪酬契约中的三个基本作用：

一是直接激励管理者行为，二是过滤其他业绩指标（如股价）中常见的噪音，三是在多种活动间平衡管理者精力。在布什曼和史密斯（2001）之后，阿姆斯壮等（Armstrong 等，2010）回顾了近 10 年间会计信息治理作用的研究文献。阿姆斯壮等（2010）把公司治理机制看成能够减轻管理层与股东代理冲突的一组契约，包括外部董事、活跃的投资者以及高管薪酬激励契约等[①]，并回顾和分析了会计信息在减轻管理层与股东之间代理冲突的各种公司治理契约中的作用。同时，阿姆斯壮等（2010）也回顾和分析了会计信息在为了减轻股东（或管理层）与债权人之间代理冲突的债务契约中的作用。

在国内，姜金香等（2005）、孙铮和刘浩（2006）以及孙铮和贺建刚（2008）等较早地从契约观的角度关注会计信息的有用性。姜金香等（2005）认为，会计目标在于为企业的利益相关者——股东、经营者、债权人、政府、顾客、供应商和职工等提供契约有用的信息；会计信息在实现这一目标中的作用被称为契约有用性；具体表现为会计信息在契约的缔结和执行中，对各契约方的监督和约束等治理作用。并且，姜金香等（2005）认为，在目前我国经济转型的背景下，会计目标应首选契约有用性，价值相关性应当居其次，考察我国会计制度改革的成效也应当以是否提高会计信息契约有用性为标准。孙铮和刘浩（2006）将会计信息契约有用性进一步分为，契约形式影响会计信息的生成以及会计信息质量影响契约形式这两个具有相互内生关系的部分。孙铮和贺建刚（2008）将会计信息契约有用性定义为会计信息在契约的签订、监督和执行中的作用，并对近年来国内研究会计信息在高管薪酬契约和债务契约中作用的研究文献进行了回顾。

综合以上文献，会计信息有用性的契约观是以契约理论为基础，结合代理理论，研究会计准则制定、会计政策选择以及会计信息在公司治理机制契约中的作用等问题。会计信息有用性的契约观类似于雷光勇（2004）提出的"会计的契约"这一概念，即从契约的角度来研究会计问题。

---

① 聘用外部董事、引进活跃的投资者（如机构投资者）以及缔结高管激励契约，这些都是公司治理机制，目的在于减轻管理层与股东之间的代理冲突；而阿姆斯壮等（2010）又把公司治理机制看成一组契约，因此以上公司治理机制可称为公司治理契约。

二 实证研究：会计信息与高管薪酬契约

实证研究是检验会计信息契约有用性最常用、最有效的研究方法。而且这方面的研究主要集中于高管薪酬契约和债务契约两个方面（孙铮和贺建刚，2008）。布什曼和史密斯（2001）、斯隆（Sloan，2001）、阿姆斯壮等（2010）以及布里克利和齐默尔曼（Brickley 和 Zimmerman，2010）对国外有关文献进行了回顾和评论；孙铮和贺建刚（2008）、李增泉和孙铮（2009）对国内有关文献进行了回顾和评论。以下首先对会计信息在高管薪酬契约中作用的国内外实证研究现状进行回顾。

1. 会计信息在高管薪酬契约中的使用

布什曼和史密斯（2001）指出，研究会计信息在高管薪酬契约中使用的方法有两种，即显性契约法（explicit contract approach）和隐性契约法（implicit contract approach）。使用显性契约法时，研究者知道实际使用的会计信息指标和契约条款的其他详细信息，从而能够获得会计信息在高管薪酬契约中使用的直接证据；而使用隐性契约法时，研究者不知道交易的实际细节，即研究者并不知道高管薪酬契约中实际使用的会计指标，而是采用回归的方法来估计高管薪酬对会计业绩敏感度（pay performance sensitivity，简称 PPS）[①]，得到的是会计信息在高管薪酬契约中使用的间接证据。

（1）显性契约法的研究，即会计信息在高管薪酬契约中使用的直接证据。墨菲（Murphy，2000）调查了美国 177 家上市公司的年度奖金计划，发现至少明确使用一种会计利润评价方法的有 161 家。布什曼等（1995）以及基廷（Keating，1997）等也发现，在公司内部业务单元这一级组织中，会计信息被用于激励契约。基廷（1997）还证实了相对于股价，会计业绩在企业内部业务单元经理薪酬契约中的使用显著高得多。潘飞等（2006）对 50 份我国上市公司的高管薪酬契约的研究后发现，财务会计指标是我国上市公司高管薪酬契约中的主要激励指标，如净利润、利润总额以及净资产收益率等；同时指出，我国上市公司高管薪酬契约中业

[①] 这类研究的共同特点是，会计信息是自变量，高管薪酬为因变量。还有一类研究刚好相反，即高管薪酬是自变量，而会计业绩为因变量，这类研究主要是研究高管薪酬契约的经济后果，或不同高管薪酬契约结构的合理性问题，如周仁俊等（2010，2011）。

绩指标的选择较为简单，没有考虑到高管人员可能会通过操纵这些会计指标来达到业绩条件，因而会影响高管薪酬契约的有效性。

（2）隐性契约法的研究，即会计信息在高管薪酬契约中使用的间接证据。詹森和默菲（Jensen 和 Murphy，1990）较早地提出采用回归的方法来研究高管现金薪酬与会计业绩之间的关系，即"薪酬业绩敏感度"。这类研究的研究结果大多表明，会计业绩指标与高管薪酬衡量指标之间存在稳定的正相关关系，从而间接证明高管薪酬契约使用了基于会计信息的契约条款，即间接证明会计信息在高管薪酬契约缔结中的作用。

在这类研究中，为了克服遗漏变量的问题，大部分研究同时以会计业绩和市场业绩来衡量高管的努力程度（布什曼和史密斯，2001），这也有助于比较会计业绩与市场业绩在高管薪酬契约中作用的差别。詹森和默菲（1990）以1974—1986年《福布斯》公布的企业高管薪酬数据为研究样本，同时将会计利润变化和股东财富变化对高管现金报酬的变化进行回归，研究发现，前者的回归系数显著为正且大于后者的回归系数，说明了会计利润更有助于衡量管理者的业绩，高管薪酬契约中基于会计利润的契约条款比重更大。在国内，杜兴强和王丽华（2007）以1999—2003年中国上市公司为研究样本，将会计业绩指标（ROA、ROE）、股东财富指标对上市公司高管现金报酬进行回归，也发现会计业绩指标的回归系数显著大于股东财富指标的回归系数，说明我国上市公司董事会或薪酬委员会在设计高管薪酬契约时，更依赖会计业绩指标。[①] 随着市场化改革不断深入，辛清泉和谭伟强（2009）以2000—2005年国有上市公司为研究样本，发现相对于会计业绩，市场业绩在高管薪酬契约中的作用呈逐渐增加的趋势。吴育辉和吴世农（2010）研究了2004—2008年中国上市公司高管薪酬与企业业绩之间的关系后发现，高管薪酬仅与会计业绩显著正相关，而与股票收益率没有显著的正相关关系，说明高管薪酬契约主要使用会计业绩信息。

以上文献大多表明，会计业绩在高管薪酬契约中的作用要大于市场业

---

① 在国内，早期的相关研究，如李增泉（2000）和魏刚（2000）均没发现高管薪酬与会计业绩显著正相关的有关证据。而张俊瑞等（2003）之后，国内文献大多发现高管现金报酬与会计业绩显著正相关。这说明，随着我国资本市场的发展，陆续出台了相关监督制度，如《上市公司治理准则》等，上市公司高管薪酬契约逐步使用基于会计信息契约条款，公司治理机制逐步完善。

绩。但在研究中对会计业绩或会计信息的衡量是不同的，或者说会计盈余的不同组成部分在高管薪酬契约中的作用是不同的。克林奇和马利奥（Clinch 和 Magliolo，1993）把盈余拆成三部分：经常性利润、有现金流入的可操纵利润、没有现金流入的可操纵利润。研究发现，薪酬函数中反映了有现金流入的可操纵项目，而没有反映没有现金流入的可操纵项目。盖弗和盖弗（Gaver 和 Gaver，1998）将净利润分成"线上"和"线下"项目，研究发现，如果盈余为正，则线上盈余和现金薪酬存在正相关系；如果亏损，则两者不相关。刘凤委等（2007）以反映企业盈利能力、营运能力和偿债能力的综合绩效因子作为会计信息的替代变量，研究发现，会计信息在高管薪酬契约中起到显著的积极作用。徐经长和曾雪云（2010）研究发现，公允价值变动收益与高管薪酬之间的敏感性显著大于其他盈余项目，这说明，委托人不够理性，在订立高管薪酬契约赋予公允价值变动收益更大的权重，而不能区分公允价值的"持有收益"是否是来自管理层的努力。但与徐经长和曾雪云（2010）不同的是，邹海峰等（2010）研究发现，2007 年执行新企业会计准则之后，整体而言，上市公司高管现金报酬与公允价值变动损益之间的敏感性，要显著小于与正常营业利润之间的敏感性；说明上市公司高管薪酬契约中正常营业利润的作用要大于公允价值变动损益的作用。张金若等（2011）以 2007—2008 年中国上市公司的数据为研究样本，专门对公允价值变动损益与高管薪酬变动之间的关系进行了研究，发现计入利润表和计入资本公积的公允价值变动利得，均与高管薪酬的变动显著正相关，说明高管薪酬契约没能恰当使用公允价值变动的信息。

2. 会计信息在高管薪酬契约履行中的监督作用

会计信息在高管薪酬契约中的作用不仅包括高管薪酬契约对会计数字的直接使用，而且还包括会计信息在高管薪酬契约履行中的监督作用。比如，会计信息能在公司董事会是否更换公司高管的决策中发挥作用，斯隆（2001）将此称为会计信息的隐性契约用途。

大量研究发现，会计业绩和公司高管更换概率之间存在显著的负相关关系（Murphy 和 Zimmerman，1993；Lehn 和 Makhija，1997；DeFond 和 Park，1999）。与会计信息在高管薪酬契约中的使用（会计信息的显性契约用途）类似，部分文献对会计信息，特别是会计业绩与市场业绩在高管变更中的作用进行了比较。与市场业绩相比，基于历史成本的会计盈余信息在更换管理层的决策中更有用（Hermalin 和 Weisbach，1998），因为股价根植于市场对未来的预期，其中包括了聘请新 CEO 对股价的影响，用股价衡量高管受托责任的履行情况具有更大的噪音；所以，会计业绩更恰当地衡量了公司高管治理公司的能力，董事会在决定 CEO 去留的决策时更看重会计业绩（Engel 等，2003；Lel 和 Miller，2008）。邦德等（Bond 等，2010）还发现，会计业绩不仅是董事会做出是否更换公司高管决策的直接依据，而且也会在董事会根据股价做出更换企业高管的决策中发挥积极作用。

　　由于中国上市公司的股价更多的是反映了市场整体水平，而不是每个公司的水平（Chang 和 Wong，2009），我国股票市场并不是充分有效，股票价格很难反映公司的价值（梁芸，2010），因此，对于中国上市公司而言，与市场业绩相比较，会计业绩在高管变更决策中的作用更大。弗思等（Firth 等，2006）、常和王（Chang 和 Wong，2009）、欧阳瑞（2010）、梁芸（2010）以及皮和洛（Pi 和 Lowe，2011）以资产净利率（ROA）来衡量会计业绩，发现高管变更的概率与 ROA 之间呈显著的负相关关系。刘凤委等（2007）采用因子分析法，以综合绩效因子作为会计信息的衡量，发现公司高管变更的概率与综合绩效因子显著的负相关。迟和王（Chi 和 Wang，2009）、廖等（Liao 等，2009）以及王化成和张伟华（2010）研究发现，高管变更的概率与滞后一期的会计业绩（ROA）之间呈显著的负相关关系。以上研究表明，当期会计业绩或前期会计业绩是上市公司高管变更决策中的重要变量，基于会计信息的高管薪酬契约条款在高管薪酬契约的履行中发挥了显著的监督作用。

　　3. 会计信息质量对会计信息在高管薪酬契约中作用的影响

　　高管薪酬契约对会计信息的使用，以及会计信息在高管薪酬契约履行中的作用，均会受到会计信息质量的影响。

　　（1）会计信息质量影响高管薪酬契约对会计信息的使用。巴伯等（Baber 等，1998）、那瓦滋等（Nwaeze 等，2006）研究发现，会计盈余持续性越高，则在高管薪酬契约中被赋予越大权重，会计盈余持续性与高管薪酬业绩敏感度显著正相关。毕晓方和周晓苏（2007）认为会计信息可靠性会显著影响会计信息在高管薪酬契约中的使用，研究发现，会计盈余可靠性与高管薪酬业绩敏感度呈显著的正相关关系。彭（Peng，2011）研究发现，应计质量越高，则高管薪酬与会计盈余之间的正相关关系越强；并且应计质量对会计盈余在高管薪酬契约中作用的积极影响，主要由固有应计质量（innate accrual quality），而非操控性应计质量（discretionary accruals quality）引起的。布什曼等（2006）研究发现，当投资者在为企业定价时赋予会计盈余越多的权重时，那么在企业高管现金奖励中，会计盈余比重也越大。布什曼等（2009）研究发现，高管薪酬业绩敏感度与会计盈余的价值相关性显著正相关。布什曼等（2006）、班克尔等（2009）的研究结果表明，有助于投资者对企业进行定价的会计信息，也有助于股东和董事会将这些会计信息用于高管薪酬契约，以减轻代理冲突。阿姆斯壮等（2010）指出，会计信息价值相关性与契约有用性的关系是目前研究的热点。

（2）会计信息质量影响会计信息在高管薪酬契约履行中的监督作用。恩格尔等（Engel 等，2003）研究发现，会计盈余的及时性越高，则会计盈余在董事会的高管变更决策中的作用越大；同时，该文还发现，会计信息的价值相关性越大，那么会计信息在企业高管变更决策中受到依赖的权重越大，市场业绩指标的作用就会减少。游家兴和李斌（2007）以盈余激进度和盈余平滑度来衡量会计信息透明度，研究发现，公司会计信息透明度越高，那么公司总经理因为会计业绩下降而被更换的可能性也越高；说明会计信息透明度提高了会计信息在高管薪酬契约履行中的监督作用。

4. 制度环境对会计信息在高管薪酬契约中作用的影响

（1）制度环境影响高管薪酬契约对会计信息的使用。由于我国各地区资源禀赋不相同，各地区社会、经济、文化等发展水平不一致，这为研究制度环境对会计信息契约有用性的影响提供了契机。刘凤委等（2007）研究发现，在政府干预越少以及行业竞争程度越高的地区，上市公司高管薪酬与公司会计业绩的正相关程度越高。辛清泉和谭伟强（2009）研究发现，市场化改革增强了国有企业高管薪酬对会计业绩的敏感性，而降低了国有企业高管的在职消费水平，说明市场化改革有助于上市公司采用基于会计信息的高管薪酬契约这一显性契约机制来控制代理成本，减少了在职消费等隐性机制的作用。辛清泉和谭伟强（2009）还发现，在地方政府控制的上市公司中，高管薪酬与会计业绩之间的正相关关系更显著。赵卫斌和陈志斌（2012）认为，由于中央企业高管有政治晋升这种替代货币薪酬的激励方式，因而中央政府控制企业的高管薪酬业绩敏感度低于地方政府控制的企业；刘星和徐光伟（2012）也有类似发现。雷光勇等

(2010)研究了股权分置改革对高管薪酬与会计业绩敏感度的影响,研究发现,股改后高管薪酬对会计业绩的敏感性增强,说明公司治理机制得到了改善。

(2)制度环境影响会计信息在高管薪酬契约履行中的监督作用。德丰和洪(Defond和Hung,2004)研究了不同国家投资者法律保护水平的差异对高管变更与公司业绩之间关系的影响后发现,公司高管变更与会计业绩之间的负相关关系,在法律执行力越强的国家越显著。丁烈云和刘荣英(2008)以市场化程度、要素市场发育程度来衡量制度环境,发现制度环境越好,公司高管变更与会计业绩之间的负相关关系越强。常和王(2009)以中国各省区的财政赤字状况来衡量政府对上市公司的干预水平,研究发现,地方政府财政赤字情况越严重,则越会降低当地上市公司高管变更与会计业绩之间的负相关关系。廖等(2009)研究发现,中国国有上市公司的政策性负担越重,则会计业绩在公司高管变更决策中的作用越小。原(Yuan,2011)研究发现,高管政治关系降低了会计业绩在高管变更决策中的作用。

三 实证研究:会计信息与债务契约

会计信息能够在债务契约的缔结与履行过程中发挥作用。在债务契约缔结时,会计信息一方面能够降低缔约双方之间的信息不对称,减少缔约成本;另一方面,会计信息能够作为债务契约条款的输入变量。在债务契约履行过程中,会计信息能够降低契约双方的信息不对称,从而减少履约成本。贝蒂(Beatty,2008)认为会计信息在解决债务契约中的冲突有两种重要作用:一是直接的契约作用,即通过直接列入财务合同、业绩定价和其他契约项目,即会计信息在债务契约中的显性用途;二是减轻贷款人与借款人之间的信息不对称问题,即会计信息在债务契约中的隐性用途。

1. 会计信息在债务契约缔结时的作用

(1)会计信息在债务契约条款中的使用。债务契约中使用了大量以会计信息为基础的契约条款,会计信息的这一作用也就是贝蒂(2008)所指的会计信息的显性用途。债务契约中以会计信息为基础的契约条款有两种,一种是限制性契约条款,另一种是业绩定价条款。瓦茨和齐默尔曼(1986)指出,债务契约中有许多限制性条款是以会计信息为基础的,这些条款用来防止股东或经理通过发放清算性股利或投资高风险项目侵占债权人的利益。阿斯奎斯等（Asquith 等，2005）强调债权人必须考虑是根据公司会计系统来调整利息率，还是在债务契约中订立一个业绩定价条款（performance-pricing provision）；所谓的业绩定价条款是指以企业 t 期的会计业绩来确定企业 t+1 期的借款利率。阿斯奎斯等（2005）研究发现，当再谈判、逆向选择和道德风险成本越高时，越可能在债务契约中包含业绩定价条款。

（2）会计信息在债务契约缔结时的隐性用途。在研究会计信息在债务契约条款中的直接使用时，需要知道契约条款的详细信息，由于各方面的限制，这方面的信息往往很难取得。[①] 但可以通过回归的方法，研究会计信息在债务契约缔结时的隐性用途。[②] 弗思等（2009）研究发现，公司会计业绩越好，则公司从银行获得贷款的金额与可能性越高。饶艳超和胡奕明（2005）通过调查问卷的方式调查了会计信息在企业债务契约中的作用，该文研究发现，银行在信贷过程中对企业的长短期借款、主营业务收入、资产负债率、流动比率和速动比率等会计信息高度重视。具体来说，会计信息在企业与银行缔结债务契约时[③]，能够决定企业借款数量、借款方式和借款成本。孙铮等（2006）用因子分析法构造反映企业偿债能力和盈利能力的综合绩效因子作为会计信息的替代变量，研究发现，企业会计绩效越好，则企业从银行获得的借款越多；潘克勤（2009）和窦家春（2011）同样以综合绩效因子来替代会计信息，也有类似发现。陆正飞等（2008）、孙亮和柳建华（2011）以资产净利率（ROA）来衡量会计业绩，发现会计业绩越好，则企业获得的借款越多。雷宇和杜兴强（2011）发现，基于若干财务指标的综合会计信息与企业获得的借款数额之间呈显著的正相关关系。徐玉德和陈骏（2011）研究了会计信息与企业借款方式之间的关系，研究发现，基于会计信息的违约风险越大，则银行信用借款比例越低。窦家春（2011）、孙亮和柳建华（2011）还发现，会计业绩越好，则企业借款成本越低。除以上研究外，廖秀梅（2007）

[①] 陈等（Chen 等，2010）针对中国上市公司债务契约的研究中特别提到，在中国很难得到关于债务契约条款的具体信息。

[②] 这类似于研究会计信息在高管薪酬契约中作用的隐性契约法。

[③] 债务契约不仅包括企业与银行之间缔结的借款契约，还包括企业发行债券而与债券持有人缔结的契约，但由于关于后者的研究比较少，因此，本书以下主要回顾会计信息在企业与银行缔结的借款契约中的作用。

研究发现，会计信息降低了信息不对称，能够提高银行信贷决策正确的机会比率。

2. 会计信息在债务契约履行中的作用

缔结债务契约时形成的基于会计信息的限制性契约条款，有助于降低契约双方的冲突，减少因信息不对称而导致的较高监督成本，即会计信息在债务契约的履行过程中也发挥了监督作用，且这种作用是以存在基于会计信息的债务契约条款为前提的。会计信息在债务契约履行中是否发挥监督作用，可以通过检验基于会计信息的债务契约条款是否提高了会计稳健性这一方法来识别。[①] 尼拉耶夫（Nikolaev，2010）研究发现，基于会计信息的债务契约条款增加了会计稳健性。戈姆利等（Gormley等，2012）研究发现，外资银行的进入对印度银行的市场化行为产生了积极影响，银行提高了对借款企业的会计稳健性需求，这说明印度的银行业改革提高了会计信息在债务契约履行中的作用。

由于债务契约条款的具体信息难以获得，目前国内缺乏这方面的研究，仅存在少部分与这类研究比较近似的研究文献。孙铮等（2005）、朱茶芬和李志文（2008）以及刘运国等（2010）研究发现，债务比重越大的公司，其会计稳健性越高；这也从侧面证明，债务比重越大的公司，其破产风险越大，债权人为了降低风险，越可能在债务契约中规定债务人必须使用稳健的会计政策；并且这一债务契约条款在债务契约的履行中发挥了作用，提高了会计稳健性。

3. 会计信息质量对会计信息在债务契约中作用的影响

会计信息质量会影响债务契约对会计信息的直接使用。鲍尔等（Ball等，2008）研究发现，当会计信息的债务契约价值越高时，越有可能实行以会计信息为基础的业绩定价条款。科斯特洛和维滕贝格-莫曼（Costello 和 Wittenberg-Moerman，2011）研究发现，当公司内部控制有效性较弱时，这些公司的财务报告质量可能越差，银行减少了对财务契约条款和基于财务比率的业绩定价条款的依赖。

---

① 因为稳健性是股东与债权人利益冲突及其协调的产物，它有利于降低债务契约双方的成本（Watts，2003；Holthausen 和 Watts，2001），这正是基于会计信息的债务契约限制性条款的主要目的；因此，可以通过检验基于会计信息的债务契约条款是否提高了会计稳健性，来验证会计信息在债务契约的履行中是否发挥了作用。

会计信息有助于减少信息不对称这一功能同样会受会计信息质量的影响。格雷厄姆等（Graham 等，2008）用财务重述来衡量财务报告质量，研究发现，与发生财务重述前的借款相比，发生财务重述后的借款会有更高的利率、更短的债务期限以及更多的限制性条款。陆正飞等（2008）研究了企业盈余管理行为对会计信息债务契约有用性的影响，发现盈余管理行为不同的公司，会计信息债务契约有用性并没有显著差别，说明银行在信贷决策时不能识别公司的信息质量，从而损害了会计信息的债务契约有用性。徐玉德和陈骏（2011）研究发现，盈余质量越差，则越会显著降低基于会计信息的违约风险与银行信用借款比例之间的关系。

以上研究均是探讨会计信息质量对会计信息在债务契约缔结时作用的影响。由于目前关于会计信息在债务契约履行中作用的研究本身就比较少，因此，也缺乏会计信息质量对其影响的相关研究。

4. 制度环境对会计信息在债务契约中作用的影响

会计信息债务契约有用性内生于特有的制度环境。弗思等（2009）针对中国上市公司的研究发现，地区的金融市场化程度越高，则公司会计业绩与公司获得借款的数量、借款可能性之间的正相关关系越强。孙亮和柳建华（2011）研究发现，在市场化进程越高的地区，则会计业绩与公司获得的借款额度或借款成本之间的正相关关系或负相关关系越显著。

部分文献研究了所有权性质对会计信息债务契约有用性的影响，并发现公有企业的会计信息在债务契约中的作用要低于私有企业（孙铮等，2006；廖秀梅，2007）；公有企业较低的会计信息债务契约有用性主要源于政府对公有企业的各种优惠政策，实质上起到了为其贷款提供隐性担保的作用（Faccio 等，2006），而不是政府直接干预银行贷款决策的结果（孙铮等，2006）。潘克勤（2009）研究发现，民营上市公司实际控制人的政治关系对会计信息债务契约有用性产生了替代效应；类似地，雷宇和杜兴强（2011）也发现，相对于没有政治关系的公司，有政治关系的公司能够以较差的会计信息借入较多的资金。

四 国内外研究评价

1. 研究成效

综上所述，国内外关于会计信息契约有用性的研究已取得一定的研究成效，归纳起来主要体现在以下几个方面：

其一，国内外学者大多认为代理理论是会计信息契约有用性研究的重要理论基础。另外，国内的部分研究及一部分跨国研究还依据了产权经济学的有关理论。

其二，目前，国内外关于本题研究的基本内容主要包括会计信息在高管薪酬契约、债务契约中的作用。这些文献初步证明了会计信息具有显著的契约有用性。

其三，目前的研究大多使用了基于大样本的单变量及多变量实证分析研究方法，研究方法具有较高的科学性，研究结果具有较高的可验证性。少部分研究还使用了调查问卷研究法。

2. 研究不足

从总体上看，现有研究还存在以下局限：

一是研究方法与理论基础比较单一。大部分研究基于经典的代理理论，采用单变量分析及多变量回归分析的方法进行研究，使得研究方法与理论基础不够丰富，缺乏系统的理论分析，尚未形成一个完整的理论框架。

二是研究内容不够系统。会计信息质量、制度环境会影响会计信息契约有用性，但会计信息质量与制度环境可能交互影响会计信息契约有用性。但目前的研究对这些问题的考虑较少，尚未找到能够综合替代这些影响因素的变量。同时缺乏会计信息在债务契约履行中作用的相关研究。

三是比较缺乏新《企业会计准则》执行后的相关实证研究。目前的实证研究大多以2007年新《企业会计准则》采用之前的上市公司数据为研究样本，而研究新《企业会计准则》执行之后会计信息契约有用性的文献较少。

3. 本书的研究方向

第一，追溯会计信息契约有用性的根源。由于目前的研究结论不尽相同，有必要对会计信息契约有用性进行历史考察，追溯其源头，才能正确地把握其发展规律。

第二，探索合适的理论分析工具。新制度经济学强调制度对交易成本的决定影响，而交易成本影响契约结构，因此，在经济转轨国家和跨国的研究中更适用于使用产权经济学的相关理论，作为会计信息契约有用性的理论分析工具。

第三，使会计信息契约有用性的研究系统化。要探索能够综合影响会计信息契约有用性的变量，并在变量衡量和研究方法上进行突破。同时，在研究样本的选择上，要考虑新《企业会计准则》这一制度变迁的影响。由于目前会计信息在债务契约履行中作用的研究较少，这方面的研究也有待突破。

第三节 研究思路及基本框架

科斯（Coase）认为市场交易中的交易并不是物品的简单交换，而实际上交易的是物品背后的权利；从法律的角度来定义的资产或商品就是相应的产权；由于交易成本的存在（Coase，1937），产权的界定会影响资源的配置。企业是一个法律虚构，是一系列契约的联结或耦合（Coase，1937；Alchian 和 Demsetz，1972；Jensen 和 Meckling，1976；Cheung，1983；周其仁，1996；雷光勇，2004），这些契约的根本目的是界定产权，降低交易成本。根据经济达尔文的进化规则，交易成本最小化是契约结构被选择的唯一标准（李增泉和孙铮，2009）。阿尔钦安和德姆塞茨（Alchian 和 Demsetz，1972）以及詹森和麦克林（Jensen 和 Meckling，1976）成功地将科斯的产权理论应用于企业组织，强调让经营者享有部分剩余索取权是监督或激励经营者的最好方式，从而减少交易成本（代理成本），这一理论也逐渐演化为现代企业理论，其核心思想是遵循经济达尔文进化规则，如何合理地设计企业剩余的分享合约，从而降低代理成本。

代理理论促进了人们对会计信息功用的认识。作为对企业经营活动和财务状况进行综合反映的会计信息，不仅提供了契约得以缔结的标的内容，更是检查契约是否得到执行的一种重要监督方式，这就是会计信息的契约有用性。基于代理理论的会计信息契约有用观对人们认识会计的职能，指导会计规则构建，提高企业的治理效率等方面发挥了积极作用。然而在理论上，还应当至少关注以下两个方面：

其一，科斯（1990）曾指出不包括会计的企业理论是不完整的。而企业理论中的代理理论学派仅关注企业剩余分享安排的合约，忽视了企业剩余计量规则对企业剩余分享合约的影响，即在这一理论框架，将企业剩余计量视为外生的，认为企业剩余（利润）的计量是准确的。然而由于不确定性，会计对企业剩余的计量并不是完全准确的，因此有理由认为剩余的计量质量将显著影响企业剩余分享安排的合约。谢德仁（2001）将这一现象称为"企业剩余计量悖论",认为企业剩余索取权的安排合约至少包括两份子合约:企业剩余分享安排的子合约和企业剩余计量安排的子合约。以上分析表明,会计信息在企业契约中的运用以及对企业契约运行的监督作用将会受到会计计量质量的影响。比如,会计信息质量越高,则越会增加会计业绩反映经理人努力程度的准确性,越能降低对经理人能力认识的不确定性,从而不仅能够降低高管薪酬契约的调查和实施等外生性交易成本,而且能够降低基于高质量会计信息而缔结的高管薪酬契约的内生性交易成本。类似地,高质量的会计信息也有助于降低债务契约的监督成本和执行成本;反之,若会计信息质量较低,则会计信息的债务契约有用性将被其他变量所代替。综上所述,会计信息质量因影响交易成本而影响契约结构,即会计信息质量会影响会计信息契约有用性。

其二,代理理论产生于西方发达的市场经济实践,是以组织中所有权与控制权的分离,以及交易中双方的公平与自愿为前提的。而我国现阶段还处于市场经济的初级阶段,在经济活动中,政府干预还比较多,资本市场中的法制建设、公司治理制度等还有待完善。李增泉和孙铮(2009)认为,在运用经典的代理理论来分析中国的会计行为时,必须在其模型中显性地加入有关中国的制度变量。由于资源禀赋、地理位置及国家政策的不同,目前我国各地区的市场化进程显著不同(孙铮等,2006),制度环境的差异将会影响契约的信息成本、度量成本以及监督与实施成本等交易成本,因而会影响会计信息在契约缔结和执行中的作用。以上分析表明,在研究会计信息契约有用性时,必须充分考虑中国制度变量对会计信息契约有用性的影响。

基于以上逻辑思路,构建本书的基本框架:根据经济达尔文主义,交易成本最小化是契约结构被选择的唯一标准,会计信息作为契约方的共同知识,能够降低契约缔结与履行中的信息成本、衡量成本和监督成本等交易成本,因而决定了以会计信息为基础的契约结构,即会计信息具有契约有用性;会计信息质量作为企业剩余计量合约的产出变量,将会影响剩余分享的合约安排以及交易成本,从而会对会计信息契约有用性产生影响;制度因素因决定交易成本而影响契约结构,从而影响会计信息契约有用性。本书以交易成本理论为中心构建研究的理论框架,通过历史考察来探索会计信息契约有用性的根源,结合会计信息质量和制度环境,对我国上市公司的会计信息在高管薪酬契约以及债务契约中的作用进行实证研究,有针对地提出提高会计信息契约有用性的政策建议。以上研究思路和研究的基本框架如图1所示。

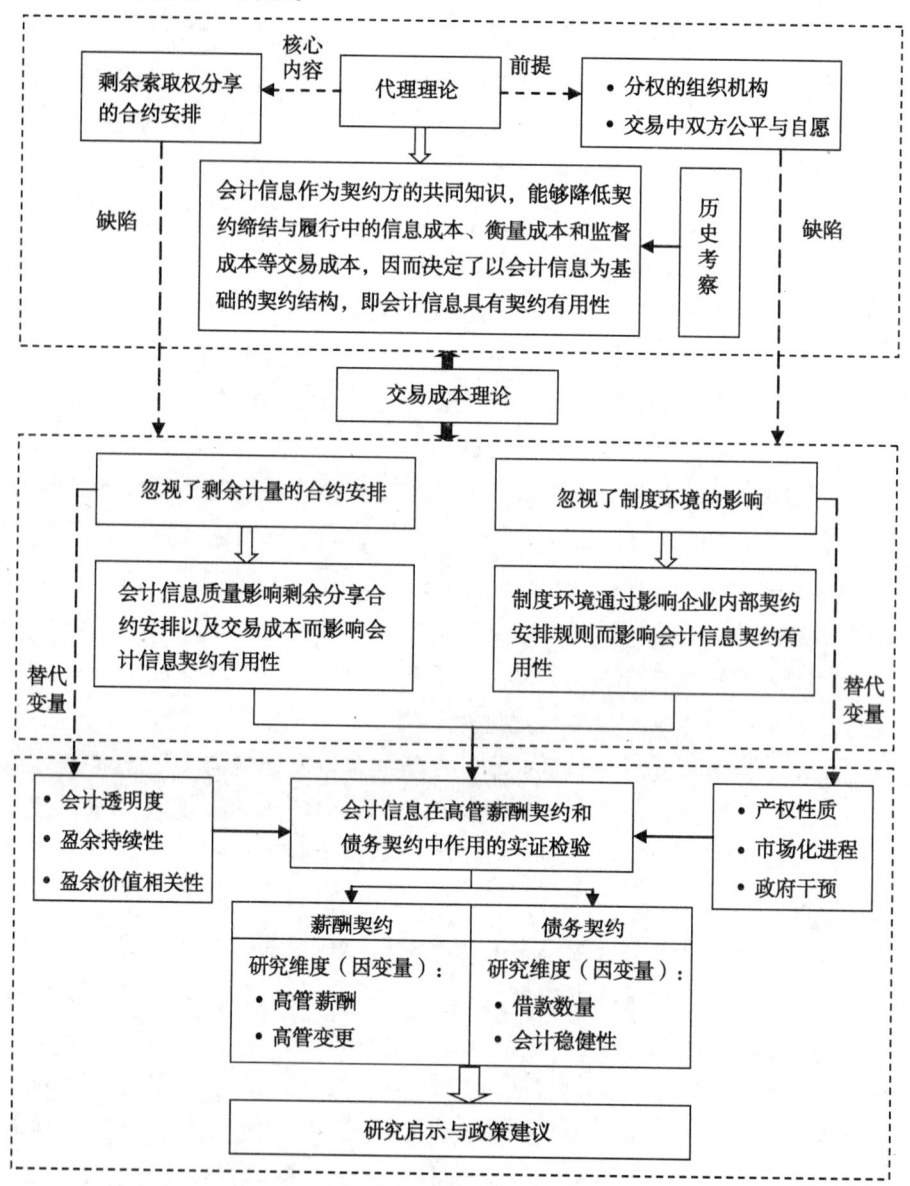

```
                  核心
                  内容      前提
  ┌─────────┐   ┌──────┐   ┌─────────────┐
  │剩余索取权分享│◄--│代理理论│--►│•分权的组织机构│
  │的合约安排  │   └──────┘   │•交易中双方公平与自愿│
  └─────────┘       │       └─────────────┘
       ▲            ▼              ▲
       │    ┌──────────────────┐  ┌──┐
   缺陷│    │会计信息作为契约方的共同知识,能够降低契│  │历│ 缺陷
       │    │约缔结与履行中的信息成本、衡量成本和监督│  │史│
       │    │成本等交易成本,因而决定了以会计信息为基│  │考│
       │    │础的契约结构,即会计信息具有契约有用性 │  │察│
       │    └──────────────────┘  └──┘
       │                  │
       │            ┌──────┐
       │            │交易成本理论│
       │            └──────┘
       │                  │
  ┌─────────┐         ┌─────────┐
  │忽视了剩余计量的合约安排│   │忽视了制度环境的影响│
  └─────────┘         └─────────┘
       │                  │
  ┌─────────┐         ┌─────────────┐
  │会计信息质量影响剩余分享合│   │制度环境通过影响企业内部契约│
  │约安排以及交易成本而影响会│   │安排规则而影响会计信息契约有│
  │计信息契约有用性     │   │用性             │
  └─────────┘         └─────────────┘
  替代                                替代
  变量                                变量
  ┌─────────┐   ┌──────────────┐   ┌─────────┐
  │•会计透明度  │   │会计信息在高管薪酬契约和│   │•产权性质  │
  │•盈余持续性  │──►│债务契约中作用的实证检验│◄──│•市场化进程 │
  │•盈余价值相关性│   └──────────────┘   │•政府干预  │
  └─────────┘           │            └─────────┘
                  ┌──────┴──────┐
              ┌────────┐  ┌────────┐
              │ 薪酬契约 │  │ 债务契约 │
              └────────┘  └────────┘
              研究维度(因变量): 研究维度(因变量):
              •高管薪酬      •借款数量
              •高管变更      •会计稳健性
                     │
              ┌──────────┐
              │研究启示与政策建议│
              └──────────┘
```

图1 研究思路与基本框架

在研究方法上,本书主要采用规范研究、历史分析与实证研究相结合的方法。本书通过严密的理论分析提出会计信息契约有用性的基础命题,运用历史分析方法对其进行了验证,结合我国的制度背景进一步完善了会

计信息契约有用性的理论框架，本书实证研究中的具体假说是在上述理论分析与制度背景分析的基础上提出的，这与国内外主流的研究方法一致。

第四节 研究说明与相关约定

一 本书与《会计契约论》的区别

雷光勇博士于 2004 年出版了其博士学位论文《会计契约论》。《会计契约论》界定了两个重要概念："会计契约"和"会计的契约"。"会计契约"是从会计基本思想与方法在现代各种经济契约中运用的角度，来研究契约的运行问题。这是《会计契约论》研究的主要内容及学术贡献。

本书主要从企业的契约理论、代理理论出发，以交易成本理论构建本书的理论框架，在此基础上，具体研究会计信息在契约缔结与履行中的作用。本书类似于《会计契约论》中提出的"会计的契约"，即以契约的思想与方法研究会计问题。

二 研究范围的说明

雷光勇（2004）把企业看作是企业参与者缔结的一系列契约的耦合体，这些契约具体包括股权契约、报酬契约、债务契约、劳务契约、商业契约、税收契约和审计契约等。[①] 郭道扬（2004）分析了这些契约之间的关系。会计信息在这些契约中均能发挥作用，但运用会计信息较多的主要是股权契约、报酬契约和债务契约。股东是作为第一位的参与者缔结于企业契约的（桑德，2000），股权契约是契约联结循环的开端（郭道扬，2004）。

而本书主要研究企业组织形成之后，即股权契约缔结之后会计信息在解决委托人与代理人之间的代理冲突中的作用问题，因此，不涉及会计信息在股权契约中作用的研究，而主要研究会计信息在报酬契约（薪酬契约）和债务契约中的作用问题。

[①] 雷光勇：《会计契约论》，中国财政经济出版社 2004 年版，第 161 页"表 4 - 1"，第 163 页"图 4 - 1"。

三 会计信息的界定

会计信息是指包含在企业财务报告中的所有内容。《企业会计准则（2006）》将财务报告（又称财务会计报告）定义为，企业对外提供的反映企业某一特定日期内财务状况和某一会计期间的经营成果、现金流量等会计信息的文件，主要包括会计报表及其附注和其他应当在财务报告中披露的相关信息和资料。

本书中的会计信息不仅包括直接来自财务报告的信息，还包括依据财务报告衍生的信息，如反映企业盈利能力、偿债能力的财务指标信息等。另外，财务报告是会计规则（如会计准则）下的产物，本书对会计信息的研究必然涉及生成这些会计信息的规则，这些规则是会计信息生成的基础，本书也将其纳入会计信息的范畴。

第一章

会计信息契约有用性的理论分析

本章从企业的契约性质及契约的不完备性推导出企业所有权的存在，引入代理理论作为企业所有权安排的理论框架，在此基础上分析会计信息在解决企业中各契约方代理冲突中的作用，最终提出会计信息契约有用性基本命题。交易成本理论始终贯穿于这一理论分析的全过程，交易成本是契约安排与治理的约束条件。会计信息契约有用性理论框架的形成与推导过程可用图1-1表示。

第一节 企业的契约性质及契约的不完备性

会计是企业中的一个控制系统或受托责任系统，为了解会计在企业中的作用，必须了解企业本身。企业是一个什么样的组织？企业内的交易与市场中的交易有什么区别？发端于科斯（1937）的新制度经济学，把企业作为研究的基本对象，以交易作为分析的基本单位，用交易成本作为研究的基本工具，对认识企业的性质，构建会计信息契约有用性的理论框架有着十分重要的作用。

一 企业的契约性质：新制度经济学家的经典诠释

解释企业为什么会出现以及企业内部组织经济学意义的理论被称为企业理论，真正的企业理论是由科斯首创的（杨小凯和张永生，2003）。在新古典经济学的框架中，企业是一个生产函数，没有人问企业从哪里来，为什么会存在企业等问题，资源的配置是由市场中的价格机制决定的。

科斯在其著名论文《企业的性质》（1937）提出，如果市场上的交易都是最有效的，为什么要把那么多的交易活动移到企业内部？科斯

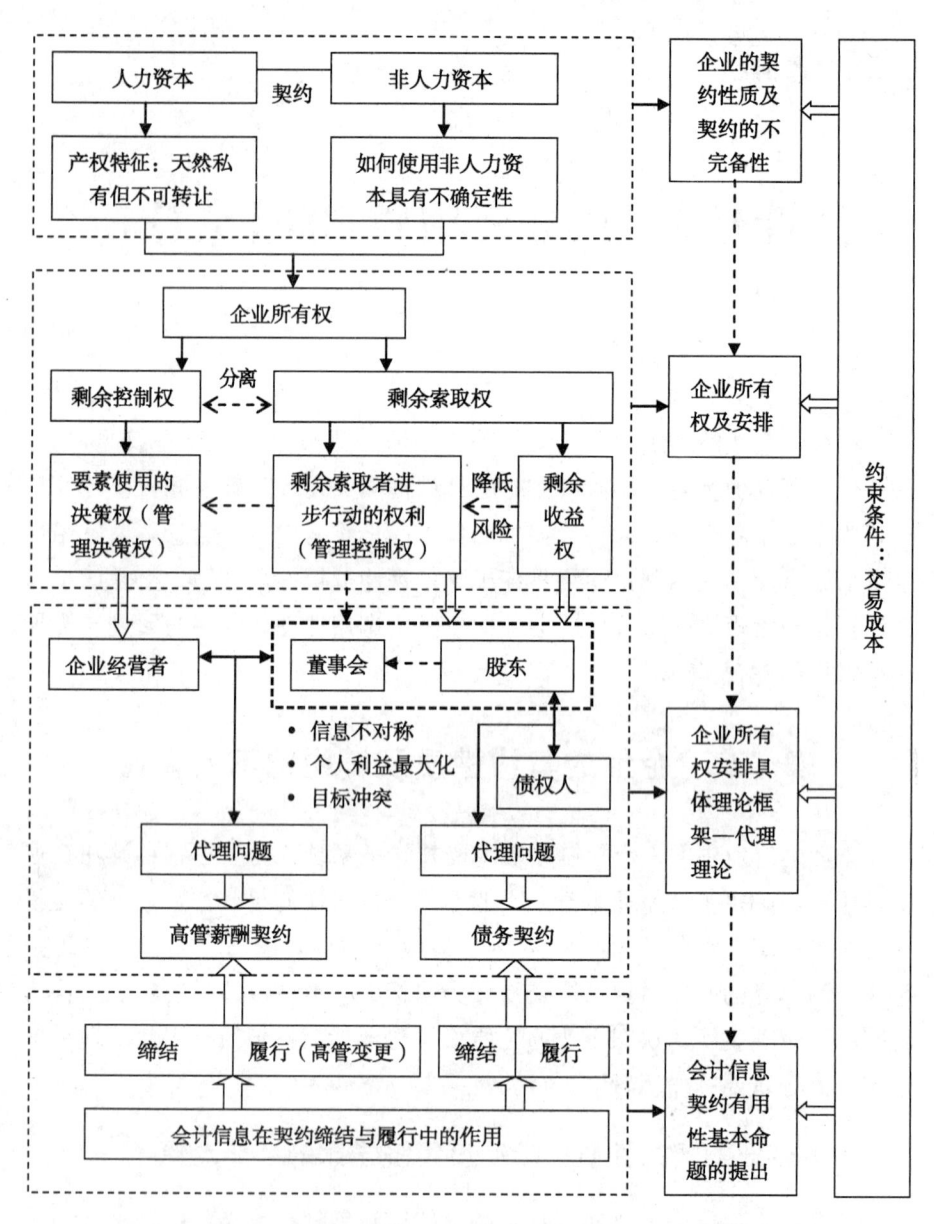

图 1-1 会计信息契约有用性的理论框架与推导过程

(1937)认为,建立企业有利可图的主要原因是利用价格机制是有成本的。通过价格机制"组织"生产的最明显的成本就是发现相关价格的成本。企业是对价格机制的替代,从而降低了这些成本,因为当存在企业时,契约不会被取消,但却大大减少了,一系列的契约被一个契约替代了。企业是用一个较长期限的契约来替代市场中若干较短期限的契约,从而缔结每一部分契约的费用被节省下来。同时,科斯认为,由于不确定性,企业契约是不完全的,当不存在不确定性时,所有的交易都可由市场来完成,不会存在企业。因此科斯的企业理论的基本逻辑是:组织交易是有成本的,企业和市场属于两种不同的交易方式,某一交易是选择直接在市场中以价格机制完成交易,还是选择在企业内由企业家权威指挥来完成,依赖于比较这两种情况下不同的交易成本(transaction costs)[①]。当存在不确定性时,长期契约替代了一系列短期契约,此时交易需要通过企业这种组织形式来完成,企业家的权威指挥替代了市场机制,从而降低了交易成本。

张五常(Chueng,1983)发展了科斯的企业理论。张五常把企业的发展看作产品市场契约被要素市场契约所替代,节约了交易成本。张五常把科斯(1937)提出的发现相关价格的成本分为信息成本、考核成本与谈判成本。张五常进一步解释了科斯考虑的问题,即为什么一个私有产权所有者会自愿放弃他的权利,不依据价格机制进行交易,而是要选择由企业家指挥这一只看得见的手来摆布?他对这一问题的解释是:由于交易量大,发现相关价格、获悉产品性能、考核以及确认个体对协同努力所做贡献的困难太大,成本太高。但张五常对科斯关于交易成本是企业出现的唯一原因并不认同,他认为除此之外还有另一个原因,即劳动的交易效率要高于中间产品的交易效率。他认为科斯关于企业对市场替代的观点并不完全正确,他认为企业契约与产品市场上的契约并没有什么不同,很难定义什么是企业以及什么是企业的边界。

威廉姆森(1985)认为资产专用性(asset specificity)、人的有限理性以及机会主义是交易成本产生的原因,当存在交易成本时,交易的契约必是不完全契约(incomplete contracts);为了保证契约关系能够持续

[①] 交易成本,亦称交易费用。科斯(1937)在其著名论文《企业的性质》中初步提出了交易成本(transaction costs)的概念,科斯认为之所以有些交易在企业内部进行,而不是通过市场进行交易,是因为企业内部的交易成本要小于市场交易成本。1960年在《社会成本问题》一文里,科斯明确提出了"市场交易成本"的概念,将交易成本概念更一般化地拓展开来。在他看来,交易成本应包括度量、界定和保障排他性权利的费用;发现交易对象和交易价值的费用;讨价还价、订立交易合同的费用;督促契约条款严格履行的费用等。科斯在1991年获得诺贝尔奖的演讲时指出,交易成本是谈判、签约及履行合同的费用。

良性地发展，必须根据交易的不确定性、交易的频率以及资产专用性来选择不同的治理结构，从而使交易成本最小。威廉姆森将交易视为分析的基本单位，而交易是通过契约进行的，企业与市场均是交易的治理结构，组织制度的选择问题可以表述为契约的选择问题，可以用交易成本[1]这个分析范式进行探讨。当资产为非专用性时，交易双方均没有持久交易的愿望，此时无论交易的频率如何，均可选择古典契约（classical contracts）进行交易，采用市场治理的方式就能够使契约完美地实施。当资产具有高度专用性时，需要交易双方建立一种稳定的、持久的契约关系，即此时双方需要选择关系性契约（relational contracts）进行交易；若利用高度专用性的资产进行频繁交易，则必须采用统一治理，将双方一体化为一家企业。

企业契约中包含了劳务的利用，这一点使企业契约有别于其他市场契约（科斯，1937）。周其仁（1996）把市场里企业的性质定义为一个人力资本与非人力资本的特殊合约。周其仁认为，由于人力资本与其所有者天然不可分割的产权特性，对人力资本的运用只可"激励"，不可"压榨"，因此企业契约对人力资本的使用无法在事前全部说清楚，从而导致企业契约是不完全的。谢德仁（2001）基于周其仁（1996）的分析，结合迪屈奇（1999）的观点，把企业的性质定义为市场中一组不完备要素使用权交易合约的履行过程，其履行包括要素投入企业、资产在企业内的使用、企业外资产与交易合约的缔结与履行以及要素增值的分配。杨小凯和黄有光（Yang 和 Ng，1995）认为企业是一种间接定价机制，这种机制能把交易效率极低的劳务（人力资本）卷入分工，从而解决对其直接定价而产生的困难，降低交易成本。[2]

---

[1] 威廉姆森从契约的角度解释交易成本。威廉姆森（1985）将交易成本区分为合同缔结之前的交易成本和缔结合同之后的交易成本。前者是指草拟合同、就合同内容进行谈判以及确保合同得以履行所付出的成本。后者包括不适应成本、讨价还价成本、建立及运转成本、保证成本。

[2] 杨小凯和张永生（2003）将交易成本分为外生交易成本和内生交易成本。外生交易成本是指交易过程中直接或间接发生的那些费用，它不是由决策者的利益冲突导致经济扭曲的结果，人们在决策之前都能看到它的大小。内生交易成本是指在决策以后才能看到的交易成本，它是个人的自利决策相互作用的结果，通常是由信息不对称引起的。参见杨小凯、张永生《新古典经济学与超边际分析》，社会科学文献出版社2003年版，第90—94页。

二 认识企业契约性质的重要意义

以上关于企业性质的理论不尽相同，但共同点是把企业看成一系列契约的联结或耦合（nexus of contracts）。企业是对市场的替代，或者说是要素契约对产品契约的替代，但市场价格无法直接指引要素投入者像每一项行动都经计量和定价那样采取行动；企业内部资产配置使用的契约并不直接采用市场价格信息，而是采用企业内部生产的准价格信息（Ball，1989）。因此，必须有一种能够替代市场价格机制的企业内部准价格机制的存在，这个企业内部准价格机制就是会计系统，会计系统生成的会计信息就一种准价格信息。科斯（1990）明确指出，会计系统是企业理论的一部分，认为将经济研究与会计研究融合具有十分重要的意义，经济学家在经济研究中要学会使用会计数字，而一个系统、一致的会计理论与实务框架将有助于经济研究。[①] 受科斯（1990）的启发，谢德仁（2001）构建

[①] 科斯（1990）回顾了自己在20世纪30年代的研究，认为自己同时做了会计和企业理论的研究。在写完《企业的性质》后，他和他的同事曾以"Business Organization and Accountant"为系列标题在 The Accountant 上发表了一系列会计与企业理论相融合的研究论文，如 The Iron and Steel Industry 1926 - 1935: An Investigation Based on the Accounts of Public Companies（Coase et al., 1939），Published Balanced Sheets as an Aid to Economic Investigation: Some Difficulties（Coase et al., 1938）等。在这些论文中，科斯和他的同事，首次运用会计报表数字来研究经济问题，这不仅是把会计研究与经济研究的融合，而且还开了实证会计研究的先河，虽然目前会计理论界认为实证会计研究是从鲍尔和布朗（1968）开始的，可能的原因是科斯和他的同事当时利用会计报表数字的研究与现在的实证研究相比还很粗糙（正如科斯所说：Of course, our methods of analysis were extremely crude compared with those employed today），当时并没有计算机，他们的计算都是用铅笔和纸完成的。科斯等（1939）用1926—1935年的会计报表数字研究了钢铁行业，早期的经济学家广泛地认为银行信贷在产生和加剧经济周期中扮演着关键角色，但科斯等（1939）研究显示，1929年经济衰退开始后，随着危机的加剧，银行的信贷减少了，但对钢铁行业的信贷却增加了，而在1935年经济开始好转，利润显著上升，但银行信贷却减少了，这说明根据会计报表的数字反映的实际情况与传统的理论并不相符，因此，他们得出的结论是，公开的会计报表数字是经济统计的来源，不能被忽视，即在经济研究中要学会运用会计数字。科斯等（1938）通过研究大约2000份会计报表后指出，会计师处理会计实务缺乏一致性导致了经济研究运用会计数据的困难，会计理论的进步必将有助于经济研究。科斯（1990）还回顾了其在早期关于成本会计的研究，科斯认为，研究企业中不同组织活动成本的决定因素的经济学家要寻求会计师的帮助，因为组织的成本明显依赖于会计系统的效率。以上具体内容参见 Coase, R. H., Accounting and the Theory of the Firm, *Journal of Accounting and Economics*, Vol. 12, No. 1 - 3（January 1990），pp. 3 - 13。

了广义的企业理论,他认为,不包含会计理论的企业理论是狭义的企业理论,而会计理论与狭义的企业理论一起构成了广义的企业理论,并强调狭义的企业理论与会计理论的交叉、融合。会计信息契约有用性的研究是融合企业理论与会计理论的重要视角,而理解企业的契约性质是认识会计信息契约有用性的基础。

认识企业的契约性质,对于理解会计信息契约有用性有着重要意义:企业是一系列契约的联结,表明参与企业的要素提供者必须对提供给企业的要素有独立的产权;而个人权利的明确决定了组织中各参与方的成本与收入[①];企业正是由利益相同或相冲突的个体组成的复杂契约体系;会计信息是治理契约主体冲突的工具。因此,会计不是一种单纯的技术,会计信息对企业中的契约主体来说有很强的经济后果。治理功能是会计的本质功能,会计许多原则和方法的采用,如历史成本原则、可靠性原则、收入实现原则、稳健性原则等,都可以从会计的治理功能角度来理解,会计的治理功能经历了从会计信息本身的质量控制到会计信息契约有用性的过程。

三 企业契约的不完备性

新制度经济学家关于企业是一系列契约的联结这一性质已达成共识,同时他们还认识到企业这一契约(或一组契约)与市场契约的本质区别在于企业契约是一组不完备契约[②],他们的区别在于认识的角度不同。

科斯(1937)认为由于预测的困难,当有关商品或劳务供给的契约越长,市场实现这种契约的可能性越小,因为不可能在契约中将供给者所做的细节进行详细的陈述。由于该契约的不确定性和风险过高,需要一个长期的契约替代这一市场契约,此时企业就出现了,企业契约是一种事先没有完全界定要素提供者的权利和义务,买方有权在契约的履行过程中追加相关规定的契约。因此,科斯从不确定性的角度说明了企业契约是一组不完全契约。

---

① 因为某一要素提供者的权利,对另一要素提供者来说可能就是成本;因而不同的要素提供者(或企业的参与者)可能会存在利益冲突。

② 企业与市场都是一种契约,它们的不同之处在于,市场是一种完备契约,而企业是一种不完备契约(张维迎,1996)。

威廉姆森（1985）从人的有限理性、机会主义以及资产专用性三个方面说明了企业契约的不完备性。人的有限理性说明交易双方要求契约是一个完全契约是不可能的；机会主义说明缔约者会采取各种策略行为来谋取自己的利益，因而不可避免地会出现拒绝合作、再谈判等危及契约关系持续下去的情况；而资产专用性则说明契约关系的连续性和长期性特别重要。因此，当以上三个方面同时满足时①，必须采用关系性契约，依靠企业这一一体化的组织形式进行治理。

周其仁（1996）从人力资本不同于非人力资本的产权特性角度说明了企业契约的不完备性。企业契约的不完备性在于企业契约的主体不仅包括非人力资本提供者，还包括人力资本提供者。但与非人力资本提供的实物资本不同，人力资本具有与其所有者不可分离的产权特性，因而不可能在事前完全规定人力资本及其所有者的权利与义务。人力资本所有者天然具有机会主义和利益最大化的动机，即使在契约中详细规定其权利与义务也可能得不到履行，而监督人力资本提供者的成本太高以至于不可行，同时还会出现"谁来监督监督者"这样的问题，因此对人力资本的产权只有"激励"才能较好地调度。因此正是由于人力资本的这一产权特性，使得总有一些权利与义务条款在契约的执行过程中再定夺，造成了企业契约的不完备，这也是企业有别于市场的最显著特征。

企业理论是一种关于企业制度的理论，而制度属于生产关系的范畴，生产关系的本质是人与人之间的关系。因此，可以说人力资本与其所有者不可分离的产权特性是整个企业理论的前提假设。本书认为，企业契约的不完备性表现在两个方面：一是企业契约作为一个长期契约，事前无法对投入要素如何使用做出详细规定而导致契约的不完备，即长期契约中要素使用的不确定性导致的不完备；二是由于企业契约包含人力资本所有者的参与，但人力资本产权的天然私有、难以计量和难以转让的特性导致契约的不完备，即人力资本产权特性导致的不完备。

企业契约的不完备性表明企业契约是一个留有"漏洞"的契约，那

---

① 当这三个方面不同时满足时，契约也可能是不完备的，但此时不需要企业这种一体化的治理组织，因此，不能说明企业契约的不完备性，只有当三个方面同时满足时，需要企业，而且企业契约是不完备的。具体分析参见威廉姆森《资本主义经济制度——论企业签约与市场签约》，商务印书馆2002年版，第49页"表1-1签约过程的各种属性"。

么，在契约的缔结和履行过程中，填补契约中存在的"漏洞"的基本原则和具体机制是什么？会计信息在解决这些由契约不完备性导致的一系列问题中起到什么作用？

第二节 企业所有权及其安排

科斯认为企业对市场的替代，能够降低在市场中发现价格的成本，即交易成本，但企业内也存在交易，也有成本，当在企业内部组织一笔额外交易的成本等于通过在市场上完成同一笔交易的成本或在另一个企业中组织同样交易的成本，企业的规模达到了边界。既然企业中的交易也存在交易成本，那么，根据科斯（1960）提出的科斯定理[①]：如果交易成本为零，权利的界定不影响资源的配置效率，但当交易成本不为零时，则权利的界定就变得十分重要了。

企业的契约性质、企业契约的不完备性以及交易成本共同决定了对要素提供者权利界定的重要性。企业的契约性质说明企业参与者对其投入企业的要素有独立的产权，即拥有占有权、收益权和转让权；企业契约的不完备性说明必须对非人力资本的使用权进行安排，对人力资本进行间接定价从而对其提供者形成激励，这一内容也被称为企业所有权的安排或公司治理结构，其目的是填补不完备契约产生的"漏洞"；交易成本的存在说明以上安排或治理，必须以交易成本为约束条件，以交易成本最小化的原则来填补不完备契约产生的"漏洞"。因此，企业的契约性质、企业契约的不完备性是企业所有权存在的前提，而交易成本是企业所有权安排或公司治理的约束条件。

一 企业所有权：剩余控制权与剩余索取权

企业所有权并不是指企业为谁所有，企业的契约性质说明企业是没有

[①] 张五常（1999）指出，科斯定理是由斯蒂格勒（Stigler）发明的，科斯本人并没有将其称为定理。张五常（1999）总结了科斯定理的三种不同说法：第一种说法，产权的界定是市场交易的前提；第二种说法，如果交易成本为零，那么资源的利用效率与谁拥有产权无关；第三种说法，如果权利能被清晰界定且交易成本为零，那么帕累托条件（或经济效率）将能够实现。具体参见张五常《关于新制度经济学》，拉斯·沃因、汉斯·韦坎德编《契约经济学》，经济科学出版社1999年版，第61—90页。

所有者的。企业所有权是由企业的契约性质和企业契约的不完备性衍生出来的，它的本质是一种填补不完全契约产生"漏洞"的"工具"，而"企业所有权"仅是这个"工具"的名称而已①，因此企业所有权与投入企业要素的产权是不同的。前文已经分析过，企业契约的不完备是由长期契约中要素使用的不确定性，以及人力资本产权特性两个方面导致的。因此对"漏洞"的填补也要从这两个方面进行。

企业所有权首先表现为一种控制权，即投入要素如何使用的决策权。格罗斯曼和哈特（Grossman 和 Hart，1986）将这种决策权分为特定控制权和剩余控制权，特定控制权是指在契约中事先明文规定契约方应有的权利和承担的义务，而剩余控制权（residual control rights）是指在契约中没有明文规定的决策权。因此，剩余控制权是指在不确定情况下，对企业参与者投入要素的使用、指挥和分配的权利。剩余控制权对企业来说是与生俱来的，是企业存在的必要条件，是解决企业契约不完备的出发点，由于企业所有权是一个与契约不完备有关的概念，因此，准确地说，企业所有权应当首先表现为一种剩余控制权。

企业是一系列契约的联结这一概念表明，要素提供者对要素有独立的产权，其中包括收益权，而企业契约的不完备则决定企业的产出是一个不确定的量。因此，要让所有要素提供者享有固定收入是不可能的，必须有要素提供者享有剩余，这就决定了剩余索取权（residual claim rights）的存在。因此，企业所有权还表现为一种剩余索取权。所谓剩余索取权，是相对于固定收益权而言的，是指对企业收入扣除所有固定支付后的要求权（张维迎，1996）。费方域（2006）和哈特（2006）将这种对企业剩余要求的权利定义为剩余收益权，因为该权利是相对于固定收益权而言的，因而似乎将该权利定义为剩余收益权更合适。

本书认为，对于剩余索取权的认识，还应进一步地深入和拓展。剩余索取权不仅仅是单纯地获得企业剩余的权利，还包括如何保证能够获得剩余的权利，即剩余索取权不仅包括对企业剩余的要求权，还包括当剩余索取者的这种要求权得不到满足时，剩余索取者采取进一步行动的

---

① 为什么用企业所有权作为这一"工具"的名称，而不用其他名称，这主要是因为经济学界对这一词汇长期使用而形成了一种习惯，张维迎（1996）说，由于这一说法的根深蒂固，取消这一概念是徒劳的。

权利。① 例如，若股东享有剩余索取权，当这种权利得不到满足时，股东可能会"用脚投票"或做出更换经营者的决策，因而剩余索取权是一个比剩余收益权更合适的概念。

以上分析表明，可将企业所有权定义为剩余控制权和剩余索取权②，它们是解决企业契约不完备的"工具"。那么，下一步的问题是：如何使用这一"工具"，即剩余控制权和剩余索取权归谁享有？两者的关系如何？即如何确定企业所有权的安排，制定一套解决企业契约不完备的机制。

---

① 法玛和詹森（Fama 和 Jensen，1983）将企业中的决策过程分为提议、认可、贯彻和监督四个步骤，组织的契约结构将提议与认可从贯彻和监督分离出来。拥有提议和认可的权利称为"决策控制权"，拥有贯彻和监督的权利称为"决策经营权"，股东享有"决策控制权"，而经营者享有"决策经营权"。本书认为"决策制空权"是一种剩余索取权，就是那种"剩余索取者采取进一步行动的权利"，而"决策经营权"就是指剩余控制权。

② 西方产权理论可划分为传统与现代两个阶段，传统产权理论的经典文献有科斯（1960）以及阿尔钦安和德姆塞茨（1972）等；现代产权理论的经典文献有格罗斯曼和哈特（1986）以及哈特和摩尔（Hart and Moore, 1988）等，现代产权理论也称为不完全合同理论，因其以格罗斯曼、哈特和摩尔等人为代表，又称 GHM 理论。费方域（2006）总结认为，传统产权理论侧重于将企业所有权定义为剩余索取权；而现代产权理论则侧重于将企业所有权定义为剩余控制权，主要理由是哈特（1988）认为剩余收入可能不是一个非常健全或重要的理论概念。哈特（2006）举了一个汽车租赁的例子，说出租人（资产所有者）拥有剩余控制权利，因而所有权应当定义为剩余控制权，但他又说明，承租人也拥有部分剩余控制权，因而对所有者来说不是拥有全部的剩余控制权，而是拥有在经济上最为重要的剩余控制权。本书认为，现代产权理论对企业所有权定义是含糊不清的，他们之所以要把所有权定义为剩余控制权，是因为资产所有者拥有经济上的那部分剩余控制权，而这部分经济上的剩余控制权实际上是剩余索取权的一部分，即本书所提出的"剩余索取者所采取进一步行动的权利"。杨其静（2002）总结了 GHM 理论的两个悖论：一是非人力资本所有者在 GHM 基本模型中无条件地拥有分享组织或合作剩余的超级权力，而 GHM 第二代模型中却只能获取参与企业的保留收入；二是作为投资者天然权力的剩余控制权却在 GHM 第二代模型中可以转移给无资产的企业家或企业经营者。杨其静（2002）认为导致这些悖论存在的真实原因是哈特等人没有搞清楚剩余控制权的内涵和外延。本书认为，这是 GHM 理论没有认识到剩余索取权包括剩余索取者采取进一步行动的权利所导致的，本书对剩余索取权的定义可以解决现代产权理论对剩余控制权安排的逻辑的不一致性。以上有关文献及具体内容参见费方域《企业的产权分析》，上海三联书店、上海人民出版社 2006 年版，第 76 页；哈特《企业、合同与财务结构》，格致出版社、上海三联书店、上海人民出版社 2006 年版，第 35、62 页；杨其静《合同与企业理论前沿综述》，《经济研究》2002 年第 1 期。

二 企业所有权安排的基本原则：公司治理结构

企业所有权的安排是指企业剩余控制权与剩余索取权如何分配的一系列契约安排，目的是解决企业契约不完备给缔约主体带来的风险，约束条件是交易成本最小化。企业所有权的安排也被称为公司治理，可以说企业所有权的安排与公司治理是一个硬币的两面。公司治理问题包括两个不可分割的方面：一是公司治理结构，二是公司治理机制。公司治理结构解决的是产权安排的问题，公司治理机制解决的是具体治理机制的设计与实施问题。在此首先讨论企业所有权安排的基本原则，即权利如何分配的问题，或称为公司治理结构问题。

1. 剩余控制权的安排

剩余控制权是由企业契约不完备而产生的，是填补企业契约"漏洞"的工具之一，剩余控制权安排的目的在于降低交易成本，因此，这种权力应天然由企业内的权威（企业家）来享有，否则企业与市场就没什么区别。特别地，在现代企业中，应由经营者（企业家）来享有剩余控制权，具体理由是：（1）现代企业由于所有权与经营权分离，股东人数众多，由股东来享有剩余索取权，可能会因"搭便车"行为以及股东相互之间达成一致意见的交易成本太高而不现实；（2）现代企业之所以经营权与所有权分离，是因为拥有物质资本的人（股东）可能没有经营才能，而拥有经营才能的人（经营者）可能没有物质资本，现代企业正是人力资本与非人力资本合作的舞台，若将剩余控制权交给股东享有，可能会因股东缺乏经营才能而导致太高的决策成本（包括决策失误带来的损失）；（3）现代企业由于经营权与所有权的分离，经营者处于信息优势地位，股东处于信息劣势地位，而信息是决策的基础，若将剩余控制权交给股东，必会导致很高的决策成本。以上分析表明，在现代企业中，由具有经营才能和信息优势的经营者享有剩余控制权，才能降低交易成本。

2. 剩余索取权的安排

假设某会计期间企业的总收入为 R，企业购买原材料等的固定支付为 F，固定资产折旧为 D，股东得到的报酬为 B，债权人得到的利息为 I，经理者的报酬为 P，工人得到的报酬为 S。根据谢德仁（2001）的分析，有如下关系成立：

$$R - F - D = B + I + P + S$$

企业契约是一组不完备契约，这就决定了企业总收入 R 不是一个常量，F 和 D 都是一个固定值，这就说明企业剩余（$R-F-D$）不是一个常量。

契约可以规定所有企业成员都是剩余索取者，但不能规定所有成员都是固定收入索取者（张维迎，1996），即有可能股东、经营者、债权人和工人共同享有剩余索取权。享有剩余索取权意味着要承担风险，但债权人作为风险规避者，其宁愿获得固定收益，而工人通常也只获得固定报酬，因此，按这一逻辑，剩余索取权就为股东和经营者共同享有，也就是股东和经营者共担企业的风险。股东以其投入的财产作为承担风险的基础，经营者投入的人力资本能不能作为其承担风险的基础呢？人力资本的天然私有但不可转让、难以计量的产权特性决定了其不能作为承担风险的基础，因此经营者不能享有剩余索取权。通过以上分析可知，理论上剩余索取权只能安排给股东享有。

3. 剩余控制权与剩余索取权的匹配

以上理论分析表明，剩余控制权安排给经营者享有，而剩余索取权则安排给股东享有。但这样的安排是否最优？

一方面，产权经济学理论认为，当经营者仅享有剩余控制权时，这种控制权就会变成廉价的控制权，因为经营者不必为自己的决策失误承担任何成本。诺斯指出："一般而言，一种资产的收入流越是受到他人行动的影响，并且他人还无须承担这种行动的全部成本，那么这种资产的价值就越低。因此，一种资产价值的最大化就与这样一种所有权结构有关，即那些影响特定属性变化的当事方，事实上就是这些属性的剩余索取者。"[1] 即要使企业价值最大化，剩余控制者也必须是剩余索取者。

另一方面，由于信息不对称以及契约的不完备性，仅拥有剩余控制权的经营者还可能导致事后机会主义行为，交易费用经济学和不完全契约理论将这种行为称为"敲竹杠"（hold-up），或称为"套牢""要挟"。不完全契约理论认为"敲竹杠"问题可以通过缔结状态依存契约、收益分享

---

[1] 诺斯：《制度、制度变迁与经济绩效》，格致出版社、上海三联书店、上海人民出版社 2008 年版，第 43 页。

契约、成本分享契约以及第三方仲裁来解决。①

以上两个方面的分析表明，只有让经营者享有剩余索取权，才能优化和控制经营者的行为，对经营者形成激励，使经营者与股东的利益一致。因此，公司治理结构或企业所有权安排的基本原则就是让剩余控制权与剩余索取权匹配。

第三节　企业所有权安排的具体理论框架：代理理论

企业剩余控制权归经营者享有，剩余索取权归股东享有，并通过让经营者享有部分剩余收益权，以使剩余控制权与剩余索取权相匹配，这是企业所有权安排的基本原则，从公司治理的角度来说，这一层次属于公司治理结构。接下来的问题就是如何设计一系列具体的机制，通过哪些契约将经营者与股东的责、权、利确定下来，这就是公司治理机制问题。

公司治理的基础理论包括代理理论、现代管家理论、利益相关者理论等。② 代理理论是会计研究中重要的理论范式，因为大部分会计和审计研究的动机是与控制和激励问题相关的（Lambert，2001）。李增泉和孙铮（2009）指出，詹森和麦克林（1976）的经典代理理论为以预测和解释会计行为为目标的实证研究提供了强有力的分析工具。因此，本书从代理理论角度来分析企业所有权的具体安排机制，进而分析会计信息在契约中的作用。

一　代理理论的产生与发展

科斯（1937）开创了现代企业理论，由于科斯及其追随者们将企业看成一系列契约的联结，因此科斯的企业理论也被称为企业的契约理论。科斯的理论问世后，用他自己的话说，一直处于"引而不用"的状态。直至20世纪70年代，现代企业理论才有了能够被实证的理论框架，并出

---

① 关于"敲竹杠"的解释、产生的原因以及解决的办法，参见卢现祥、朱巧玲《新制度经济学》，北京大学出版社2006年版，第255页。

② 关于公司治理理论的主要流派，可以参考冯根福《中国公司治理基本理论研究的回顾与反思》，《经济学家》2006年第3期。

现了两个具有代表性的学术流派。

一是以威廉姆森（1975，1985）等为代表的交易成本经济学（transaction cost economics）。交易成本经济学以人的有限理性、机会主义和资产专用性为前提假设，重点研究契约缔结以后的制度问题，通过比较制度分析，以交易成本最小化来选择契约执行过程中协调当事人利益关系的治理结构。①

二是代理理论（agency theory）。与交易成本经济学不同，代理理论从产权的角度来分析代理关系，把代理关系定义为一种契约，在这种契约下，一人或多人（委托人）雇用其他人（代理人）按照自己的利益行事，委托人将决策权下放给代理人（Jensen 和 Meckling，1976）。代理理论关注于解决由代理关系而导致的两种代理问题：第一，代理人与委托人之间的利益冲突以及监督代理人的行为十分困难，成本太高；第二，由于代理人与委托人的风险偏好不同而引起的风险分担问题。代理理论的发展分为两个方向：其一，实证代理理论（positivist agency theory）（也可称为代理成本理论），以詹森和麦克林（1976）、法玛（1980）、法玛和詹森（1983）等为代表；其二，委托代理理论（principal-agent theory），这方面的文献比较繁杂。② 詹森（1983）从研究方法的角度对这两者进行了区别，实证代理理论以经验研究工作为主，基本不用数学推导，着重研究签约和监控；而委托代理人理论以数学推导为主，着重分析偏好和信息不对称的作用。③ 艾森哈特（Eisenhardt，1989）总结认为，实证代理理论在于识别什么情况下委托人与代理人之间存在代理冲突，以及建立解决代理冲突的机制；委托代理理论则侧重构建一个能适用于广泛的委托代理关系的一般理论，通过设计最优契约

---

① 威廉姆森（2002）总结了交易成本经济学有6个方面的特点：（1）更注重微观分析；（2）在作出行为假定时更慎重；（3）首次提出资产专用性对经济的重要意义并用以解决实际问题；（4）更加依靠对制度的比较分析；（5）把企业看作一种治理结构，而不是生产函数；（6）重点研究合同签订以后的制度问题。具体参见威廉姆森《资本主义经济制度——论企业签约与市场签约》，商务印书馆2002年版，第30页。

② 相关文献及评论可参考何亚东、胡涛《委托代理理论述评》，《山西财经大学学报》2002年第3期。

③ Jensen, M. C., Organization Theory and Methodology, *The Accounting Review*, Vol. 58, No. 2 (April 1983), pp. 319 – 339.

来减轻委托人与代理人之间的代理冲突。①

代理理论研究的是组织中的代理关系引起的代理问题，其中委托代理理论研究的组织并不局限于企业，而实证代理理论研究基本上侧重于对企业的研究（Eisenhardt，1989），主要研究股东与经理、债权人之间的代理问题。因此，实证代理理论与现代企业理论一脉相承，是现代企业理论一个可实证的理论框架，故本书所指的代理理论都是指实证代理理论。

二 代理理论对企业性质的认识

代理理论秉承现代企业契约理论的基本思想，认为契约关系是企业的本质，认为现代公司是不同个体间一系列复杂的隐性和显性契约联结的法律虚构（Jensen 和 Meckling，1976）。在认识公司这一本质的前提下，公司中资产或现金流的剩余索取权是可分割的，剩余索取者（股东）不需要其他签约人的同意，就能随意转让自己的剩余索取权。这不仅能够降低股东的风险，减少事前专用性资产投资的不足，而且能够减少由于某一股东退出后，各契约方进行重新谈判的成本，促进了公司的发展。

剩余索取者在转让剩余索取权分散风险的同时，也导致剩余索取权逐渐分散，每个剩余索取者监督由于剩余索取权与剩余控制权分离而导致的代理冲突的动机下降，都想"搭便车"。因此分析代理冲突，设计具体的治理机制，衡量代理成本就成了代理理论分析的主要内容。

三 股东与经理人之间代理冲突的治理机制：激励与监督

现代公司股东与经理人之间的关系属于典型的代理关系，股东是委托人，经理人是代理人，股东将剩余控制权委托经理人，股东享有剩余索取权。但是由于信息不对称，有限理性以及机会主义行为，经理人与股东的目标利益并不一致，即经理人与股东追求的都是个人利益最大化，因此导致仅享有剩余控制权的经理人并不会按照股东的利益行事，这就是股东与经理人之间的代理冲突。因此需要一系列机制来解决这种企业所有权安排

---

① 关于实证代理理论与委托代理理论的区别与联系，参见 Eisenhardt, K. M., Agency Theory: An Assessment and Review, *The Academy of Management Review*, Vol. 14, No. 1 (January 1989), pp. 57 – 74。

导致的代理冲突问题。代理理论认为可以利用激励与监督两种机制来减轻股东与经理人之间的代理冲突。这些激励和监督机制是通过一系列显性或隐性契约来规定股东与代理人的责、权、利的，这些显性或隐性契约也可称为公司治理契约。

1. 激励：高管薪酬契约

高管薪酬契约是一种解决股东与经理人之间代理冲突的具体公司治理机制。股东与经理人通过缔结高管薪酬契约，使经理人分享部分企业剩余，从而使剩余索取权与剩余控制权相匹配，落实了企业所有权的安排问题。

由于企业剩余是不确定的，让经理人分享部分企业剩余的高管薪酬契约，必会激励经理人产生最大化企业剩余的努力，这与股东的利益一致，减轻了股东与经理人之间的代理冲突。经理人是通过提供人力资本参与企业生产活动的，通过高管薪酬契约对经理人进行激励，符合对人力资本提供者只能"激励"，不可"压榨"这一基本规律。同时，让经理人分享剩余的高管薪酬契约也解决了人力资本难以直接计量的问题，是一种直接计量人力资本的替代机制；如果把企业看成一种间接定价机制，那么企业中的高管薪酬契约就是这种间接定价机制之一。

2. 监督

仅依靠激励还不足以控制股东与经理人之间的代理冲突，因为经理人仅享有部分剩余索取权，经理人能够享有懈怠行为带来的全部好处，而仅需要承担懈怠行为带来的部分损失，当经理人懈怠行为带来的好处大于经理人需要承担的损失时，经理人的懈怠行为还会增加。因此，需要在激励之外对经理人进行监督，与监督有关的公司治理契约有公司章程、内部审计规则、内部控制规则、董事会独立性规则、激励股权的禁售规定、经理人市场、上市交易规则以及信息披露规则等隐性契约。

监督是有成本的，这些成本被詹森和麦克林（1976）称为外部股东的代理成本（agency cost）。[①] 这一成本由三个部分组成：（1）委托人对代

---

① 张五常（1999）指出，从最广泛的意义上讲，交易成本包括那些不可能存在于克鲁梭·鲁滨逊一个人经济中的所有费用；从这个意义上来说，代理成本是交易成本的范畴。弗鲁博顿和芮切特（2006）认为代理成本是所有权与控制权分离的成本，是一种特殊的交易成本。基于以上分析，本书认为，代理成本是交易成本在考察组织中代理冲突时的一个应用，是一种属于杨小凯和张永生（2003）所定义的内生交易成本。

理进行监督的成本支出，如设置董事会、建立科层组织机构以及构建内部控制制度等支出；（2）代理人为取信委托人而发生的担保支出，如代理人聘请注册会计师对财务会计报告进行审计的支出；（3）剩余损失，即由于监督和担保的不完全而导致代理人行为差异给公司价值带来的损失。某一公司治理契约被采用的标准就在于比较边际收益与边际代理成本的大小，只要某一监督机制带来的边际收益大于边际成本时，这一监督机制就会被采用。①

值得说明的是，由于激励机制并不能完全控制股东与经营者之间的代理冲突，因而监督机制是必要的，那么，如果有了较完全的监督机制是不是激励机制就没有必要存在了呢？答案是否定的，因为如果没有激励机制，则无法使经营者享有剩余索取权来与其享有的剩余控制权相匹配。因此，可以说是激励机制与监督机制共同治理了股东与经营者之间的代理冲突。②

由于代理成本的存在，现代公司的价值肯定小于代理成本为零时（规模相同的情况下）的价值，那么为什么现代公司还大量存在呢？为什么有人愿意成为剩余索取者？③ 本书认为以下两点原因可以解释其中的部分原因。一是剩余索取权不仅包括剩余收益权，而且包括进一步行动的权利，股东通过这一权利掌握了企业决策控制权，可以解雇不称职的经理人，或通过"用脚投票"等方法来控制由代理关系带来的风险。二是通过分散剩余索取权，可以使原股东筹集到更多的资金用于扩大投资的规模，获得更多的收益。问题是公司也可以通过债务来筹资，为什么公司没有全部通过债务来筹资避免股权的代理成本？原因是债务也存在代理成本。

---

① 从这里的分析可以看出，实证代理理论是比较每一个监督机制的收益与成本的，而不是比较不同监督机制的优劣，后者是委托代理理论的研究重点，这也是实证代理理论与委托代理理论的重要区别。正如艾森·哈特（1989）所说，实证代理理论在于发现有价值的监督机制，而委托代理理论在于发现这些机制中哪些是最优的。

② 罗飞和王竹泉（2003）认为企业制度中除激励和监督机制外，决策机制是前两者的基础。

③ 詹森和麦克林（1976）以及费方域（2006）认为有限责任解释了其中的部分原因。本书认为，有限责任只解释了同时有股权和债权情况下，股东愿意作为剩余索取者的原因；而并不能解释没有债权的情况下，股东愿意作为剩余索取者的原因。

四 股东与债权人之间的利益冲突及治理机制

1. 企业所有权安排中考虑债务问题的原因

若公司全部通过外部负债来筹资,且公司内的经营者也是原始投资者(或所有者),那么这种情况下公司的剩余控制权与剩余索取权全部归经营者(也是所有者)享有,不会出现两权分离的情况。因此,企业所有权的具体安排必须考虑债务的影响。

莫迪利亚尼和米勒(Modigliani 和 Miller,1958)提出了著名的资本结构无关理论,即在没有破产成本且没有对利息的税收补贴情况下,企业价值与资本结构无关。所谓资本结构是指公司股权资本与债务资本的比例。资本结构无关理论,从理论上说明公司完全可以全部通过外部债务来筹资,但现实情况是一个拥有100万原始股权资本的公司不可能向银行借入1000万的债务资本。因此,资本结构无关理论是有前提的,詹森和麦克林(1976)对此进行了进一步分析,认为债务也存在代理成本,这也是导致公司剩余控制权与剩余索取权分离的重要原因。

2. 股东与债权人之间的代理冲突与债务的代理成本

债务的代理成本是由股东与债权人之间的代理冲突导致的。史密斯和华纳(Smith 和 Warner,1979)总结了股东与债务人之间产生冲突的四个主要原因:(1)股利支付,即债权人将资金借给公司后,公司管理当局没有用这笔资金去投资,而是作为股利发给股东。(2)资产替代,股东未经债权人的同意,促使管理当局投资于比债权人预期风险还高的项目。(3)投资不足,若股东发现投资所产生的利益只能归债权人享有时,会促使管理当局放弃净现值为正的投资项目。(4)债权稀释,即股东为了提高利润,促使管理当局在未经原债权人同意的情况下又发行新债。由负债而引起的股东与债权人之间的代理冲突,导致监控和担保成本、破产和重组成本以及机会损失等债务代理成本的产生。

3. 债务契约

同股东与经理人之间的代理冲突需要治理一样,债权人一般通过在缔结债务契约时,设置相应的限制性条款来保障自己的利益,这是债权人与债务人之间利益冲突的具体治理机制。

债务契约中的限制性条款主要有以下内容:债务人应当定期向债权人支付固定利息;债务人应当建立偿债基金,债务到期时要及时偿还本金;

债务人的经营活动必须满足规定的流动性要求，防止出现违约风险；债权人对债务人抵押的资产有优先求偿权等。

综上所述，代理理论从代理关系的视角分析企业所有权的安排，通过分析股东与经理人及债权人之间的代理冲突，设计具体的治理机制，为分析企业所有权的具体安排提供了强有力的分析框架。对于股东与经理人之间的代理冲突，主要通过设计公司治理契约来完成，包括高管薪酬契约等激励契约以及其他一系列监督契约。对于股东与债权人之间的代理冲突主要靠在债务契约中设置限制条款来治理。这些高管薪酬契约及债务契约在缔结和执行时，必须有契约各方都认可的共同知识以及履约机制，那么这些共同知识与履约机制是什么？

第四节 会计信息契约有用性的基本命题

高管薪酬契约和债务契约的缔结与履行中，最大的困难在于经营者作为代理人，其与委托人股东和债权人之间是信息不对称的。经营者拥有剩余控制权，比股东和债权人拥有更多企业经营管理方面的信息，要使高管薪酬契约和债务契约能够成为有效的治理机制，最小化代理成本，那就必须有一套履约机制，这套机制必须产生有助于经营者和股东、债权人之间进行沟通的共同知识，从而提高高管薪酬契约和债务契约的效率。

一 会计信息契约有用性基本命题的提出

1. 履约机制与共同知识

契约的履约机制包括自我履行机制和第三方强制履行机制。自我履行是契约方通过分享共同知识，来解决契约方之间的信息不对称，从而避免和解决契约方之间的冲突。第三方强制履行机制主要是靠法律手段来解决契约方的冲突，保障各契约方的权利。然而，在所有的冲突中，只有很小比例的部分进入了法律程序，绝大部分冲突则在所有正式的冲突解决体系之外，通过系统的共享条款得以妥善且廉价地解决（桑德，2000）。因此设计一套能够促使高管薪酬契约与债务契约的自我履约机制，是提高高管薪酬契约及债务契约效率的关键。一套有效的自我履约机制必须满足以下几个条件：

（1）该机制必须能够在信息不完美的条件下运行。不完美信息就是参与人知道了规则或结构,但并不知道其他参与人的具体行动或事项。高管薪酬契约和债务契约的自我履约机制必须能够在信息不完美条件下运行,是指这套自我履约机制必须能提供股东、经营者和债权人都能知道的规则。

(2) 该机制必须能够在信息不完全的条件下运行。不完全信息是指既不知道规则,也不知道其他参与人的具体行动或事项。高管薪酬契约和债务契约的自我履约机制必须在不完全信息条件下运行,意味着既要提供股东、经营者和债权人都知道的规则,还必须提供经营者的具体行动信息。

(3) 该机制必须能够生成契约各方都认可的共同知识。[①] 高管薪酬契约与债务契约的自我履约机制必须能在信息不完美及信息不完全下生成股东、经营者和债权人都认可的共同知识。而共同知识能在契约的缔结与履行中发挥重要作用。

(4) 该机制必须有助于设计使交易成本最小化的契约条款。契约的履约机制与契约条款是相互影响的。一方面,契约缔结时的契约条款不同,则会导致不同的履约机制;另一方面,如果各契约方能够事先观察到成本较低的履约机制,则会根据该履约机制设计契约条款。若要实现后一方面的功能,则必须要求该履约机制的有关功能在高管薪酬契约和债务契约的缔结和履行之前就已经存在。比如,该机制具有在公司成立时能够计量各个契约方对公司资源的投入,能够确定并支付每个契约方的约定利益,即具有界定和保护产权的功能。而其作为高管薪酬契约和债务契约的自我履约机制是在这些功能的基础上发展出来的。

2. 会计信息契约有用性

会计是企业契约履行机制的几个必要部分之一,其他部分包括普通法、民法和刑法,以及它们的执行和审判系统及社会准则(桑德,2000)。本书认为,如果把企业看成一系列契约的联结,那么会计系统就是企业契约的一种自我履约机制,会计系统满足作为企业契约自我履约机制的必要条件。

[①] 共同知识(common knowledge)是指"如果A知道X,并且A知道B知道X,B也知道A知道X,而且A知道B知道A知道X……那么,信息X就是主体A与B之间的共同知识"。参见桑德《会计与控制理论》,东北财经大学出版社2000年版,第4页。

第一，会计系统作为高管薪酬契约和债务契约的自我履约机制，能提供股东、经营者和债权人以及其他利益相关者都知道的规则，从而解决信息不完美问题。比如，会计准则不仅能使利益相关者知道投入要素的计量规则，还能提供经营业绩的计量规则——权责发生制，提供企业剩余的计量规则——会计分期、持续经营、权责发生制、划分收益性支出与资本性支出原则、收入实现原则以及稳健性原则等，以及提供分配规则——盈余公积计提规则、以前期间亏损的弥补规则等。这些规则是企业利益相关者博弈的结果，并时刻被利益相关者所关注，具有较高的透明性。

第二，会计系统作为高管薪酬契约和债务契约的自我履约机制，能够提供企业参与人行动的信息，从而解决信息不完全问题。会计系统能及时提供股东的投入及分配的信息，经营者的筹资、投资、经营和在职消费方面的信息，以及债权人投入与分配方面的信息。总之，会计作为一个履约系统，能够在信息不完美和信息不完全的条件下运行，既能为企业参与人提供计量规则和分配规则等，也能提供其他参与人的事项和行动的信息。

第三，会计系统提供的会计信息能成为契约各方认可的共同知识。会计信息是各契约方行动的货币化信息，这些信息是在各参与人都知道的规则下产生的，具有很强的透明性、可靠性，是契约各方都认可的共同知识。会计系统作为企业契约的自我履约机制，其产生的会计信息能够作为共同知识，能够广泛运用于监督公司契约的缔结与履行，降低了契约方之间的信息不对称，降低了进行直接监督的监督成本（代理成本）。例如，会计信息被广泛运用于高管薪酬契约，如董事会行使股东委托的管理控制权需要会计信息来衡量经营者的行为。

第四，会计系统可以对企业参与人投入的要素进行计量，从而解决产权界定问题。会计系统的这一功能在作为企业契约的自我履约机制之前就一直存在，会计系统及会计信息的功能是随企业组织形式的发展而发展的。依据作为共同知识的会计信息不仅降低了直接监督契约履行的成本，而且能够直接降低契约缔结时的信息成本和衡量成本，从而影响契约结构[1]；而契约结构又内生于交易成本，这就决定了用以会计信息基础设计

---

[1] 契约结构是张五常提出的概念，是指契约规定的内容或条件。参见 Cheung S. N. S., The Structure of a Contract and the Theory of a Non-exclusive Resource, *Journal of Law and Economics*, Vol. 13, No. 1 (April 1970), pp. 49–70。

契约条款的契约结构代替其他契约结构，从而降低交易成本。

以上分析表明，会计系统满足作为契约自我履约机制的全部条件，会计信息是各契约方认可的共同知识。选择会计作为企业契约的一部分，有助于契约的实施。会计信息在企业契约的缔结与履行中发挥了重要作用，降低了信息成本、衡量成本和监督成本等交易成本，本书把会计信息在企业契约中的这种作用称为会计信息契约有用性。具体来说，会计信息契约有用性包括两个基本命题：

命题Ⅰ：会计信息能够降低契约缔结时的信息成本和衡量成本等交易成本，从而决定了各契约方以会计信息设计契约条款的契约结构。

命题Ⅱ：会计信息能够降低契约履行中契约各方之间的信息不对称程度，从而降低了监督成本等交易成本（代理成本），发挥了治理作用。

命题Ⅰ指的是会计信息在契约缔结时的作用，即契约条款对财务会计报告数字的直接使用，会计信息的这一契约作用，也可称为会计信息的直接契约作用。命题Ⅱ指的是会计信息在契约履行中的作用，即对各契约方的监督与治理作用，也可称为会计信息的间接契约作用。显然，会计信息在契约履行中的监督与治理作用是以会计信息在契约缔结时的作用为前提的。

命题Ⅰ和命题Ⅱ中的交易成本即是本书对交易成本内容或概念的界定，它包括信息成本、衡量成本和监督成本。依据杨小凯和张永生（2003）对交易成本的分类，命题Ⅰ中的交易成本，即信息成本和衡量成本是一种外生交易成本，是缔结契约时的交易成本。具体来说，信息成本是指契约缔结时，搜寻与契约有关的规则及与契约方有关的事项和行动等信息的成本；衡量成本是指衡量契约方价值或能力的成本。命题Ⅱ中的交易成本，即监督成本是一种内生交易成本，是契约缔结后的履行过程中，由于信息不对称，代理人与委托人利益冲突导致的交易成本，等同于代理成本。

会计信息契约有用性主要体现为会计信息在高管薪酬契约及债务契约中的作用。本书将会计信息在高管薪酬契约中的作用称为"会计信息的薪酬契约有用性"，将会计信息在债务契约中的作用称为"会计信息的债务契约有用性"。

二 会计信息的薪酬契约有用性

会计信息在高管薪酬契约中的作用主要包括两个方面：一是会计信息在高管薪酬契约中的直接作用，即高管薪酬契约中对会计业绩评价指标的使用；二是会计信息对高管薪酬契约的间接治理作用，即会计信息在企业经营者更换中的作用。

1. 关于会计信息在高管薪酬契约缔结时的作用

企业经营者是依据其提供的人力资本参与企业的经营活动的，由于人力资本的贡献难以计量，因此基于会计信息设计契约条款的契约结构代替了直接计量的契约结构。高管薪酬契约之所以使用会计信息衡量经营者的贡献，是因为企业资产（净资产）的账面价值，可以视为资产市场价值的一种估计，是企业拥有资产的机会成本，因而可用于对经营者进行业绩评价。

2. 关于会计信息在高管薪酬契约履行中的作用

股东拥有剩余索取权，不仅要激励经营者，使经营者与其利益一致，以获得更多的剩余，保障其剩余收益权。同时，剩余索取权还包括股东采取进一步行动的权利，股东是把这一权利委托给董事会，形成了决策控制权；评价经营者的业绩并作出是否续聘或更换经营者的决策，是董事会行使决策控制权的一个重要方面。会计信息能够降低董事会与经营者之间的信息不对称，会计业绩指标是董事会决定与经营者是否继续履行高管薪酬契约的一个重要参考。

三　会计信息的债务契约有用性

债权人具有按时获得固定利息及到期收回本金的权利，债权人为了保障自身的权利能够实现，具有监督企业股东和经营者的动机。但债权人作为企业外部人，其对企业股东和经营者直接监督的成本太高。而作为共同知识的会计信息及作为契约自我履约机制的会计系统在债务契约的缔结与履行中发挥了重要作用，降低了债务的代理成本。会计信息在债务契约中的作用体现为以下三个方面：

第一，会计信息是债务契约缔结时契约双方都知道的共同知识，有助于降低信息成本和衡量成本。具体来说，会计信息有助于债权人了解债务人经营状况等具体行动信息，以及计量和分配剩余的规则，减少了搜寻信息的成本。同时依据会计信息，有助于债权人衡量债务人资产的价值及偿还债务的能力，降低了衡量债务人价值与能力的衡量成本。在缔结债务契约时，债权人会依据债务人资产的价值和偿还债务的能力等会计信息做出信贷决策，并会设计基于会计信息的债务契约条款来界定未来契约履行中契约双方的权利和义务。

第二，债务契约中包括以会计信息为基础的业绩定价条款（performance-pricing provisions）①，即债权人有权根据会计业绩来调整利息率，从而减轻因信息不对称造成债权人与股东和经营者之间的代理冲突。除此之外，类似于薪酬契约对高管的激励作用，以会计信息为基础的业绩定价条款还能够激励债务人努力提高经营业绩，降低对债权人的固定支付。

第三，债务契约缔结时采用基于会计信息的债务契约条款，有助于降低债务契约履行过程中的监督成本。比如，在债务契约中运用流动比率、速动比率、利息保障倍数以及资产负债率等会计信息指标来监督债务契约的履行，防止企业经营者向股东超额派发现金股利、债权稀释、资产替代等代理问题的产生，降低了直接监督债务人的成本。

以上第一方面和第二方面的作用是指会计信息在债务契约缔结时的作用，第三方面的作用是指会计信息在债务契约履行中的作用。

本章从企业契约的不完备性推导出企业所有权的存在，以代理理论为基础讨论了企业所有权安排的具体框架，即公司治理机制，而高管薪酬契约是公司治理契约的重要组成部分；同时，企业所有权的安排不可避免地涉及债务契约。本章以交易成本理论为工具，提出了会计信息契约有用性的两个基本命题，分析了会计信息在高管薪酬契约和债务契约缔结及履行中的具体作用。会计信息契约有用性基本命题提出的逻辑过程如图1-2所示。

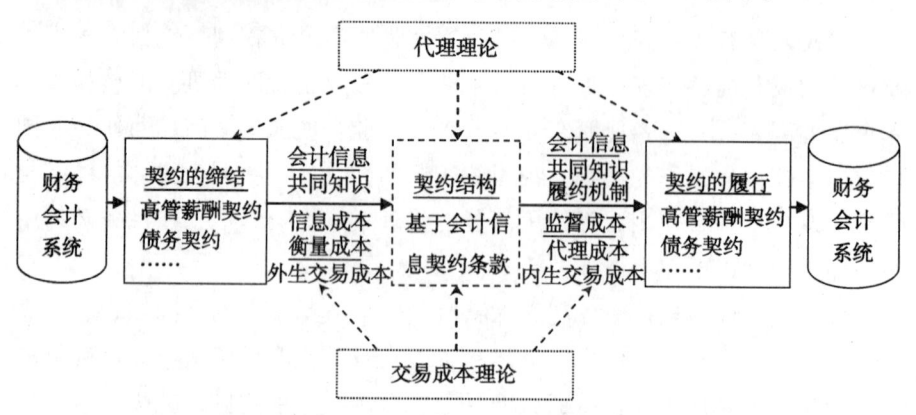

图1-2 会计信息契约有用性基本命题提出的逻辑过程

---

① 关于业绩定价条款在银行借款契约中的作用参见 Asquith, P., A. Beatty, J. Weber, Performance Pricing in Bank Debt Contract, *Journal of Accounting and Economics*, Vol. 40, No. 1 - 3 (December 2005), pp. 101 - 128。

第二章

会计信息契约有用性的历史考察

理论分析的结果表明，会计系统满足契约自我履约机制的全部条件，会计信息作为共同知识，在企业契约的缔结与履行中发挥了重要作用。事实是否果真如此，有必要对会计信息契约有用性进行历史的史实考察和现实的实证检验。在此，首先对会计信息契约有用性进行历史考察，从会计程序及方法随企业组织形式的变迁，以及会计准则产生与发展的契约动因角度，追溯会计信息契约有用性的历史证据。

第一节 企业组织变迁与会计程序及方法的发展

企业是一系列契约的联结，不同组织形式的企业，其契约构成和每个契约的结构是不同的。若会计程序与方法随着企业组织的变迁而发展变化，则说明会计信息随着企业契约的演变而演变，从而可以在一定程度上证明会计信息具有契约有用性[①]。吴敬琏（2010）将企业的组织形式分为业主制、合伙制和公司制三种形式。因此，以下将考察这三种企业组织形式中会计程序及方法的发展；至于公司制企业，则主要考察"所有权与控制权分离"的现代股份有限责任公司中会计程序及方法的发展。

一 业主所有制企业与会计程序及方法

业主所有制企业，简称业主制企业，又称为古典企业，企业主既是所有者也是经营者。业主制企业很多是一笔笔交易的一种临时组织形式，当某笔交易完成后，可能企业就解散了，由于不具有持续性，这类企业中对

---

① 在本章不一定言必称会计信息，因为会计信息是会计程序、方法的结果，是会计的产品，因此，在此对于会计、会计信息、会计程序和方法不作具体的区分。

业主本身的活动与企业本身的活动不作区分，因此，这类企业中不存在会计主体、会计分期及持续经营等会计概念。企业主甚至不需要编制会计报表，通过比较两个时点的财富（资产）增减状况就可以知道自己的盈亏水平。[①] 由于会计报表产生的会计主体、会计分期、持续经营等前提假设的不存在，以及业主本身不具有会计报表的需求动机，因此，系统、完整的会计信息系统是不存在的。在这种模式的企业中，会计比较简单，很大程度上作为帮助记忆和便于组织数据的记录，长期以来一直称为簿记（bookkeeping），这是会计的古典模式（桑德，2000）。

同时，在业主制企业中，企业剩余控制权与剩余索取权均归企业主所有，并完全匹配。由于不存在共同所有权问题，企业主承担了他制定决策的所有财富结果，不存在所有权与控制权相分离引起的代理问题（埃格特森，2007），因而也就不存在企业经营者的激励与监督问题。业主制企业的规模通常比较小，属于家庭作坊式的，当这些企业不从外部借债时，这些企业内部是不存在债务代理问题的，因而不存在治理结构与治理机制问题。业主制企业的产权结构是简单的，简单的产权结构总是与简单的会计程序与方法相对应。从这一角度来说，不存在对作为共同知识的会计信息以及作为契约自我履约机制的复杂会计系统的需求。

当业主为了扩大经营而需要从企业外部筹借资金时，企业主与债权人缔结债务契约，债权人有权要求企业主到期还本付息；业主制企业发展为"业主+债权人"模式（杜兴强，2000）。但由于债权人不参与企业的经营，信息不对称使债权人的权利不一定能得到保障，因此债权人要求形成一种债务契约的治理机制，以保障自身的权利。在业主制的企业中，由于会计主体难以界定，世界各国的法律都规定业主以其个人的全部财产对其承担的债务承担无限责任。无限责任法律制度，使得如果企业主与债权人之间发生代理冲突产生的债务代理成本十分高昂；比如，高昂的破产成本能使企业主倾家荡产。无限责任法律制度作为一种机制，抑制了企业主与债权人之间的代理冲突，保障了债务契约的履行。因此，在这种情况下，也不需要会计信息对债务契约履行发挥治理作用。

以上分析表明，业主制企业中会计的基本功能在于记录交易，帮助记忆。同时，剩余控制权与剩余索取权的完全匹配、无限责任等使业主制企

[①] 这种计算盈余的方法就是如今会计理论中所称的"资产负债观"的最初原形。

业不会产生对会计信息契约作用的需求。因此，业主制企业中的会计程序和方法是简单的，不会有计算收益的会计程序，没有会计主体、会计分期和持续经营等现代会计的基本概念，是一种古典会计模式。

二 合伙制企业与会计程序及方法

业主所有制企业内不存在代理问题，这是其优点，但由于单个企业主资金有限，业主制企业经营规模会受到限制。虽然从理论上来说，企业主可以负债融资，但无限责任制度使得负债融资成本太高，因此业主制企业的发展会受到企业主本身财富的约束。当新的投资机会产生并且需要冒一定风险的时候，风险偏好相同的投资者可能联合组成一个企业，这不仅能够降低每一个投资者应承担的风险，而且能够解决单一投资者面临的财务约束，这种企业就是所谓的合伙制企业，企业的投资者被称为合伙人。合伙制企业是合伙人之间缔结的一个产权契约。

在合伙制企业中，合伙人既是企业剩余索取者也是主要的决策者，即合伙人共享剩余，共同经营管理企业。由于合伙人共享剩余，从而产生了对合伙人投入要素的计量及合伙人之间剩余的分配问题，因此首先要将合伙企业的生产经营活动与合伙人个人的活动区别开来，由此产生了会计主体（accounting entity）的概念。所以，合伙在会计的发展上是重要的，因为它导致了作为独立实体的企业确认以及计算利润的需要（亨德里克森，1987）。由于计算利润的需要，合伙企业中的会计应能准确区分资本和收益，因此需要设置收入及费用类的虚账户。

与业主制企业类似，合伙制企业的合伙人对企业的负债承担无限责任，极高的破产成本使合伙人自觉约束与债权人的代理冲突，因此合伙制企业中负债的代理问题是极少发生的。除此之外，合伙制企业最大的问题在于合伙人之间共享企业所有权，当合伙人的人数众多时，每个合伙人为企业经营活动付出的努力而得到的回报仅是合伙人自己享有的那一部分，由此可能产生合伙人偷懒和"搭便车"的动机。因而，每一位合伙人都有掌握企业真实经营情况的需求，以便他们根据企业的经营情况做出继续经营或解散企业的决策。会计系统为了满足这一需求，必须能够准确计量企业的资产和负债状况，反映企业收益方面的信息。因此，在合伙制企业中，会计信息初步承担了合伙人之间产权契约是否继续履行的契约作用。

综合以上分析，合伙企业是合伙人之间的产权契约，合伙人分配收益的要求促使把企业的财富与合伙人个人财富区分开来,产生了会计主体的概念。合伙制企业中会计的主要职能是反映企业的资产、负债以及收益等经营状况。会计信息在合伙人决定是否继续履行产权契约的决策中发挥了初步作用。

三 股份有限责任公司与会计程序及方法

1. 股份有限责任公司的发展

最初的股份联合公司属于合伙组织,它们具有一些法人组织的特征;这些企业的目的是多方面的,从贸易到殖民地经营,还包括军事远征和海上探险等;一般地说它们的生命是有限的,对于债务承担无限责任(查特菲尔德,1989)。1600年,英王伊丽莎白一世特许成立东印度公司,由于东印度公司在每次航海后都没有足够的现金向股东支付股利,于是便只好用下次航海的股份来代替现金,这就是股票股利的前身(汤云为和钱逢胜,1997)。到17世纪中叶,海外贸易已发展为连续不断的过程,需要拥有永久性资本,这时把企业视为持续经营更为妥当。1657年,东印度公司发布新的章程,允许签发永久性股份,作为未来所有海航冒险活动的一种联合投资。将每次清算转换为永久性的股份,便提出了每年而不是每次冒险活动结束时结算利润或亏损的要求,从而形成了持续经营(going concern)和会计分期(accounting period)的概念(汤云为和钱逢胜,1997)。

1710年英国南海公司经特许成立,公司董事们通过散布股利的谣言,将公司的股价提高了10%,1720年,狂热的股票大投机浪潮过后,南海公司的股票价格比其最高水平下落了15%(查特菲尔德,1989)。南海公司事件的最终结果是英国议会于1720年颁布了著名的《泡沫公司取缔法》。该法令规定,合伙公司的所有成员不论其投资额的多寡,在法律上对公司的所有债务均需承担亲自偿还的责任;该法令的颁布也使有限责任公司的正常发展被抑制达百年之久。

承担无限责任的股份公司,其筹资能力十分有限。1720—1844年,一些运河、铁路和其他公共事业组织被赋予承担有限责任的资格。19世纪初,受一系列法庭判决案例的影响,《泡沫公司取缔法》的基础受到动摇,1825年该法令被废止。英国议会分别于1844年和1855年颁布了《公司法》和《有限责任法》,允许成立股东对公司债务承担有限责任的股份有限公司。

20世纪以来,世界经济中心由欧洲转移至美国,美国各行业中股份有限公司蓬勃发展,公司正日益成为美国经济生活、社会生活和政治生活所必须涉及的产业单位。资本市场为股份有限公司筹集资金提供了便利,使公司规模不断扩大,经济力量得以集中,进而导致股权的高度分散。与经济发展相对称,20世纪以来,美国的会计理论与实务的发展一直处于世界领先地位。

经过30年的改革,我国企业的股份制建设取得了巨大成就。1992年党的十四大明确提出经济体制改革的目标是建立社会主义市场经济。在本质上,市场经济是产权经济(郭道扬,2004),因此所有制的改革是建立社会主义市场经济的关键。1997年党的十五大对股份制的性质和作用作了科学分析:股份制是现代企业的一种资本组织形式,有利于提高企业和资本的运作效率。1999年,党的十五届四中全会提出,国有大中型企业宜于实行股份制的,要通过规范上市、中外合资和企业互相参股等形式,改为股份制企业,发展混合所有制经济。2003年党的十六届三中全会通过了《关于完善社会主义市场经济体制若干问题的决定》,明确提出:产权是所有制的核心和主要内容,建立归属清晰、权责明确、保护严格、流转顺畅的现代产权制度是建立现代企业制度的前提。通过一系列改革,股份制企业已在我国社会主义市场经济中占主导地位。

2. 股份有限责任公司的特点

股份有限责任公司可以进一步分为不公开招股的公司和公开招股的公司。不公开招股的公司的股份不可以自由转让,其与合伙制的区别就在于有限责任,这有可能导致股东与债权人之间的利益冲突。公开招股的公司的股份可以自由转让,公开招股的一般形式是上市发行股票,这些公司常被称为上市公司。因为公开招股的公司中既有股东与债权人之间的利益冲突,也有股东与经理人的利益冲突,还有大股东与中小股东之间的利益冲突,因此需要更有效的治理机制和更复杂的会计系统。如果没作特别说明,以下涉及的股份有限责任公司均指公开招股的上市公司。

相比业主制和合伙制的企业,股份有限公司具有以下特点:(1)每一家公司都是一个独立于组成公司个体的一个法律实体;(2)公司的寿命与组成公司个体的寿命无关,能够持续存在下去;(3)组成的个体对公司的债务承担有限责任;(4)代理关系的存在使公司的所有权与控制权分离，契约的不完备性使得不可能将所有权与控制权分离产生的代理冲突全部在契约中规定下来，因而安排公司剩余索取权与剩余控制权的公司治理机制是重要的。

3. 股份有限责任公司对会计程序及方法的影响

股份有限责任公司大规模的经营活动促进了会计核算的经常性、连续性和经济性，会计理论中的一些基本概念全然是由采用股份有限责任公司的形式而产生的。股份有限责任公司对会计程序及方法的具体影响有以下几个方面：

第一，会计主体概念的明确，形成了一系列公司所有者权益的会计理论。

股份有限责任公司是独立于公司组成个体的法律实体，因此应把公司视为有独立人格的主体，其净资产的占有、使用、处置等权利均属于作为一个独立会计主体的公司本身。明确会计主体的概念需要清晰界定参与公司的个体（公司参与人）与公司本身之间的关系，而对于这一关系的不同认识形成了不同的所有者权益会计理论：企业主体理论（equity theory）、企业理论（enterprise theory）等①。企业主体理论的会计方程式为"资产＝负债＋所有者权益"，负债又被称为债权人权益，这种所有者权益理论认为，债权人与股东都对企业的资产享有权益，不同的是债权人享有固定权益，而股东享有的所有者权益是一种剩余权益；企业主体理论也是现行资产负债表的基础。在所有者权益的企业理论中，企业被看成是为许多参与企业个体的利益而从事经营活动的机构；这一理论最符合企业的契约理论，即企业是利益相关者之间的一系列契约。因此企业理论意味着会计要清晰界定各利益相关者的权益；企业不仅要向股东和债权人提供财务报表，还负有向许多其他相关群体提供适当财务报表及其他信息的义务。由于参与企业的人力资本难以会计计量，以及一些难以货币计量的因素，使得企业理论并没有形成与其理论一致的会计方程式。目前会计报表是以企业主体理论为基础编制的，而财务会计报告的其他内容，如会计报表附注以及其他应当在财务会计报告中说明的情况等，则体现的是企业理

---

① 除此之外，所有者权益的会计理论还包括业主权理论、资金理论、指挥者理论和剩余权益理论等。这些理论的具体内容可参考查特菲尔德《会计思想史》，中国商业出版社1989年版，第331—342页。

论；因此，目前财务会计报告的理论基础是企业主体理论与企业理论的混合体。

第二，持续经营和会计分期的产生，引起了一系列会计程序及方法的变革。

查特菲尔德（1989）认为，使会计技术发生根本变革的是持续经营，而不是有限责任和公司独立的实体地位。虽然持续经营的概念在采取合伙形式的股份公司中已经出现，但股份有限责任公司股东承担有限责任以及股份转让更容易，因而股份有限责任公司更容易吸收无限期的资本投资（公开招股），这使得股份有限责任公司更符合持续经营的组织形式。因此，股份有限责任公司中持续经营及由此引起会计分期等会计假设前提的确立，使会计程序及方法发生了根本变革。把公司看成一个持续经营的实体，就必须区分资本和收益（利润）：（1）只有按收益发放股利，才可能使企业持续经营下去，为此需要创造能够精确计算收益的会计程序和方法。[①] 在会计上，为了使持续经营在技术上可行，需要将持续经营期限划分为一个个期间，明确各个期间的交易或事项，形成了会计分期的概念。通过将费用与收入进行配比，就产生了定期计算收益的概念，通过应计和递延制度，就可以更精确地计算利润。精确计算收益的需求导致了一系列会计惯例被公司广泛遵从，形成了公认的会计原则，如收入实现原则（realization principle）、收入与费用配比原则（matching principle）以及权责发生制（accrual basis）等。（2）持续经营强调资本保持，资本保持引起了资产计价及会计计量属性的发展。19世纪以来，欧洲和美国铁道业发展迅速，由于铁道业投资年限长，因此必须考虑以折旧或经常性维修费用来保持资本的价值。但铁道业最初是以重置会计而不是以计提折旧的方法来进行资本保持的，但由于重置会计采用资产计价方法的多样性，使得各个公司之间的比较异常困难，这一方法逐渐被成本基础折旧法所取代。[②] 按原始成本（历史成本）计价和采用折旧百分率计算折旧的方法比定期重估资产的价值（重置成本）

---

① 正如查特菲尔德所分析的那样，"绝大部分理论上的改进是围绕如何精确计算利润而展开的"。这里的"理论"指的是会计理论。参见查特菲尔德《会计思想史》，中国商业出版社1989年版，第146页。

② 关于铁道业中"重置会计"以及"成本基础折旧法"的来龙去脉，可参考查特菲尔德《会计思想史》，中国商业出版社1989年版，第140—145页。

更易于达到标准化，易于不同公司之间的比较，这一方法逐渐成为一种会计惯例。也可以说，以原始成本为基础计提折旧的会计惯例是历史成本（historical cost）原则形成的原因之一。

第三，有限责任促使有助于债务契约缔结与履行的会计程序及方法的产生。

在股份有限责任公司中，由于股东对公司债务承担有限责任，债权人需要新的保护机制来替代股东承担有限责任的保护机制。常见的有两种替代性的保护债权人利益机制：一是法律（如公司法）对债权人利益的保护，这是一种第三方强制性的保护机制；二是债权人通过设计债务契约条款而采取的自我保护机制，会计系统及会计信息在这种自我保护机制中发挥了重要作用。例如，稳健性原则（conservatism principle）等会计原则就是在债权人与公司股东和经营者利益冲突的博弈中发展起来的。因为债权人只得到合同固定收益，因此其收益与损失函数是非对称性的，为了避免损失，债权人要求在资产和收入的确认上尽量避免包括未来才能实现的好消息（如资产增值），但必须确认即使未来才实现的坏消息（如资产减值）（饶品贵和姜国华，2011）。因此，稳健性可推迟向股东的支付以确保债权人的利益，会计稳健性主要产生于会计的契约作用（Watts，1993）；其中债务契约是稳健性产生的最主要原因（杨华军，2007）；其起源是为了满足企业债权人对会计报告可靠性的需求（Watts，2003；姜国华和张然，2007；饶品贵和姜国华，2011）。由于稳健性的出现，导致了资产期末计价（资产减值）的一系列会计方法的产生，如按成本与市场孰低对存货进行期末计价等资产减值的会计处理方法。除了用会计稳健性保护债权人的利益外，债权人也关注公司财务会计报告，需要公司较系统地披露财务会计报告信息，从而减轻债权与公司股东和经营者之间的信息不对称。

第四，合理安排公司剩余索取权与剩余控制权的需求，促使系统的财务会计报告模式的形成。

随着公司规模的日益扩大，以及企业所有权与控制权的分离，股东就需要更正确、更完整的会计报告（亨德里克森，1986）。具体来说有两个方面：（1）完整财务报表体系的形成。由于股东不参与公司的日常经营，他们有考核经营者受托责任履行情况的需求，因而导致了定期按会计惯例、一般公认会计原则或会计准则编制反映企业财务状况的资产负债表

(balance sheet）的产生①。资产负债表是一张时点报表，它就像一张"快照"，仅陈述了事实，并不能反映经营者在某个会计期间做了什么，为了反映资产和负债变化的原因需要编制利润表（income statement）、现金流量表（statement of cash flow）和所有者权益变动表（statement of change in equity）。利润表不仅部分解释了资产负债表中资产和负债变化的原因，而且还是考核经营者的主要依据，因为不仅利润总额能反映经营者的努力情况，而且利润表还能反映利润的质量，比如营业利润和营业外收支净额都是利润的组成部分，但两者的持续性是不同的，因此质量是不同的。利润指标经常被用于经营者的薪酬契约，以此激励经营者与股东的利益一致，实现剩余控制权与剩余索取权的匹配。由于利润表是按权责发生制编制的，而且容易受到经营者选择会计政策的影响，由此导致了现金流量表的产生。现金流量表不仅能够反映资产负债表中货币资金变化的原因，还用于考察利润的质量，只有与现金流高度匹配的利润才是高质量的利润。所有者权益变动表解释了某一会计期间净资产的全部变化，其重点在于揭示没有反映在利润表中的那部分净资产的变化，如计入所有者权益的利得和损失，目的在于将有可能被经营者操纵利润的空间透明化。（2）股东（以及债权人）不仅需要完整的财务报表体系，为了保证薪酬契约和债务契约的缔结与履行，还必须保证财务报表的真实性、合法性，这就需要独立的第三方对财务报表进行公允的鉴证，从而导致独立审计的产生。只有完整且真实的会计信息才能减轻经营者与股权和债权人之间的信息不对称，独立审计是完整财务会计报告模式的组成部分。

股份有限责任公司的发展历史表明，股份有限责任公司本身具有区别于业主制企业以及合伙企业的特点，使股份有限责任公司中的契约构成与契约结构变得复杂，股份有限责任公司中的会计程序及方法必须经历一系列变革才能满足股份有限责任公司运行的要求。

以上分析表明，会计程序及方法随着企业组织形式的变迁而不断发展。正如桑德（2000）所说，"每一个组织都发展适合自身独有特征的会

---

① 虽然在股份有限责任公司产生之前，资产负债表就在合伙制企业中存在了，但定期按会计惯例、一般公认会计原则或会计准则报告资产负债表是在股份有限责任公司产生之后。是股东的需求和投资者利益保护的需求导致定期报告资产负债表的产生。如直至1900年，美国纽约证券交易所才规定，申请上市的公司必须定期报告资产负债表和损益表。这些内容可参考查特菲尔德《会计思想史》，中国商业出版社1989年版，第418页。

计,以便它能提供作为有效控制手段的服务"。企业组织形式的变迁实质是企业产权制度变迁的结果;会计和审计都是产权结构变化的产物,是为监督企业契约缔结和执行而产生的(Watts 和 Zimmerman,1983)。从企业的契约理论角度来看,可以说会计程序及方法是随着企业契约的变迁而不断变化的,以此适应不同企业组织中契约的缔结与履行,这是会计信息契约有用性的有力证明。

第二节 会计准则产生与发展的契约动因

会计信息是某种规则下的产物,会计信息产生规则的变化必须导致会计信息的变化。如果这种规则是契约的缔结与履行中若干机制的必要组成部分,或者说是企业契约的需求导致了这种规则的产生和变化,那么该规则下的产物——会计信息,则一定具有契约有用性。

一 会计准则产生与发展的契约动因:理论分析

在业主制和合伙制企业中,企业所有权与控制权不分离,企业主或合伙人也是经营者,不存在代理关系,不存在信息不完美和信息不完全导致的信息不对称问题。同时由于企业主或合伙人对企业债务承担无限责任,法律能够对债权人的利益进行保护。在这些企业中虽然也存在会计系统,但由于这些企业中的产权契约(股权契约)不需要治理,债务契约可能通过第三方治理完美地解决,因此,会计系统作为契约自我履约机制的这一功能也无从谈起。而在股份有限责任公司中,产权结构发生很大变化,如企业股权高度分散、企业所有权与控制权的分离,由此导致了契约方之间的信息不对称,使公司治理契约(如高管薪酬契约)成为必要的产权保护手段;同时,由于股东对债务承担有限责任,导致债权人产生了主动保护自身权益的需求;因此,产权结构的变化导致了企业契约构成以及契约治理机制的变化,需要新的机制来保障契约的缔结与履行,从而保护产权,降低交易成本。

这种新的机制首先要解决信息不完美的问题,告诉企业参与人其他人的行动规则,其中参与人投入要素的计量规则和参与人的分配规则就是会计准则(accounting standards)。会计准则是会计系统的一部分,并使会计系统形成了作为企业契约自我履约机制的这一种新功能。因此可以说,会计准则的产生是会计系统承担契约自我履约机制功能的开始,是会计信息具有契约有用性的前提。同时,会计准则是为应对企业契约构成及契约结构的变化而产生的,而且是必不可少和不可替代的;因为非会计的产权法律保护机制只能在会计信息生成规则(会计准则)之外发挥作用,或者说非会计的产权法律保护机制在会计信息生成规则(会计准则)的边界处停止的脚步(刘浩和孙铮,2006);因此,会计准则与非会计的产权法律保护机制是互为补充的,是不可相互替代的。

以上分析表明,是企业组织形式的变迁导致的企业契约的变化,从而导致了会计准则的产生和变化,本书将其称为会计准则产生与发展的契约动因[①]。会计信息是会计准则下的产物,分析会计准则产生与发展的契约动因,是证明会计信息具有契约有用性的间接途径。

二 会计准则产生与发展的契约动因:历史证据

会计准则产生与发展的契约动因,可以从分析美国会计准则产生与发展的历史中得到证明。1929—1933年,在美国爆发的经济危机对美国经济给予了沉痛打击。在短短的两个月内,私人投资下降了90%,生产下降了56%,至1933年3月9日,全美所有银行关门歇业[②]。虽然导致这一场危机的原因是多方面的,但有参考资料提供了第一次世界大战后偏离了成本为基础的、稳健的会计而导致1929年经济大崩溃的"确凿历史证据"(普里维茨和莫里诺,2006)[③]。伯利和米恩斯(Berle和Means,1932)针对美国上市公司进行调查发现,美国上市公司正呈现经济权力的集中、股权分散以及所有权与控制权分离的特征。现代股份有责任公司的这些特征导致:在会计准则尚未完全确立,而法律又未作出任何特别规定的情况下,董事们及会计师们可根据自己的需要来构造数据。因此,会计数据在讨价还价(缔约)过程中起到重要的促进作用,鉴于此,会计数据已经变得如此重要,以至于它不能完全依赖于会计师的判断(普里维茨

[①] 刘峰(1996)指出,"几乎所有的会计准则都是由股份公司产生的,或者说是因公司制下的财产所有权与经营权的分离而产生的"。从企业的契约理论来看,可以说是企业契约构成的变化导致会计准则的产生与变化。

[②] 汤云为、钱逢胜:《会计理论》,上海财经大学出版社1997年版,第51页。

[③] 关于20世纪30年代,美国经济危机促使会计界对会计理论与实务进行反思。参见普里维茨、莫里诺《美国会计史》,中国人民大学出版社2006年版,第294—296页。

和莫里诺，2006）。

为了应对企业契约构成的变动所带来的一系列问题，需要建设会计准则，使其作为非会计的产权法律保护机制的补充，会计准则能够解决会计实务的随意性，给董事们和会计师以刚性约束[①]。为此，美国于1934年成立证券交易委员会（SEC）来监管上市公司的信息披露，并由该机构着手研究统一会计标准的制定。但1936—1938年，SEC就它自身是否要制定一套所有公司在报表编制中都应当遵循的会计原则问题，一直争论不休。

1938年，SEC决定授权会计职业界来制定统一的会计标准，SEC授权由美国会计师协会（AIA）于1936年成立的会计程序委员会（CAP）来发布会计原则与会计程序问题的公告；至1959年，CAP共发布了51号会计研究公报（ARBs）。由于CAP提出数量过多的会计惯例，它非但未解决会计规范需要解决的问题，反而导致了公司间财务信息的不可比，CAP在规范会计实务中的消极做法导致了该委员会的解体。

1959年，CAP被会计原则委员会（APB）取代，APB是根据美国注册会计师协会（AICPA）的建议成立的。APB的目标是促进公认会计原则的标准化，缩小所认可惯例的差异，从而提高不同公司会计实务之间的可比性。APB的成立，使美国制定统一会计标准的步伐又迈进一步。APB的研究成果通常以会计研究论文集（ARSs）和会计原则委员会公告（APB Statements）两种形式发表。虽然APB在缩小会计惯例的差距方面做了出色的工作，但也一直受到指责。

1971年成立的怀特（Wheat）委员会指出："会计原则已经被证明是一个难以理解的术语。对非会计人员和许多会计人员来说，它只意味着用几句话来表达一些基础性的东西。在本质上，它不会随着企业模式的变化而变化或者随着投资群体的需要而演进。"[②] 可以说，怀特委员会指出了CAP和APB失败的关键原因，因为它们没有解决股份有限责任公司所有权与控制权分离而导致企业契约构成的变化所需要的会计准则问题，没有依据企业契约的变化而对会计理论进行演进，或者说CAP和APB制定的

[①] 在1930年美国会计师协会的大会上，纽约证券交易所股票上市委员会的执行助理霍克赛（Hoxsey, J. M. B.）专门对当时会计实务的随意性进行了批评，主要包括折旧方法的随意性、销售和营业收入列示的随意性等七条内容。具体参见亨德里克森《会计理论》，立信会计图书用品社1987年版，第44—45页。

[②] 汤云为、钱逢胜：《会计理论》，上海财经大学出版社1997年版，第62页。

会计原则没有满足契约有用性。

1973年，美国财务会计准则委员会（FASB）成立，正式拉开了会计准则制定的序幕，结束了由会计职业界来制定统一会计标准的历史，该委员会是一个独立于任何利益集团的民间团体，保证了独立性和公允性。由于FASB妥当地平衡或协调了公司与社会各相关方面的经济利益，因而它所改进实行的准则制定程序被认为是一种"充分程序"（郭道扬，2004）[①]。因此，FASB制定的会计准则具有客观性和公正性，是企业中契约各方都能接受的规则，正是由于这一点，虽然也会受到指责，但FASB至今一直是SEC认可的会计准则制定权威机构，其制定的会计准则和会计理论框架也一直被世界各国效仿。

美国会计准则制定的发展历史表明，会计准则制定机构及其制定的会计准则只有满足企业契约方的要求，成为对非会计的产权法律保护机制的补充，具有法规的刚性，能够保护契约各方的产权，才能生存下来。美国会计准则的制定历史充分证明股份有限责任公司中契约构成的变动对会计规则的需求，是会计准则产生与发展的基本动因。

三 会计准则产生与发展的高管薪酬契约动因

股份有限责任公司中所有权与控制权的分离导致经营者与股东之间的代理冲突，需要一系列的治理机制来保护股东的利益，降低代理成本。这些治理机制包括《公司法》《股票上市交易规则》、公司章程等监督机制，由于监督机制并不直接涉及会计信息的运用，因此可以称为非会计的产权法律保护机制。但前文已经分析，监督机制（非会计的产权法律保护机制）与激励机制共同治理了股东与经营者之间的代理冲突，即必须通过设计高管薪酬契约条款，使经营者通过分享企业剩余来解决剩余控制权与剩余索取权的匹配问题，以此来激励经营者，降低代理成本。这就涉及企业剩余的计量问题，因此必须有一套股东与经营者都接受的剩余计量规则。这种剩余计量规则不仅是经营者与股东之间分享剩余的高管薪酬契约的必备规则，而且运用该规则计量的剩余是直接考核经营者业绩的依据，减轻经营者与股东之间的信息不对称。这种剩余计量规则就是会计准则（或会

[①] 至于对FASB成立后的工作成效方面的总结，可参考郭道扬《会计史研究》（第二卷），中国财政经济出版社2004年版，第434—444页。

计准则中的部分内容），它是一种会计的产权保护机制①。

经营者可以通过与股东讨价还价来制定关于企业剩余计量的会计准则，但由于股权分散，股东人数众多，显然这样做的交易成本太高；同时还可能引起准则制定时"搭便车"行为而导致会计准则的供给不足。因此，经营者和股东都需要独立的第三方来提供一个作为公共规则或制度的会计准则。那么这个独立的第三方是政府机构还是民间机构呢？由于政府具有暴力比较优势，由政府或政府授权的机构来制定会计准则并强制实施，其实施成本更低，效率更高②。谢德仁（2001）认为由政府制定的会计准则是一份公共合约，这种公共合约从股东与经营者关于剩余索取权安排的私人合约中分离出来，股东与经营者按照该公共合约计量剩余就不需要对剩余计量规则进行讨价还价了，这就降低了交易成本。

谢德仁（2001）不仅讨论了由政府制定的会计准则的合理性，而且认为会计准则作为一种公共合约，也不是完全的；该文提出了会计规则制定的一般范式：政府享有一般通用会计规则（会计准则）的制定权，经营者享有剩余的会计规则的制定权，由独立、客观、公正的会计专家（注册会计师）担当外部权威来监督经营者对一般通用的会计规则的遵循和对剩余的会计规则制定权的适当行使③。基于这一范式，会计准则能够降低经营者享有的剩余会计规则制定权空间，从而降低瓦茨和齐默尔曼（1986）提出的分红计划假说中经营者选择会计程序的行为④。

综合以上分析，由于监督和激励是治理股东与经营者之间代理冲突的

---

① 以上分析还解释了为什么会计准则作为一种会计的产权保护机制与非会计的产权保护机制是互补的且不能相互替代的，这也是刘浩和孙铮（2006）提出的"非会计的产权法律保护机制在会计信息生成规则（会计准则）的边界处停止的脚步"的原因。

② 关于是由政府制定还是由民间机构制定会计准则，可以依据交易成本来分析。政府制定的会计准则实施成本低，但负效应和修订成本高；而民间机构制定的会计准则制定成本低而实施成本高，通过比较不同模式的交易成本来选择会计准则的制定模式。由于目前我国制度环境的制约，由政府制定会计准则的交易成本更低。关于这一问题的具体分析可参考刘峰、黄少安《科斯定理与会计准则》，《会计研究》1992年第6期。

③ 谢德仁：《企业剩余索取权：分享安排与剩余计量》，上海三联书店、上海人民出版社2001年版，第161—172页。

④ 分红计划假说：若其他条件不变，在实施分红计划的公司中，经营者更有可能选择将报告收益从未来期间转至当期的会计程序。参见 Watts, R. L., J. L. Zimmerman, *Positive Accounting Theory*, Englewood Cliffs: Prince Hall, 1986, p. 208.

共同机制，因此，仅依靠监督机制（非会计的产权保护机制）是不够的；而对经营者进行激励的高管薪酬契约需要剩余计量规则，即会计准则；因此可以说，高管薪酬契约是会计准则产生与发展的动因之一。会计准则不仅能够降低股东与经营者之间就会计规则进行谈判的成本，而且能够减少经营者根据自身的利益选择会计程序的自利行为。

四　会计准则产生与发展的债务契约动因

新制度经济学一直强调制度对交易成本的影响[①]，而交易成本决定契约结构，因此，制度会影响契约结构。股份有限责任公司中股东对公司债务承担有限责任这一制度变迁会影响债务契约结构，只有那些使交易成本最小化的债务契约结构才被采用。前文分析表明，以会计信息为基础设计债务契约条款的债务契约结构代替了由债权人对债务人（股东和经营者）进行直接监督的契约结构，从而降低交易成本。与高管薪酬契约的需求一样，债权人与债务人需要就会计信息的产生规则进行谈判，这种会计信息产生的规则即会计准则，债权人与债务人都接受了由政府或政府授权的机构制定的会计准则，从而节约双方谈判的成本。

瓦茨和齐默尔曼（1986）提出了债务契约假说：若其他条件不变，公司越有可能违反以会计为基础的债务契约时，其经营者就越有可能选择将未来期间报告收益转到当期的会计程序。由政府或其授权机构制定的会计准则能够减少公司经营者享有的剩余会计规则制定的空间，从而减轻债务契约假说中经营者因债务契约而选择会计程序的行为。

以上分析表明，有限责任制度变迁导致了以会计信息为基础设计契约条款这种新的债务契约结构的产生，契约双方对会计信息产生规则的需求导致了会计准则的产生。会计准则不仅降低契约双方的谈判成本，而且能够减少经营者享有的剩余会计规则制定空间。因此，股份有限责任公司中的债务契约是会计准则产生与发展的又一个动因。

[①] 诺斯详细解读了制度对交易成本的影响。具体内容参见诺斯《制度、制度变迁与经济绩效》，格致出版社、上海三联书店、上海人民出版社2008年版，第86—97页。

第三章

会计信息契约有用性的影响因素

在代理理论的框架下,本书从理论上论证了会计系统作为高管薪酬契约和债务契约的自我履约机制,能够在信息不完全及不完美的情况下运行,产生契约各方都需要的共同知识——会计信息(包括会计信息的生成规则,即会计准则)。会计信息在契约的缔结与履行中降低了交易成本,即会计信息具有契约有用性。斯隆(2001)指出,如果没有代理问题的存在,会计的功能将仅限于向投资者提供进行资源最优配置决策的风险及收益信息。因此,代理理论是分析会计信息契约有用性的起点。

虽然产生于西方的代理理论为分析我国现代公司中会计信息契约有用性提供了理论基础,但在构建完整、有效的会计信息契约有用性的理论框架时,还必须考虑以下两个问题:一是在运用西方的理论来解决我国经济改革中的具体问题时,必须考虑我国经济发展中不同于西方的制度背景[①]。蔡祥等(2003)明确指出,"要研究中国问题一定要从制度分析入手。由于中国制度的特殊性,许多西方长期发展出来的理论及实证结果在中国可能不适用,即使能适用,也得按中国的特殊国情做大幅

---

① 西方的经济学理论不一定符合中国的经济改革,一个最明显的例证是20世纪90年代初我国与苏联和东欧的社会主义国家都在进行经济改革。但当时西方经济学家普遍看好苏联与东欧的改革,而不好看我国的经济改革。但事实证明我国的经济改革是成功的。苏联与东欧依据的是"华盛顿共识",即依据西方新古典经济学的理论,国有企业私有化、放松管制、贸易自由化等一系列激进措施,也被称为"休克疗法",目的是由计划经济一步跨入市场经济。林毅夫(2008)指出,发源西方的新古典经济学暗含着市场中的企业都具有自生能力的假设,但是苏联、东欧及中国等社会主义国家,由于赶超计划建立起来的国有企业负政策性负担,是不具有自生能力的。忽视了这一制度背景而依据西方新古典经济学进行的"休克疗法"改革必然失败。而我国的经济改革,充分考虑到我国国有企业产生的历史背景,采取渐进式的改革,用邓小平的话说,就是"摸着石头过河",允许计划与市场两种机制同时存在,逐渐过渡到社会主义市场经济,取得了很好的效果。

度的修改。所以做中国会计实证研究决不能把中国的资料往西方的模式上硬套"[①]。因此，具体运用西方的经济与会计理论进行我国资本市场中的实证会计研究时，必须结合我国的制度背景进行补充和完善，否则将很难产生令人信服的研究结果。二是代理理论重视股东与经营者之间关于企业剩余的分享合约，却忽视了剩余计量的讨论，但显而易见的是不同的剩余计量质量会显著影响企业剩余的分享合约。如布什曼和史密斯（2001）认为，如果会计衡量指标中的"噪音"相对于其他业绩指标中的"噪音"有所增长，那么以会计数字为基础的契约就会被替代。这说明，会计信息质量影响会计信息在高管薪酬契约及债务契约中的作用。综合以上两个方面，即必须充分考虑制度背景和会计信息质量对会计信息契约有用性的影响。

第一节 制度背景

1978年年底，党的十一届三中全会的召开，拉开了我国全面改革开放的大幕。当时的各项改革是从微观经营机制入手的。在国有企业改革和农村改革过程中，民营企业也迅速发展起来。1993年年底，党的十四届三中全会提出建设社会主义市场经济体制的目标，然而到目前为止，我国仍然处于转轨经济阶段。转轨经济与新兴市场下的制度环境将显著影响企业内部治理机制的作用，影响企业契约结构，从而影响会计信息在企业契约中的作用。

一 国有企业改革与民营企业发展

把企业分为国有和民营，指的是所有权性质，在上市公司中，也被称为股权性质。由于不同所有权性质企业中的治理机制不同，因此可能导致不同的契约构成，从而会计信息在这些契约中的作用也可能是不同的。具体来说，国有企业与民营企业中不同的治理机制可以从国有企业改革和民营企业发展的轨迹中略见一斑。

1. 国有企业的改革路径

我国在1956年"敲锣打鼓进入社会主义"，随后就在全国范围内建立

[①] 蔡祥、李志文、张为国：《中国实证会计研究述评》，《中国会计与财务研究》2003年第2期。

了苏联模式的国有国营的企业制度①。国有企业自成立以来，一直在计划经济体制下运行，企业没有自主权，劳动者生产经营的积极性不高，效益低下。为了搞活企业，中央采取了一系列改革措施。至1993年，所实行的改革措施种类繁多，但主线是调整政府和企业内部人（管理人员和职工）之间权、责、利的分配，向企业内部人"放权让利"（吴敬琏，2010）。包括利润留成制和承包制。1993年11月，党的十一届三中全会提出国企的改革方向是建立现代企业制度（公司制），明晰产权。自1978年以来，国有企业具体的改革路径可以分为三个阶段。

第一阶段，利润留成制阶段。1978年10月，这一制度首先选择在四川省的部分企业中试行，具体做法是，对于赢利企业，把增加的利润中的12%留给企业。这一制度伴随的是向企业管理层"放权"的过程，即把过去政府掌握的一部分经营决策权交给企业管理层。1979年，这一制度在全国推广，企业的积极性确实提高了，投入与产出的效率也提高了，但企业交给国家的利税却减少了。林毅夫（2008）总结了其中的一个重要原因是企业监督的问题，即中央政府很难监督企业管理层谎报利润的行为。为了改变这一局面，1983—1984年实施"利改税"的改革，即国有企业上缴财政的大部分利润改以企业所得税和调节税的形式向国家财政缴纳。

第二阶段，承包制阶段。在国有企业改革没有找到适当途径，而农村家庭联产承包责任制取得成功的情况下，1985年，承包制自然被引入国企的改革中。这事实上意味着"利改税"方案的失败（钱颖一，2003），尽管形式上企业上缴的利润被税收所取代。承包制实质上是一种层级制度的产权，即由下一级所有者在交付定租或分成租的条件下，从上一级所有者取得了承包期间的剩余控制权，并对扣除租金后的经营成果享有剩余索取权（吴敬琏，2010）。与利润留成制一样，承包制试点时效果较好，但在全国推广后国家的利益仍然得不到保障。吴敬琏

---

① 这些企业在1993年11月党的十四届三中全会通过的《关于建立社会主义市场经济的决定》之前一直被称为国营企业，即国家所有，国家经营；在此之后由于建立现代企业制度，国家并不直接经营企业，因此称为国有企业。要说明的是，国有企业严格应表述为国有控股企业或国有控股企业，因为自党的十五大以来，中央要求对企业进行股份制改造，发展混合所有制经济，只要国家处于控股地位就是国有企业。以下为了表述方便，对国营企业、国有企业或国有控股企业等这些概念不作区分，统称为国有企业，或简称国企。

(2010) 认为，承包制使企业的产权界定变得更加模糊，承包方与发包方之间相互侵权的行为更容易发生。林毅夫（2008）则认为由于承包费用中没有考虑通货膨胀因素以及承包合同的不对称性是导致承包制失败的原因[①]。

第三阶段，公司制阶段。1993 年中共十四届三中全会通过《关于建立社会主义市场经济体制若干问题的决定》，提出建立所有权与控制权相分离的现代企业制度。1993 年 12 月 29 日全国人民代表大会通过，并于 1994 年 7 月 1 日正式实施的《中华人民共和国公司法》从法律形式上对公司制度作了规范。其后的具体措施是对中小国有企业实行私有化，重点对大型国有企业实施公司制改革。1999 年 9 月，中共十五届四中全会通过《关于国有企业改革和发展若干重大问题的决定》，要求国有大中型企业"通过规范上市、中外合资和企业相互参股等形式，改为股份制企业"，并要求在所有者与经营者之间建立起制衡关系的公司治理机制。为了解决国有企业出资人缺位的问题，2003 年 3 月，全国人大通过了设立国务院国有资产监督管理委员会（以下简称国资委）的决定，国资委在中央所属非金融企业中代表国家履行出资人职责，地方国有企业则由省、市国资局负责管理。

2. 国有企业改革中的问题：政策性负担、预算软约束与缺乏自生能力

以上国有企业的改革路径表明，国有企业改革的最终目标是建立控制权与所有权分离的现代企业制度，通过一系列现代公司治理机制来提高企业效益。公司是市场的细胞，建立现代公司制度是建设社会主义市场经济的必然要求。然而，林毅夫（2008）认为，"从 1978 年底改革开始到现在，中国经济依然没有完全过渡到市场经济体系，其中的主要原因就是国有企业改革的问题尚未解决"。为什么产生于西方的现代企业制度以及相应公司治理机制仍然没有达到改革国有企业的目的？

新中国成立初期建立的国有企业主要是重工业，是国家战略的需要。近年来，各级政府为追求 GDP，相继建立和扩大了一批国企，因此，可以说大多国有企业是在政府赶超战略下成立的。国企实现了国家战略目标和

[①] 所谓承包合同的不对称性，是指如果企业经营得好，就按照承包合同上缴利润；如果企业经营亏损，国家对厂长或经理也难有什么处罚，即"包盈不包亏"。具体参见林毅夫《中国经济专题》，北京大学出版社 2008 年版，第 169 页。

许多社会性目标,如增加就业、维持社会稳定等。但国企承担这些功能也给其带来了严重的战略性负担和社会性负担,这些负担都是政府加在国企身上的政策性负担,造成企业在竞争市场中的政策性亏损(林毅夫,2008)。

为了弥补国企产生的政策性亏损,政府要对国企提供政策性补贴,如政府补助、税收优惠以及提供银行贷款等。由于政府与国企之间的信息不对称,国企经营者有动机将经营性亏损也报告为政策性亏损,在信息不对称没有解决之前,政府只有承担国企所有原因产生的亏损,持续向国企提供政策性补贴。科尔奈(Kornai,1986)把这种社会主义经济中的国有企业一旦发生亏损,政府常常要追加投资或者贷款,并提供财政补贴的这种现象称为预算软约束(soft budget constraint)。国企的预算软约束现象是其承担政策性负担的结果。

国有企业在政策性负担和预算软约束的情况下,很难在竞争的市场中不依赖政策扶持而获得正常利润,即国企没有自生能力。所谓自生能力(viability),是指在一个自由、开放、竞争的市场中,一个正常经营管理的企业,在不需要外力的扶持保护下,即可预期获得可以接受的正常利润的能力(林毅夫,2008)。国企缺乏自生能力造成了"政策性负担—政策性补贴—缺乏自生能力—政策性补贴"的恶性循环。国企需要从国有银行获得政策性贷款以维持生存,这必然降低了银行系统的效率,降低了会计信息在国企债务契约中的作用。国企缺乏自生能力也是股票市场投机盛行的重要原因,我国股票市场是为国有企业解困建立的,股票市场上的国企占大多数,由于国企不具备自生能力,不能正常分红,因而投资者不会长期持有,而是依赖投机来获利,造成市场混乱。

综上所述,政策性负担和预算软约束造成国企缺乏自生能力,导致银行系统、股票市场一系列问题,所以说国企改革存在这些问题是我国目前仍未完全建立社会主义市场经济的原因之一。更重要的是,如果缺乏对国有企业面对政策性负担、预算软约束以及缺乏自生能力等问题的认识,通过直接建立现代公司制度仍然会面临很多问题。只有剥离了国企的政策性负担,培育国企自生能力后,现代公司治理机制才能发挥作用。本书的重点不在于如何改进国企目前面临的问题,但通过对国企改革路径的回顾以及国企目前面临问题的分析,可以预计这些制度因素会影响公司治理机制发挥作用,从而影响会计信息在这些治理机制中的作用。

3. 民营企业①的崛起

如果市场中的企业都是国有企业，那么严格地说，这些企业之间的交易都属于关联交易，交易的价格可能是扭曲的，真正的市场制度无法建立。在我国，要建立社会主义市场经济，必须发展多种所有制经济，这也能够对国有企业形成外部竞争压力。这些认识在今天看来无疑是正确的，但这一认识的形成却是漫长的。民营企业历经几个阶段的发展，最终成为市场经济中的重要力量。

第一，乡镇企业的产生与发展。乡镇企业形成于20世纪80年代初期，如苏南乡镇企业、浙江温州、台州乡镇企业以及珠三角地区乡镇企业。由于当时并没有支持民营企业发展的正式政策，因此这些企业大都属于集体所有制企业，或虽然是私营企业，但也挂靠在国有企业或集体企业下面。苏南乡镇企业一般由村、乡、镇政府建立和拥有。浙江温州、台州乡镇企业一般由农民、手工业者等私人创立的个体工商户发展起来，但一般都挂靠到国有企业或集体企业下，俗称戴"红帽子"。1987年，中共十三大明确提出鼓励发展个体经济和民营经济的方针。1988年4月，七届人大一次会议通过的《宪法修正案》规定："国家允许私营经济在法律规定的范围内存在和发展。私营经济是社会主义公有制经济的补充。"此后，民营企业迅速发展，补充了市场的需要，同时缓解了就业压力。

第二，国有企业"抓大放小"的改革，大批小型国企私有化。1993年11月，中共十四届三中全会《中共中央关于建立社会主义市场经济体制若干问题的决定》指出："一般小型国有企业，有的可以实行承包经营、租赁经营，有的可以改组为股份合作制，也可以出售给集体或个人。"江泽民同志在1995年中共十四届五中全会上的讲话中指出："集中力量抓好大型国有企业，对一般小型国有企业进一步放开搞活。"1997年，中共十五大以后，全国范围内小型国有企业以及集体所有制的乡镇企业基本都私有化了。

第三，民营企业的全面发展。2003年10月，中共十六届三中全会通

---

① 在经济学文献中，对民营企业的界定一般有两种口径，一是主要指私营企业和个体经济以及由私营企业发展起来的公司制企业；二是泛指非国有企业，包括外商投资企业等，本书采用这一口径，泛指非国有企业，即广义的民营企业。民营上市公司则是指非国有控股的上市公司。

过了《中共中央关于完善社会主义市场经济体制若干问题的决定》，要求大力发展和积极引导非公有制经济。2005年2月国务院颁布的《国务院关于鼓励支持和引导个体私营等非公有制经济发展的若干意见》在政策措施、市场准入、社会服务等各方面大力支持民营企业的发展。2007年中共十七大重申，"坚持平等保护物权，形成各所有制经济平等竞争、相互促新格局"。至2011年年底，民营经济已在国民经济中处于重要地位，发挥了重要作用。

4. 民营企业发展中遇到的困难

目前，民营企业与国有企业之间的竞争格局已基本形成，虽然有一系列的政策支持，但民营企业的发展环境依然不如国有企业。近年来，由于各级政府支配资源的权力不减反增，有些地方和有些行业还出现了"国进民退"等"开倒车"现象（吴敬琏，2010）。

民营企业的发展环境不如国有企业可以从其受到的融资约束略见一斑。罗琦等（2007）证实，银行特别是国有银行依然偏好于向国有企业提供贷款。余明桂和潘红波（2008）认为法律保护缺乏、政府侵害产权和金融发展落后等制度制约因素，是导致民营企业较难获得银行贷款的主要原因。

本书认为，国有企业由于政策性负担，导致预算软约束；国有金融体制对国有企业政策性的金融支持，以及国有企业对这种支持的刚性依赖，都加剧了民营企业的融资困境。民营企业发展中面临这样的制度环境，势必影响会计信息在民营企业债务契约（银行借款契约）的缔结与履行中发挥作用。

二 转轨经济与新兴市场中的制度环境

1. 转轨经济与新兴市场

中共十六大提出，到2020年建成完善的市场经济体制，完成经济转轨的战略目标。因此可以说，目前中国仍然处于由计划经济向市场经济过度的转轨经济阶段。经济转轨是由一系列政策措施推动的、有目的、受控制的经济及其制度的变迁过程。吕炜（2004）指出，处在目前转轨条件下的市场经济体制具有两个方面的内涵：一方面，经济运行的基本特征是市场的，市场机制的主导作用与市场失灵会同时存在于经济运行中；另一方面，由于经济转轨并未完成，市场机制的效率必将受制于传统体制下各种遗留问题的解决程度，市场化的总体进展可能同时伴随着一些局部矛盾的激化。

1990年12月19日，上海证券交易所正式开业；1991年7月3日，深圳证券交易所正式开业。中国股票市场经过20余年的发展，取得了一定的成就，扩大了国内的投融资渠道，有利于资金的流动和资源的优化配置，为国有企业和民营企业的股权多元化和治理结构的改善开辟了新的路径。然而与西方发达国家上百年的股票市场发展历史相比，我国的股票市场仍然是一个新兴市场（emerging market），有着不同的特征。卡纳和帕利普（Khanna和Palepu，1997）指出，在发达经济体中，企业的经济活动依赖于一整套外部制度，以尽可能地减少市场失灵；发展中国家的新兴市场在一定程度上提供了一些必要的制度安排以鼓励市场交易的进行；然而，在新兴市场中，制度虚空仍然是一种普遍现象，体现在信息问题、误导性管制以及低效率的法制系统三个方面，从而可能导致市场失灵。

2. 市场化进程

1993年中共十四届三中全会明确提出要进行市场化改革。所谓"市场化"是对我们正在进行的从计划经济向市场经济进行体制转轨的一个过程（樊纲等，2001）。市场化改革就是要建立一系列制度安排来保证市场在配置资源中的主体地位；而这些制度安排是建立现代企业制度的基础，是形成有效公司治理机制所面临的制度环境。但是，在经济转轨阶段，在政府控制各种资源的力量依然十分强大的情形下，市场力量到底能够在多大程度上重塑国有企业的治理结构，依然存在争议。因此，可以预计市场化改革程度会显著影响公司治理机制发挥作用，因而会影响会计信息在高管薪酬契约以及债务契约中的作用。

市场化改革的经济转轨进程是分阶段的，在不同的阶段上会有不同方面的突出问题。比如有的阶段政府与企业关系的改革、非国有经济发展的改革比较突出，而有的阶段法治化进程、金融市场的发展等是突出的改革问题。因此，用"市场化进程"这一动态概念来反映市场化改革的进度是比较合理的。

樊纲等（2010）以政府与市场的关系、非国有经济的发展、产品市场的发育程度、金融业的市场化以及市场中介组织的发育程度和法律制度环境五个方面的30个指标，采用主成分分析法对1997—2007年31个省区（中国大陆地区）的市场化指数进行了计算①。这些市场化指数不仅反映了1997—2007年我国的市场化进程，而且反映了不同省区之间市场化进程的差异。各省区具体的市场化指数如表3-1所示。

表3-1　　　　　1997—2007年中国大陆各省市市场化指数

省区	各年度市场化指数										
	1997	1998	1999	2000	2001	2002	2003	2004	2005	2006	2007
安徽	4.42	4.39	4.67	4.7	4.75	4.95	5.37	5.99	6.84	7.29	7.73
北京	5.15	4.89	3.95	4.64	6.17	6.92	7.5	8.19	8.48	9.96	9.55
福建	5.43	5.7	5.79	6.53	7.39	7.63	7.97	8.33	8.94	9.17	9.45
甘肃	3.01	3.36	3.61	3.31	3.04	3.05	3.32	3.95	4.62	4.95	5.31
广东	6.29	6.47	5.96	7.23	8.18	8.63	8.99	9.36	10.18	10.55	11.04
广西	4.22	4.29	4.39	4.29	3.93	4.75	5	5.42	6.04	6.12	6.37
贵州	2.89	3.2	3.29	3.31	2.95	3.04	3.67	4.17	4.8	5.22	5.57
海南	4.6	4.51	4.7	4.75	5.66	5.09	5.03	5.41	5.63	6.35	6.88
河北	4.98	5.21	4.66	4.81	4.93	5.29	5.59	6.05	6.61	6.93	7.11
河南	4.82	5.09	4.05	4.24	4.14	4.3	4.89	5.64	6.73	7.07	7.42
黑龙江	2.73	3.31	3.57	3.7	3.73	4.09	4.45	5.05	5.69	5.93	6.27
湖北	4.24	4.69	4.01	3.99	4.25	4.65	5.47	6.11	6.86	7.12	7.4
湖南	4.73	5.09	3.98	3.86	3.94	4.41	5.03	6.11	6.75	6.98	7.19
吉林	3.51	3.57	3.97	3.96	4	4.58	4.69	5.49	6.06	6.44	6.93
江苏	5.25	5.38	5.73	6.08	6.83	7.4	7.97	8.63	9.35	9.8	10.55
江西	3.93	4.41	3.9	4.04	4	4.63	5.06	5.76	6.45	6.77	7.29
辽宁	4.58	4.64	4.47	4.76	5.47	6.06	6.61	7.36	7.92	8.18	8.66
内蒙古	2.55	2.93	3.41	3.59	3.53	4	4.39	5.12	5.74	6.28	6.4
宁夏	1.69	2.01	2.86	2.82	2.7	3.24	4.24	4.56	5.01	5.24	5.85
青海	1.29	1.49	2.15	2.49	2.37	2.45	2.6	3.1	3.86	4.24	4.64
山东	4.8	5.19	5.15	5.3	5.66	6.23	6.81	7.52	8.44	8.42	8.81
山西	3.34	3.61	3.32	3.39	3.4	3.93	4.63	5.13	5.28	5.84	6.23
陕西	3.03	3.45	2.94	3.41	3.37	3.9	4.11	4.46	4.81	5.11	5.36
上海	5	5.04	4.7	5.75	7.62	8.34	9.35	9.81	10.25	10.79	11.71

① 在2010年之前，樊纲等学者分别于2001年、2003年、2004年和2006年出版了4个市场化指数报告。

续表

省区	各年度市场化指数										
	1997	1998	1999	2000	2001	2002	2003	2004	2005	2006	2007
四川	4.24	4.37	4.07	4.41	5	5.35	5.85	6.38	7.04	7.26	7.66
天津	4.53	4.92	4.71	5.36	6.59	6.73	7.03	7.86	8.41	9.18	9.76
西藏	NA	NA	NA	0	0.33	0.63	0.79	1.55	2.64	2.89	4.25
新疆	1.77	2	1.72	2.67	3.18	3.41	4.26	4.76	5.23	5.19	5.36
云南	2.7	2.89	3.47	4.08	3.82	3.8	4.23	4.81	5.27	5.72	6.15
浙江	6.17	6.41	5.87	6.57	7.64	8.37	9.1	9.77	10.22	10.8	11.39
重庆	4.28	4.39	4.57	4.59	5.2	5.71	6.47	7.2	7.35	8.09	8.1

注：NA 表示数据缺失。

资料来源：樊纲、王小鲁、朱恒鹏：《中国市场化指数——各地区市场化相对进程2009年报告》，经济科学出版社2010年版，第259页。

为了勾画我国的市场化进程，本章计算了各年度市场化指数的均值，按年度作了连线图，如图3-1所示。该图说明，自1997年以来，我国的市场化程度整体上呈上升趋势，特别是2000年以后，市场化进程明显加快。这说明随着市场化改革的不断进行，我国政府与企业的关系、非国有经济的发展以及法律制度环境等呈积极发展态势。

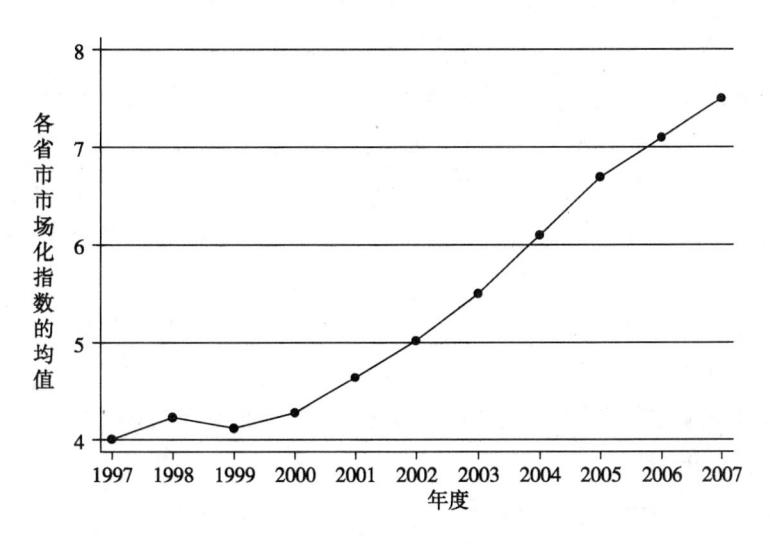

图3-1 各年度市场化指数连线

由于我国各地区资源禀赋、地方法规政策不同，因此导致了各地区的市场化进程存在较大差异。从图3-2来看，广东、浙江、上海、江苏和福建等省市市场化程度较高，市场化进程较快；而西藏、青海、新疆、宁夏以及甘肃等省区市场化程度较弱，市场化进程较慢。

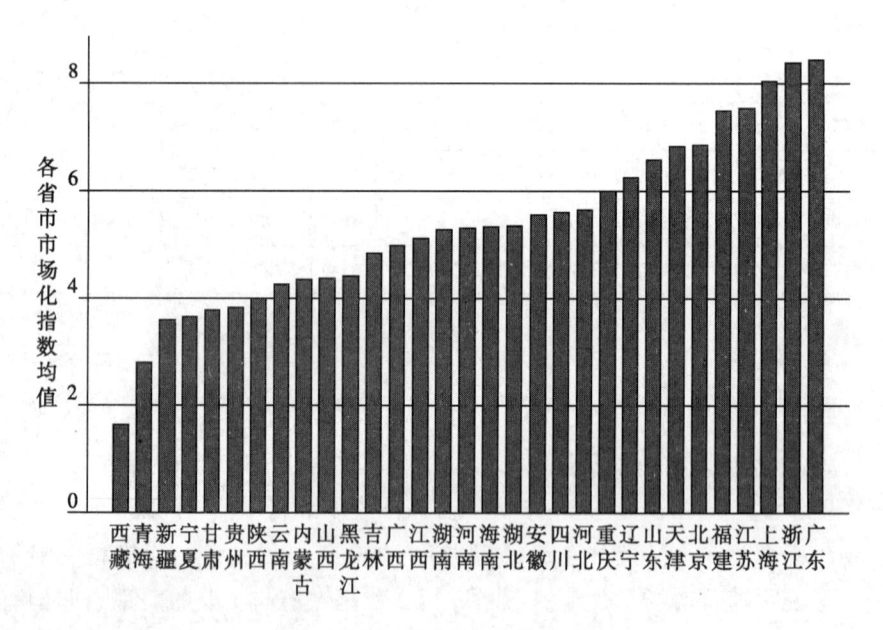

图3-2 各省区市场化指数均值

3. 政府干预

市场化改革的一个重要目标是政企分开，减少政府干预。这里的政府干预是指政府对企业的干预。具有政治关系的企业，由于与政府的关系更为密切，更容易受到政府的干预（孙铮等，2005）。国有企业由于其与政府之间天然的政治关系，使其成为一种政府参与和干预经济的工具与手段①。

一般来说，政府干预国有企业的动机有两个方面：一是让国有企业承担地方经济发展战略、就业以及维护社会稳定等政策性负担；二是政府官员，特别是地方政府官员试图将自己的政绩目标内化到国有企业中，从而对企业进行干预。

既然政府有干预企业的动机，那么政府干预国有企业的主要手段有哪

---

① 值得说明的是，有政治关系的民营企业也同样可能会受到政府干预。

些？政府根据其在国有企业的股东地位，选举出董事会，再由董事会选拔和聘任经理对企业进行干预，即从行政上控制经营者的任免是政府控制国有企业的主要手段。有的学者认为，党对人事任免的控制[①]，是政府对国有企业进行干预的一条重要渠道。

政府对国有企业的干预有什么经济后果？张兴亮和夏成才（2011）认为，政府干预对企业来说是一种成本，但能够增加就业、税收和维护社会稳定等，这对全社会来说是一种收益。政府对企业干预的最优水平应当是使公司的边际成本与社会的边际收益相等；因此，政府不能对国有企业过度干预，否则会导致企业的社会性负担过重，从而影响社会总体福利的最大化。以上关于政府干预国有企业的动机和手段的分析表明，无论什么动机，过度干预都会导致国有企业内部不能形成有效的治理机制，更难发挥会计信息在这些治理机制中的作用。

三 制度背景对会计信息契约有用性的影响机理

新制度经济学一直强调宏观制度环境对企业微观机制的外生影响，詹森和麦克林（1979）通过重新构造生产函数来论证这一思想，他们认为生产函数对制度的依赖就像它们对技术进步的依赖一样，因而构造了如下生产函数：

$$Q = F_R(L, K, M, C, T)$$

其中，Q 代表产出，是劳动力（L）、资本（K）和原材料投入（M）的一个函数；T 代表与生产有关的技术和知识状况；F 是所有生产函数的总称，它能够按照制度分割：F_R 就表示对应于制度 R 的一个生产函数；R 表示为企业活动的外部宏观制度，包括正式制度和非正式制度，正式制度包括规定什么样的企业内部契约安排是合法的，什么样的是不合法的，政治对非法行为的惩罚措施等，非正式制度包括社会风俗习惯等；C 是在外部宏观制度环境既定的情况下企业内部契约安排的选择集合，它会受到外部制度环境的影响和制约[②]。詹森和麦克林试图通过改建生产函数来表

[①] 关于中国共产党在国有企业人事任免中的演变可参考辛清泉《政府控制、资本投资与治理》，经济科学出版社2009年版，第69—70页。

[②] 詹森和麦克林（1979）认为 C 是表述组织形式选择集的一个综合标志，它包括的参数如"合伙制或股份公司形式，管理分散化的程度，是自己购置还是租赁设备，报酬计划的特征等"。C 实质是外部制度环境下的企业内部制度安排。

明：在劳动力、资本和原材料投入给定的情况下，制度环境通过影响企业内部契约安排而影响人们的行为和企业的产出。因此，为了最大化产出，企业会选择与制度环境（R）相匹配的内部契约安排（C）；如果某项契约安排与外部制度环境不匹配，则使用它的成本就会很高，不能最大化企业的产出。

比如，当民营企业面临法律保护缺乏、政府侵害产权和金融发展落后等制度环境时，将导致民营企业较难以获得银行贷款；此时民营企业会采用与这一制度环境相适应的企业内部微观规则，如加强与政府的联系，发展政治关系来适应这一宏观制度环境，从而获得融资便利，最大化企业的产出。余明桂和潘红波（2008）发现，政治关系可以作为一种替代性的非正式制度，从而缓解落后的制度对民营企业发展的阻碍作用。但民营企业的政治关系战略可能会影响企业债务契约在缔结与履行过程中对会计信息的使用；杜兴强等（2009）研究发现政治关系降低了民营上市公司的会计稳健性；而会计稳健性是债务契约的需求，会计稳健性的降低说明会计信息在债务契约中的作用下降了。制度环境同样也会影响会计信息在高管薪酬契约中的作用。比如，当政府干预越多时，国有企业中以会计信息为基础的高管薪酬契约可能被政治晋升或在职消费等隐性契约所替代。

综合以上分析，不同的制度环境会对应不同的生产函数，企业要最大化自己的产出，就必须设计与制度环境相匹配的企业内部契约安排规则，而这些内部契约安排规则会影响会计信息在企业契约缔结与履行中的作用，即制度环境通过影响企业内部契约安排规则而影响会计信息契约有用性。

第二节 会计信息质量

代理理论注重剩余的分享而忽视了剩余的计量。但事实上，企业剩余计量过程中由于受到会计人员技术、会计准则质量、其他公司治理机制的制衡作用（如外部审计），以及公司内部契约对剩余质量诱导的影响，企业剩余质量良莠不齐。以较差质量的企业剩余作为契约的输入变量，必将异化代理人的行为，导致更高的代理成本。

谢德仁（2001）研究了上述问题，并提出了"企业剩余计量悖论"：

代理理论等现代企业理论在讨论企业所有权的安排时，只注重剩余分享的合约安排，而忽视了剩余计量的合约安排；现代企业理论认为企业剩余的计量是外生于剩余索取权的安排合约的，而事实上企业剩余计量的质量会影响剩余分享的合约安排。具体到企业治理结构上来说，企业剩余计量悖论说明会计盈余的质量会显著影响高管薪酬契约结构，影响高管薪酬契约对会计盈余信息的使用；据此，有理由认为会计信息质量也会影响会计信息在其他契约中的作用，即会计信息质量会影响会计信息契约有用性；高质量的会计信息能够降低契约的不完备程度，化解公司治理结构所引发的问题。那么高质量的会计信息具有哪些特征？厘清这一问题是分析会计信息质量影响会计信息契约有用性的基础。

一 美国、国际会计准则理事会和中国的会计信息质量特征体系

最早涉及会计信息质量论述的是利特尔顿（A. C. Littleton）1953年所著的《会计理论结构》，利特尔顿认为会计信息有可靠性（强调历史成本计量）、不确定性、充分披露以及相关性等质量特征[①]。1966年，美国会计学会（AAA）在其发表的《会计基本理论报告》（ASOBAT）提出评价会计信息应采用的四条本质：相关性、可验证性、不偏不倚以及可定量性。1970年，美国注册会计师协会（AICPA）在其第4号报告《企业财务报表的基本概念和会计原则》中把相关性、可验证性、可理解性、及时性、可比性和中立性列为会计信息的质量特征。1980年12月，美国会计准则委员会（FASB）在 AAA 和 AICPA 研究的基础上，发布了财务会计概念公告第2号（SFAC NO.2）《会计信息的质量特征》，认为相关性和可靠性是会计信息质量的两个基本特征；相关性包括预测价值、反馈价值和及时性，可靠性包括可核性、中立性和反映真实性；除了相关性和可靠性外，会计信息质量特征还包括可比性、重要性、可理解性以及稳健性等。2010年9月，FASB 发布了与国际会计准则理事会（IASB）联合制定的《财务报告概念框架》（*Conceptual Framework for Financial Reporting*），其作为财务会计概念公告第8号（SFAC NO.8）

[①] 具体可以参考该书的中文版，利特尔顿《会计理论结构》，中国商业出版社1989年版，第267—289页。

取代了 SFAC NO. 1 和 SFAC NO. 2[①]。《财务报告概念框架》以"有效财务信息的质量特征"为题，说明财务报告信息的质量特征有三大类：第一类是基本的质量特征，包括相关性（含重要性）和如实反映（含完整性、中立性、无差错性）；第二类是增强性的质量特征，包括可比性、可验证性、及时性和可理解性；第三类是信息约束条件，即成本与效益。

国际会计准则委员会（IASC）于 1987 年 7 月发表了《编制和提供财务报表的框架》(The Framework for the Preparation and Presentation of Financial Statements)，提出会计信息的 10 个质量特征，包括可理解性、相关性、可靠性、可比性、重要性、如实反映、中立性、谨慎性、完整性以及实质重于形式，并把可理解性、相关性、可靠性和可比性作为 4 个主要质量特征，把及时性和效益成本作为限制因素。2010 年 9 月，国际会计准则理事会（IASB）[②]发布了与 FASB 联合制定的《财务报告概念框架》取代 IASC 的《编制和提供财务报表的框架》，对会计信息的质量特征及结构进行了修改。

我国财政部于 1992 年 11 月 3 日颁布了《企业会计准则——基本准则》，提出我国企业在进行会计核算时应具备 9 项一般原则，分别是真实性（或如实反映）、相关性、可比性、一贯性、及时性、明晰性、谨慎性、完整性和重要性。2001 年 1 月 1 日财政部颁布的《企业会计制度》也体现了以上 9 项会计信息质量要求。2006 年 2 月 15 日，财政部颁布了新的《企业会计准则——基本准则》，提出企业提供的会计信息应具备以下 8 项质量要求：可靠性、相关性、可理解性、可比性、实质重于形式、重要性、谨慎性和及时性；其中可靠性还包括在符合重要性和成本效益的原则下保证会计信息的完整性，以及会计信息应当是客观中立的和无偏的[③]。

---

① 关于对 SFAC NO. 8 的解读与评论，可以参考葛家澍、陈朝林《财务报告概念框架的新篇章——评美国 FASB 第 8 号概念公告（2010 年 9 月）》，《会计研究》2011 年第 3 期。

② IASB 是 2001 年由 IASC 改组成立的，它取代 IASC 负责国际财务报告准则的制定；IASB 制定的准则被称为国际财务报告准则（IFRS），至 2011 年年底，IASB 共发布了 9 个国际财务报告准则（IFRS1 - IFRS9）以及 19 个解释（IFRIC1 - IFRIC19）。对于 IASC 发布的国际会计准则（IAS），如果没有明确被 IASB 修订或取代，仍然有效。

③ 这些具体的质量特征是体现在新《企业会计准则——基本准则》的具体条文中的，财政部会计司编写的《企业会计准则讲解》对这些质量特征进行了明确解释和说明，具体参见财政部会计司编写组《企业会计准则讲解》，人民出版社 2010 年版，第 5—9 页。

通过以上论述可知，在 FASB 与 IASB 联合制定《财务报告概念框架》之前，FASB、IASB 以及中国的会计准则关于会计信息质量特征基本上是大同小异的。在 FASB 和 IASB 联合制定的《财务报告概念框架》中，将会计信息质量特征体系进行了层次划分，对相关性和可靠性同等重视。比较而言，中国的会计信息质量特征体系在力求国际趋同的同时，特别强调会计信息的可靠性和谨慎性等质量特征。

二 我国目前制度背景下企业契约对会计信息质量特征的要求

第一，可靠性。我国把会计信息的可靠性作为首要特征，这是因为在转轨经济和新兴市场前景下，市场化改革还在继续进行，法治环境还不完善，证券市场中的会计舞弊行为时有发生。在这种情况下，企业的利益相关者首先需要知道能够如实反映企业经营状况的中立、客观的会计信息。从企业的契约理论角度来说，只有中立、客观的会计信息才能为各契约方所接受，会计信息的可靠性是会计系统作为契约自我履约机制的前提。

第二，稳健性。稳健性也称谨慎性，我国一直把稳健性作为会计信息的重要质量特征。而 FASB 和 IASB 于 2010 年制定的联合概念框架中，并未将稳健性作为一个独立的质量特征。稳健性主要产生于会计的契约作用，而 FASB 和 IASB 更强调会计信息的价值相关性，因此它们并没有将稳健性作为一个独立的质量特征。会计信息的价值相关性是以完善的公司内外部治理机制为前提的，也就是说只有在公司内部的代理问题得到有效控制的前提下，会计信息才能较好地发挥反映和确定价值的功能。而目前我国企业无论是外部制度环境还是内部治理结构都不完善，因而更强调会计信息在企业契约中的治理作用。鲍尔（2001）指出，会计稳健性提高了公司治理、薪酬契约和债务协议在激励和约束管理层行为方面的有效性，能够降低管理层事前选择负净现值项目、随后把其业绩后果推给下一届管理层的可能性，激励管理层放弃净现值为负项目。因此，稳健的会计信息更有利于会计信息在高管薪酬契约和债务契约中的使用。

第三，其他质量特征。可理解性、可比性、及时性以及实质重于形式等质量特征也是企业契约对会计信息的质量要求，也会影响会计信息契约有用性。会计信息只有被契约双方所理解，才能被契约双方接受，才能降低缔结契约时搜寻信息的成本。可比性不仅包括同一企业内部不同期间的会计政策要可比，还要求不同企业对相同交易或事项所选的会计政策要相同。同一企业不同期间的会计信息可比能够使企业契约维持稳定，降低因不同期间采用不同会计政策而导致重新缔结契约的成本；不同企业之间的会计信息可比有助于契约方做出是否缔结或终止契约的决定。比如，债权人可以根据两家企业的绩效来确定与哪一家企业缔结契约，前提是这两家企业的会计信息要可比。实质重于形式有利于保证会计信息的可靠与稳健。及时性也是会计信息最基础的质量要求，不及时的会计信息很难用于缔结契约，契约的履行也需要及时的会计信息。

三 会计信息契约有用性与价值相关性之间的关系

以上分析表明，在目前我国转轨经济与新兴市场的制度背景下，企业契约需要的是及时的、稳健的、以历史成本计量的、可验证的可靠性会计信息。但会计信息不仅具有契约有用性，也有价值相关性。与会计信息契约有用性最直接的会计信息质量特征是可靠性和稳健性，与会计信息价值相关性最直接的质量特征是相关性。一直以来，会计准则制定机构将可靠性和相关性作为会计信息最主要的两个质量特征[①]。可靠性和相关性与会计计量属性的选择密切相关（夏成才和邵天营，2007）。与可靠性相关的计量属性是历史成本，历史成本面向的是过去，而相关性对应的计量属性是公允价值，公允价值面向的是未来；因而从计量属性上来说，可靠性与相关性是一种两难选择（朱元午，1999）。而且早期的一些经验研究，如兰伯特（Lambert，1993）认为评价公司的价值与评价公司管理层对公司价值的贡献是不同的，即会计信息的价值相关性与评价管理管理层受托责任履行情况（契约有用性）是截然不同的。可靠性与相关性对应的计量属性以及早期的经验研究使人们认为可靠性与相关性是对立的，或者说会计信息的契约有用性和价值相关性这两种作用是互斥的。

与以上认识不同的是，布什曼等（2006）从会计盈余在高管薪酬契约中的权重及其在股票价格中的权重之间的关系角度，研究了会计信息契约有用性与价值相关性之间的关系，并首次提供了盈余的价值相关性与契

---

① 2010年，FASB和IASB制定的联合概念框架中将可靠性改为如实反映（faithful representation）。

约有用性正相关的经验证据[①]。班克尔等（2009）进一步研究发现，盈余的价值相关性越高，则薪酬业绩敏感度越大，即越具有价值相关性的会计盈余，其在高管薪酬契约中的权重就越大。以上研究至少从薪酬契约的角度说明，会计信息的价值相关性促进了契约有用性，会计信息的这两种作用并不是互斥的。

布什曼等（2006）以及班克尔等（2009）的经验证据也说明，会计信息有用性需要的主要会计信息质量特征——可靠性与相关性不是对立的。相关性和可靠性，两者不可或缺，共同决定会计信息的有用性（夏成才和邵天营，2007）。因此，价值相关性高的会计信息或许能够促进会计信息在高管薪酬契约和债务契约中的作用。但就笔者目前掌握的文献来看，尚未发现研究会计信息契约有用性对价值相关性影响的文献，因此，会计信息的契约有用性与价值相关性是否是互补的，还有待检验；但目前的经验证据表明，至少两者不是互斥的。

根据以上分析，本书以会计信息契约有用性和价值相关性为划分标准，形成我国会计信息质量特征的结构，如图3-3所示。该图表明：（1）会计信息的可靠性和稳健性是会计信息契约有用性的基本要求；（2）会计信息的可理解性、可比性、及时性、实质重于形式以及重要性是基础要求；（3）会计信息的价值相关性与契约有用性是相互影响的。

四 会计信息质量对会计信息契约有用性的影响机理

在企业契约的缔结与履行中应用会计信息的根本原因是降低交易成本。会计信息作为契约方的共同知识，不仅能够降低契约缔结时信息成本和衡量成本，而且能够降低契约方之间的信息不对称，降低契约履行中的监督成本。但会计系统作为企业契约的自我履约机制，以及会计信息作为共同知识，均是以会计信息质量为前提的。

会计信息质量决定企业契约对会计信息依赖的程度，即决定会计信息在企业契约中被赋予的权重。减少委托人与代理人之间的代理冲突，不一定要选择基于会计信息的契约结构（以会计数字来设计契约条款），还存在其他替代性机制，如委托人对代理人的直接监督。当会计信息质量很差

[①] 在此之前，恩格尔等（2003）曾发现，会计盈余与股价之间的相关性越高，则会计盈余在高管变更中的作用越大。

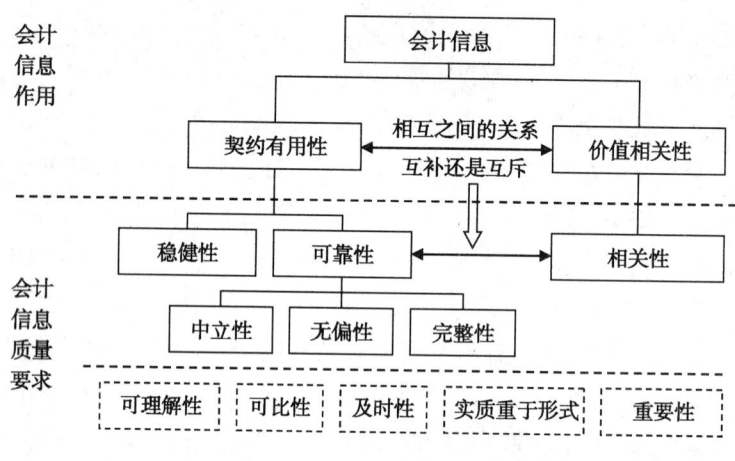

图 3-3　会计信息质量特征的结构

时，若选择基于会计信息设计契约条款的契约结构的交易成本，大于其他机制的交易成本，那么基于会计信息的契约结构会完全被其他机制所替代。相反，会计信息质量越高，基于会计信息的契约结构在众多减轻代理冲突的机制中就会被赋予更高的权重，会计信息在契约的缔结与履行中的作用越大，交易成本越低。

以高管薪酬契约为例，代理理论仅考虑让经营者享有部分剩余，减少经营人与股东之间的代理冲突，但没有考虑到，当会计计量的剩余质量太差时，那么让经营者享有企业剩余这一机制可能会被其他机制完全替代。而当会计信息质量高时，在高管薪酬契约中就越可能使用基于会计盈余的契约条款。具体来说，当会计盈余的可靠性越高，受高管操纵的可能性越小，越能反映高管的努力程度时，那么这样的会计盈余在高管薪酬契约中缔结和履行中就会被赋予越高的权重，表现为高管薪酬与会计盈余之间有较大的敏感度，会计业绩较差的高管被更换的可能性也较大。

同理，在债务契约中，若会计信息的质量越高，则债务契约中可能会越多地使用基于会计信息的债务契约条款，包括业绩定价条款。高质量的会计信息使得债权人在评价债务人资产价值和偿债能力时，赋予会计信息更高的权重，提高了会计信息在债务契约缔结时的作用。同时，基于高质量会计信息的债务契约条款在债务契约履行中减轻了债权人与债务人之间的代理冲突，降低了监督成本。

第四章

会计信息在高管薪酬契约中作用的实证检验

让企业经营者分享部分剩余，使企业剩余索取权与剩余控制权相匹配，降低股权的代理成本，这是公众公司中所有权安排的核心内容，这种安排决定公司治理的效果。企业是契约的联结，以上安排是通过高管薪酬契约这一公司治理契约实现的。会计系统作为企业契约的自我履约机制以及会计信息作为契约方的共同知识能够降低交易成本，即会计信息在高管薪酬契约的缔结与履行过程中能够发挥重要作用，本书把会计信息在高管薪酬契约中的这种作用称为会计信息的薪酬契约有用性。会计信息的薪酬契约有用性会受到制度环境的约束以及会计信息本身质量的影响。

本章通过大样本数据实证检验会计信息在高管薪酬契约的缔结与履行中的作用，具体来说，通过检验会计信息与高管薪酬衡量指标之间在统计上的关系，来验证会计信息在高管薪酬契约缔结中的作用；依据会计信息与高管变更可能性之间的关系，来验证会计信息在高管薪酬契约履行中的作用。本章依据前述的理论分析与制度背景讨论形成具体的待检验假说，通过设计合理的实证研究模型，对会计信息的薪酬契约有用性进行实证检验，为形成有利于提高会计信息的薪酬契约有用性的政策建议提供经验证据。

第一节 会计信息在高管薪酬契约缔结中作用的实证检验

一 引言

布什曼和史密斯（2001）指出，研究财务会计数据在管理层合约中的应用有两种方法：显性合约法（explicit contract approach）和隐性合约法（implicit contract approach）。在显性合约法中，通过采用调查数据，调查薪酬契约中以会计业绩为基础的实际契约条款，然后进行研究。在隐性合约法中，采用业绩与薪酬之间的回归关系（也称薪酬业绩敏感度，即PPS）来研究契约。早期比较有代表性的隐性契约法的研究是詹森和默菲（1990），自该文之后，隐性契约法被研究者大量使用。本书也采用隐性契约法，通过检验会计业绩与高管薪酬之间的关系来检验会计信息在高管薪酬契约缔结中的作用。

高管薪酬包括现金报酬和股权激励等形式。实施股权激励计划需要良好、稳定的市场环境，但近年来我国股票市场行情波动比较大，因此，实施高管股权激励计划的上市公司还比较少[①]，甚至有已宣布实施股权激励计划但随后又放弃的公司[②]。因此，本书以高管现金报酬来衡量高管薪酬[③]，通过分析会计业绩与高管现金报酬之间的敏感度来检验会计信息的薪酬契约有用性。研究财务会计数据在管理层契约中应用的根本目的在于发现哪种会计信息在管理层契约中的作用更大。本书结合2006年后企业会计准则中对公允价值广泛使用这一政策变化，来检验不同会计信息在高管薪酬契约缔结中作用的差异。

由于国内基于宏观制度环境对会计信息薪酬有用性影响的研究比较多[④]，本书微观产权制度安排对会计信息薪酬契约有用性的影响，并认为不同产权性质企业会计信息薪酬契约有用性的差异是由政府对国有企业的

[①] 陈政（2011）统计了自2006年启动股权激励方案至2010年年底，上市公司提出方案和实施或通过股东大会审议的上市公司数量。提出方案：2006年43家，2007年13家，2008年60家，2009年18家，2010年96家；共230家。实施或通过股东大会审议：2006年11家，2007年4家，2008年24家，2009年14家，2010年41家；共94家。具体参见陈政《民营上市公司股权激励问题研究》，《深圳证券交易所综合研究所研究报告（深证综研字第0180号）》，2011年，第8页。

[②] 神州泰岳（300002）于2011年9月30日发布了第四届董事会第十七次会议决议公告，说明由于目前国内证券市场环境发生了重要变化，继续实施期权激励计划很难达到预期的激励效果，因此决定终止实施期权激励计划。据Wind资讯数据显示，启动股权激励计划后又叫停的中小板和创业板公司，2008年有13家，2009年有6家，2010年有2家；而据《每日经济新闻》统计，截止到2011年10月17日，2011年共有11家创业板和中小板公司主动取消或撤回了股权激励计划。

[③] 本研究的这一做法也与目前国内的权威文献一致，如方军雄（2009，2011）、辛清泉和谭伟强（2009）。

[④] 如刘凤委等（2007）、辛清泉和谭伟强（2009）以及雷光勇等（2010）。

干预导致的。目前文献研究会计信息质量对会计信息薪酬契约有用性的影响，主要集中在会计信息可靠性的影响。但基于会计信息的薪酬契约条款会导致盈余管理，从而影响会计信息可靠性。因此，研究会计信息可靠性对会计信息薪酬契约有用性的影响，具有显著的内生性。为此，本书从会计信息的价值相关性角度来研究会计信息质量对会计信息薪酬契约有用性的影响，这不仅可以提高研究的可靠性，而且能够弥补国内这一研究领域的不足，有助于认识会计信息价值相关性与契约有用性之间的关系。

二 假说发展

1. 会计信息与高管薪酬契约

代理理论认为，通过缔结高管薪酬契约，让经营者享有部分剩余索取权，以此激励公司高管，使其与公司股东的利益一致，减少股权代理成本。依据第一章提出的会计信息契约有用性的命题 I ，会计信息作为契约方的共同知识，不仅能提供关于公司经营情况的信息，减少高管薪酬契约缔结时搜寻信息的成本，而且会计信息还能够用于衡量经营者的努力程度，降低对经营者努力程度进行直接衡量的成本。

在公司高管薪酬契约安排的实践中，也体现了这一理论思想。2002年中国开始在国有企业中推行高管年薪制。2009 年 12 月 28 日国资委修订了《中央企业负责人经营业绩考核暂行办法》，并于 2010 年 1 月 1 日开始实施。该暂行办法确定了"建立企业负责人经营业绩同激励约束机制相结合的考核制度，即业绩上、薪酬上，业绩下、薪酬下，并作为职务任免的重要依据"的基本原则，将企业负责人年度薪酬分为基薪和绩效薪金两个部分，并以利润总额以及以利润总额为基础计算的经济增加值作为企业负责人的业绩考核指标。以上管制政策是针对国有企业的，在民营企业中，股东是资产的直接所有者，拥有资产的自由转让权，这使得民营企业股东拥有更强的内在动力激励约束代理人。因此，民营企业股东更愿意通过设置有效的薪酬契约条款来激励企业经营者，降低代理成本。

以上分析表明，在缔结公司高管薪酬契约时，可能广泛使用了基于会计数字的契约条款，即会计信息具有高管薪酬契约有用性。基于以上理论分析与管制政策，提出以下基本假说：

H4－1：会计信息在高管薪酬契约的缔结中发挥了重要作用，表现为高管薪酬契约中广泛使用了基于会计业绩的契约条款，当公司会计业绩越好，则高管薪酬越高。

布什曼和史密斯（2001）认为，会计学关于公司治理研究的一个根本目标，是检验财务会计系统提供的哪类信息可以减轻由于管理者和外部投资者分离造成的代理成本，增进稀缺的人力和财务资本更有效率地向有前景的投资机会流动。对于会计信息的薪酬契约有用性来说，检验哪一类会计信息在高管薪酬契约中的作用更大，更有利于激励企业管理者，降低代理成本，这是研究会计信息的薪酬契约有用性的根本目的。

盈余的不同组成部分反映企业经营者努力程度的精确性是不同的，最有效的高管薪酬契约应当使用最能反映高管努力程度的会计信息来设计契约条款。相对于净损益（净利润），扣除非经常性损益后的损益是企业日常经营活动产生的损益，能够更好地反映经营者的努力程度；并且，这些损益大多是采用历史成本计量属性计量的，具有较高的可靠性，符合反映管理层受托责任这一会计目标。因此，本书预计扣除非经常性损益后的净损益在高管薪酬契约中的作用要大于净损益在高管薪酬契约中的作用。

相反，非经常性损益不具有较高的持续性，具有偶然性，不能很好地反映经营者的努力程度，而且容易被经营者操纵，可靠性较差，因此在有效高管薪酬契约中不应当将非经常性损益作为契约条款。另外，我国自2007年开始广泛使用公允价值计量属性，使企业盈余中包含一部分公允价值变动损益。由于公允价值变动损益均是未实现的损益，具有不确定性，并且其金额受股票市场的影响比受高管努力程度的影响要大得多，用其反映经营者的努力程度具有较高的噪音。在中国证监会2008年10月颁布的《公开发行证券的公司信息披露解释性公告第1号——非经常性损益（2008）》[①]中，将公允价值变动损益纳入非经常性损益的范围，这可能进一步降低非经常性损益在高管薪酬契约中的使用。综合以上分析，提出以下研究假说：

[①] 此前，中国证监会分别于1999年12月、2001年4月、2004年1月以及2007年2月共4次发布或修订有关非经常性损益包括的内容。本次公告规定非经常性损益共包括21个项目，其中包括"除同公司正常经营业务相关的有效套期保值业务外，持有交易性金融资产、交易性金融负债产生的公允价值变动损益，以及处置交易性金融资产、交易性金融负债和可供出售金融资产取得的投资收益"，以及"采用公允价值模式进行后续计量的投资性房地产公允价值变动产生的损益"。

H4－2a：扣除非经营性损益后净利润的薪酬契约有用性①高于扣除非经营性损益前净利润的薪酬契约有用性；

H4－2b：非经常性损益不具有显著的薪酬契约有用性。

2. 产权性质、政府干预与会计信息的薪酬契约有用性

詹森和麦克林（1979）通过改造生产函数来说明制度环境通过影响企业内部规则而影响企业的产出。类似地，威廉姆森（2000）认为制度决定治理结构，进而决定经济绩效。以会计信息为契约条款的高管薪酬契约属于企业内部规则或治理结构，这一内部规则或治理结构的生成及其效应会受制度环境的约束；具体来说，制度环境对高管薪酬契约的具体影响体现在以下两个方面：一是不同的制度环境使得企业选择以会计业绩为高管业绩评价标准时将承担不同的成本；二是制度环境会影响委托人的目标和代理人的行为（刘凤委等，2007）。

国内部分文献在这方面作了有效探索。刘凤委等（2007）研究了政府干预、行业竞争对会计业绩与高管薪酬关系的影响；辛清泉和谭伟强（2009）研究了市场化改革对国有企业高管薪酬激励契约的影响；雷光勇等（2010）研究了股权分置改革对会计业绩与高管薪酬敏感度的影响。

本书认为，宏观制度环境以及企业微观产权制度安排对企业治理结构来说都是外生的，因此，产权制度安排也会影响委托人的目标以及代理人的行为，从而影响基于会计信息的薪酬契约在企业内部治理中发挥作用；并且产权制度对会计信息的薪酬契约有用性的这种影响是以宏观制度环境为背景的，或者说是宏观制度环境导致产权制度对会计信息的薪酬契约有用性发生影响。与辛清泉和谭伟强（2009）仅研究国有企业样本及行业竞争程度、政府控制级别的调节效应不同的是，本书研究由于产权制度的不同安排导致委托人目标以及代理人行为的差异，从而决定会计信息在两类产权性质企业中的不同作用；与刘凤委等（2007）直接研究政府干预对薪酬业绩敏感度影响不同的是，本书研究政府干预是否导致不同产权性质企业中委托人目标与代理人行为的差异，从而影响会计信息的薪酬契约有用性。

在第三章的背景制度分析中，本书认为，国有企业面临的问题是政策

---

① 本部分会计信息的薪酬契约有用性是指会计信息在高管薪酬契约缔结中的作用。

性负担、预算软约束和缺乏自生能力，这些问题使国有企业委托人的目标和代理人的行为异于经典两权分离企业中委托人的目标和代理人的行为，具体原因有两个：

首先，国有企业承担的维持社会稳定和增加就业等社会性负担，使国有企业的委托人不可能单纯以利润最大化作为自身的目标，必须从全社会福利最大化的角度负担企业应负担的社会成本，履行企业社会责任。国有企业委托人的这些目标使得不可能仅以企业业绩来考核代理人。国资委在2009年12月28日修订的《中央企业负责人经营业绩考核暂行办法》中提出，企业负责人经营业绩的考核要符合"推动企业提高战略管理、价值创造、自主创新、资源节约、环境保护和安全发展水平，不断增强企业核心竞争能力和可持续发展能力"的原则。国有企业委托人这种多目标的战略降低了其效用函数中以薪酬契约激励委托人这一机制的比重，而以政治晋升激励作为一种替代方式。而且，国有企业的CEO很多都是当前或以前政府部门的官员，他们的晋升和报酬更多地依赖于政治或社会目标的实现，而不是经营业绩的好坏（Fan等，2007；Chen等，2010）。

其次，薪酬管制对国企高管行为的影响。从2002年起，国有企业开始推行高管年薪制，并规定高管薪酬不得高于普通职工的12倍；2009年国务院下属部委联合下发了《关于进一步规范中央企业负责人薪酬管理的指导意见》，提出了"中央企业负责人薪酬做到结构合理、水平适当、管理规范"的指导精神。薪酬管制这种非市场化的手段会引起高管行为偏离企业价值最大化的目标，导致在职消费（陈冬华等，2005），甚至高管腐败（陈信元等，2009）的发生；陈冬华等（2010）进一步研究发现，在市场化进程越低的地区，在职消费越多地替代了货币薪酬。以上分析表明，由于国有企业政策性负担导致目标的多元化以及薪酬管制等异化了国有企业高管的行为，导致了一些替代性的薪酬体系的存在，既包括政治晋升这样的行政激励方式，也包括在职消费这种经济激励方式。这些替代性的薪酬体系会减少高管薪酬契约对会计信息的使用。

与国有企业相比，民营企业的政策性负担要小得多，而且目前的薪酬管制政策均是针对国有企业的，民营企业高管薪酬受到的管制比较少。并且与国有企业所有者缺位不同的是，民营企业的股东更有动机设计合理的高管薪酬契约，依据会计业绩来激励高管，减少代理成本，而且这一机制更依赖于会计信息来降低信息成本和衡量成本等交易成本。因此，可以说，与国有企业相比，民营企业高管薪酬契约中对高管进行激励的标的物和权重均更依赖于会计信息。

需要进一步说明的是，国有企业的政策性负担以及高管所面临的薪酬管制，均内生于国有资产的管理体制和政府干预，这是以上分析的前提。若不存在政府的行政干预，则不会出现国有企业政策性负担过重、薪酬管制等问题，也就不会导致国有企业委托人的目标多元化以及代理人行为的异化。换句话说，是政府干预导致了国有企业与民营企业中会计信息薪酬契约有用性的差异。基于以上分析，提出以下具体假说：

H4－3a：会计信息在民营企业中的薪酬契约有用性高于在国有企业中的薪酬契约有用性；

H4－3b：会计信息在两种产权性质企业中薪酬契约有用性的差异是由政府干预导致的。

3. 盈余的价值相关性、高管权力与会计信息的薪酬契约有用性

国内外文献对高管薪酬契约缔结中会计信息质量的影响进行了较广泛的探索，如毕晓方和周晓苏（2007）研究了盈余可靠性对会计信息报酬契约有用性的影响。但也有研究提供了基于会计业绩的高管薪酬契约诱发盈余管理的经验证据，如希利（Healy, 1985）最早提供了公司高管为了获得最多奖金而操纵会计政策以达到期望盈余的经验证据；霍尔特豪森等（Holthausen 等，1995）以及程和沃菲尔德（Cheng 和 Warfield, 2005）证实了无论是奖金激励还是股权激励，以会计盈余为基础的薪酬激励机制都会导致高管操纵盈余；王克敏和王志超（2007）研究发现高管薪酬能够诱发盈余管理，但高管控制权的提高能够提高高管薪酬水平，从而降低盈余管理；李延喜等（2007）也发现管理层薪酬水平与调高的操控性应计利润高度正相关，说明高管薪酬契约是构成上市公司盈余管理的一个基本诱因[①]。

[①] 值得说明的是，关于高管薪酬诱发盈余管理这方面的研究结论并不一致；如德邹等（Dechow 等，1995）、埃里克森等（Erickson 等，2006）、王跃堂（2000）、刘斌等（2003）以及罗玫和陈运森（2010）并没有发现高管薪酬契约诱发盈余管理方面的显著证据。但以上分析至少说明高管薪酬与会计信息的可靠性可能交互影响，这是从会计信息可靠性角度研究会计信息薪酬契约有用性时必须考虑的一个重要问题。

以上文献分析表明，基于会计信息的高管薪酬契约有可能诱发盈余管理，从而会影响会计信息的可靠性，还可能影响会计信息的及时性和会计稳健性，比如，企业高管可能推迟确认对自己不利的坏消息和提前确认对自己有利的好消息。因此，如果从会计信息的可靠性、及时性或稳健性的角度来研究会计信息质量对会计信息薪酬契约有用性的影响时，会遭遇内生性，影响研究结论的可靠性。

研究会计信息质量对会计信息薪酬契约有用性的影响的目的，在于发现具体哪种质量特征的会计信息在高管薪酬契约中的作用更大，更有利于发挥高管薪酬契约的激励效应，降低代理成本。但会计信息的可靠性、及时性和稳健性显然不能达到这样的目的，因为它们容易被企业高管操纵。阿姆斯壮等（2010）指出最近文献开始关注：有助于投资者对企业进行定价的信息，是否也有助于股东和董事会用于高管薪酬契约，以减轻代理冲突。布什曼等（2006）研究发现，当投资者在定价时赋予盈余更多的权重时，在管理层现金奖励中的盈余比重也越大；班克尔等（2009）也发现薪酬业绩敏感度与盈余的价值相关性显著正相关。受这些研究的启发，本书研究会计信息的价值相关性这一质量特征对会计信息薪酬契约有用性的影响，提供这一领域中国方面的研究证据。

在高管薪酬契约中更多地运用价值相关的会计信息，可以在一定程度上弥补单纯使用会计业绩和市场业绩激励企业高管上的不足。以会计业绩为契约条款的高管薪酬契约不仅可能导致上述高管对会计业绩进行操纵行为的发生；还可能导致高管为了迎合薪酬契约中的业绩条件，而减少R&D支出（Baber等，1991；Cheng，2004）或转向技术引进（Xue，2007）[①]等这些行为的发生；企业高管的这些异化行为扭曲了高管薪酬契约的激励效应。为了克服这一缺陷，进一步提高高管薪酬契约的激励效应，完善公司治理机制，中国证监会于2006年1月发布了《上市公司股权激励管理办法（试行）》，引导上市公司以限制性股票和股票期权等股权激励的形式，来完善公司高管的薪酬结构，以市场业绩作为评价高管的依据。但需要注意的是，股价不仅受高管努力程度的影响，更会受到宏观经济环境的影响。当股票市场低效甚至无效时，用股价这一市场业绩来衡

---

① 因为引进新技术可以进行资本化会计确认，而开发新技术在开发阶段的会计处理是费用化，因此当高管薪酬契约以会计业绩为契约条款时，高管更倾向于技术引进。

量企业高管的努力程度将充斥更高的噪音,此时,市场业绩指标的作用就会降低甚至可能被完全抛弃。比如当市场环境恶化导致公司股价连续下跌,甚至跌破期权行权价格时,股权激励计划有可能被终止。正因为如此,目前已有部分上市公司宣布放弃股权激励计划。苏冬蔚和林大宠(2010)研究发现,股权分置改革后提出股权激励预案的公司,其 CEO 股权和期权报酬与盈余管理不存在显著的负相关关系,说明正式的股权激励具有负面的公司治理效应。以上分析表明,股权激励要发挥应有的效应需要严格的市场环境、公司治理环境,否则其效果值得商榷。另外,股权激励计划也不能完全抛开对会计业绩的依赖,如采用限制性股票的激励计划,都会设置企业高管获授股票所需要达到的会计业绩条件,这也会诱发高管的盈余管理行为。

综上所述,无论是以会计业绩还是市场业绩来设计高管薪酬契约,会计业绩都是基础,会计信息质量会影响高管薪酬契约的激励效应。以具有较高的价值相关性的会计信息作为高管薪酬契约条款,不仅能够纠正单纯依赖会计业绩而导致高管行为的异化,而且能够弥补依赖市场业绩的股权激励计划的缺陷;或者说,当市场环境较差时,以较高价值相关性会计业绩为基础的高管薪酬契约能够成为股权激励计划的一种替代。

高管薪酬契约对于具有价值相关性的高质量会计信息的使用,会受到高管权力的影响,这种影响体现在两个方面:一方面,高管权力会影响高管薪酬契约的设计。兰伯特等(1993)发现美国大型上市公司管理者权力水平与薪酬水平正相关。吴育辉和吴世农(2010)以"董事长与总经理两职合一"以及"高管持股比例"等来衡量高管权力,发现高管权力越高,就越会利用自己的控制权提高薪酬水平。因此,高管的权力越大,越有可能影响甚至主导高管薪酬契约的设计(Bebchuk 和 Fried,2003),从而越可能使用与企业价值并不具有相关性的会计信息作为契约条款。另一方面,高管权力也会影响会计信息的质量。现有研究发现高管持股与企业业绩间呈倒 U 型关系(Morck 等,1988;李维安和李汉军,2006),说明较高的高管控制权,会导致堑壕效应(entrenchment effect)(Morck 等,1988);高管可能会通过降低会计信息的透明度来掩盖其行为,而低透明度的会计信息也会影响其在市场定价中的作用。即高管权力越高,越有可能降低会计信息的价值相关性,从而影响其在高管薪酬契约中的作用。综合以上分析,提出以下具体假说:

H4-4a: 会计盈余的价值相关性越高,则会计信息的薪酬契约有用性越高;

H4-4b: 会计盈余的价值相关性与会计信息的薪酬契约有用性的这种关系在高管权力越低的企业中越显著。

三 实证研究设计

1. 研究模型

(1) 为了验证 H4-1 和 H4-2,建立模型 4-1

$$\ln Pay_{i,t} = \alpha_0 + \alpha_1 Performance_{i,t} + \alpha_2 Size_{i,t} + \alpha_3 Lev_{i,t} + \alpha_4 MB_{i,t} + \alpha_5 East_{i,t} + \alpha_6 West_{i,t} + \sum \alpha_j Year_j + \sum \alpha_k Ind_k + \varepsilon_{i,t}$$

(模型 4-1)

高管薪酬应包括现金薪酬和股权激励两部分,我国自 2006 年开始实施股权激励,但据陈政(2011)统计,至 2010 年年末提出股权激励计划的仅 230 家,实施或通过股东大会审议的则更少,仅为 94 家,说明高管薪酬中股权激励所占的比重很小。因此,本研究参考方军雄(2009、2011)以及何杰和王果(2011)的做法:直接以现金薪酬来衡量高管薪酬,并且以"董事前三名的薪酬"的自然对数作为董事长薪酬的替代变量,以"高管前三名薪酬"的自然对数作为总经理薪酬的替代变量,分别用 lnPay1 和 lnPay2 表示。

Performance 为公司会计业绩,分别用资产净利率(ROA)、扣除非经常性损益后净利润/总资产(RcEar)以及非经常性损益/总资产(NonRec)来表示。

方军雄(2009、2011)、吴育辉和吴世农(2010)以及徐经长和曾雪云(2010)研究结果显示,公司规模(Size)、财务杠杆(Lev)、公司成长性(MB)、地区因素(East、West)以及年度(Year)和行业(Ind)对高管薪酬都会产生影响,因此,本研究对这些变量进行了控制。表 4-1 报告了模型 4-1 中变量的具体衡量方法。

为了检验 H4-1 与 H4-2,本研究主要关注 α_1 的大小、符号及显著性;当 Performance 为 ROA 或 RcEar 时,预计 α_1 均应显著大于零,表明高管薪酬契约在缔结时广泛使用了基于会计信息(会计业绩)的契约条款;并且预计 Performance 为 ROA 时的 α_1 应显著小于 Performance 为 RcEar 时的

α_1，即扣除非经常性损益后的净利润在高管薪酬契约中的作用更大。

现有研究证明控制变量的回归系数的符号及显著性为 $Size$、MB 的回归系数应显著为正，说明公司规模越大，公司成长性越好，则高管薪酬越高。Lev 的回归系数显著为负，说明公司财务杠杆越高，则高管薪酬越小，这说明高管薪酬契约中不仅考虑公司的盈利能力，也赋予财务风险一定的权重；本研究进一步预计，由于国有企业存在预算软约束，因此国有企业的高管薪酬契约可能并不会考虑企业的财务风险，国有企业样本中 Lev 的回归系数可能不显著；另外，若公司过于重视以盈利能力来考核高管，可能造成对财务风险的忽视，也会导致 Lev 的回归系数不显著。$East$ 的回归系数应显著大于零，表示东部地区的高管薪酬显著高于中部地区的高管薪酬。$West$ 的回归系数应显著小于零，说明西部地区的高管薪酬显著小于中部地区的高管薪酬。

(2) 为了检验 H4-3，建立模型 4-2

$$\ln Pay_{i,t} = \beta_0 + \beta_1 RcEar_{i,t} + \beta_2(NSOE_{i,t} \times RcEar_{i,t}) +$$
$$\beta_3(Gov_{i,t} \times NOSE_{i,t} \times RcEar_{i,t}) + \beta_4(Gov_{i,t} \times RcEar_{i,t}) +$$
$$\beta_5(Gov_{i,t} \times NSOE_{i,t}) + \beta_6 Gov_{i,t} + \beta_7 NSOE_{i,t} + \beta_8 Size_{i,t} +$$
$$\beta_9 Lev_{i,t} + \beta_{10} MB_{i,t} + \beta_{11} East_{i,t} + \beta_{12} West_{i,t} +$$
$$\sum \beta_j Year_j + \sum \beta_k Ind_k + \mu_{i,t} \quad \text{(模型 4-2)}$$

$NSOE$ 为表示产权性质的哑变量，民营企业为 1，国有企业为 0。Gov 为政府干预哑变量，当政府干预大于样本中位数时为 1，表示政府干预低，否则为 0，表示政府干预高。政府干预数据来自樊纲等 (2010) 第 260 页"政府与市场的关系"数据，由于樊纲等 (2010) 只有到 2007 年的数据，本研究将 2008 年、2009 年及 2010 年的数据用 2007 年的数据代替[①]。其他变量含义及衡量方法如表 4-1 所示。

为了检验 H4-3，需要关注 β_2、β_3 的大小、符号及显著性。β_2 表示当政府干预高时 ($Gov=0$)，民营企业与国有企业中会计信息 ($RcEar$) 的薪酬契约有用性的差异，根据 H4-3a，预计 β_2 应显著大于 0。β_3 表示政

---

① 这种处理方法在国内研究中得到了较多运用，如夏立军和方轶强 (2005) 以 2000 年的市场化指数作为 2001—2003 年市场化指数的替代，高雷和宋顺林 (2007) 以 2002 年的市场化指数来替代 2002—2005 年的市场化指数。同时，本研究还依据过去各省市"政府与市场的关系"的均值为标准来划分政府干预程度，最后结果不变。

府干预低时（$Gov = 1$）比政府干预多时，民营企业与国有企业中会计信息（$RcEar$）的薪酬契约有用性的差异的变化，根据 H4-3b，预计 β_3 显著小于 0。另外，β_4 表示政府干预低与政府干预高时国有企业中会计信息（$RcEar$）的薪酬契约有用性的差异，预计 β_4 应显著大于 0，说明政府干预越低时，国有企业中会计信息（$RcEar$）的薪酬契约有用性越大。

（3）为了检验 H4-4，建立模型 4-3

$$\begin{aligned}\ln Pay_{i,t} = & \lambda_0 + \lambda_1 RcEar_{i,t} + \lambda_2(VR_{i,t} \times RcEar_{i,t}) + \\ & \lambda_3(MP_{i,t} \times VR_{i,t} \times RcEar_{i,t}) + \lambda_4(MP_{i,t} \times RcEar_{i,t}) + \\ & \lambda_5(MP_{i,t} \times VR_{i,t}) + \lambda_6 MP_{i,t} + \lambda_7 VR_{i,t} + \lambda_8 Size_{i,t} + \\ & \lambda_9 Lev_{i,t} + \lambda_{10} MB_{i,t} + \lambda_{11} East_{i,t} + \lambda_{12} West_{i,t} + \\ & \sum \lambda_j Year_j + \sum \lambda_k Ind_k + v_{i,t} \quad \text{（模型 4-3）}\end{aligned}$$

模型中的 VR 表示会计盈余的价值相关性，本研究参考班克尔等（2009）的方法来衡量。MP 为高管权力哑变量，当高管持股比例大于中位数时为 1，表示高管权力大；否则为 0，表示高管权力小。其他变量含义如表 4-1 所示。

为了检验 H4-4，本研究关注 λ_2、λ_3 的大小、符号及显著性。λ_2 表示高管权力小时（$MP = 0$），会计盈余价值相关性的提高对会计信息（$RcEar$）薪酬契约有用性的影响，根据 H4-4a，预计 λ_2 显著大于零。λ_3 表示高管权力大时（$MP = 1$），会计盈余价值相关性的提高对会计信息（$RcEar$）薪酬契约有用性的影响，根据 H4-4b，λ_3 不显著。此外，λ_4 表示当高管权力大时与高管权力小时会计信息（$RcEar$）薪酬契约有用性的差异，预计 λ_4 应显著小于零。

2. 会计盈余的价值相关性（VR）的衡量方法

本研究采用班克尔等（2009）的方法来衡量会计盈余的价值相关性（VR）。首先，估计盈余反应系数的价格模型：$P_{i,t} = \delta_0 + \delta_1 BPS_{i,t} + e_{i,t}$，获得该模型的决定系数 R^2_{BPS}；其次，再估计模型：$P_{i,t} = \gamma_0 + \gamma_1 EPS_{i,t} + \gamma_2 BPS_{i,t} + v_{i,t}$，获得该模型的决定系数 R^2_{EPS}；模型中的 P、EPS、BPS 分别表示第 $t+1$ 年 4 月末的收盘价、每股收益和每股净资产；最后，计算 $VR = (R^2_{EPS} - R^2_{BPS})/(1 - R^2_{BPS})$。

需要说明的是，由于高管薪酬行业差异很大，因此，本研究对上述两个模型分行业进行回归来得到相应的决定系数，在进行行业划分时，由于制造业的企业过多，因此将制造业再按二级代码进行划分，共得到 42 个行业。表4-2报告了分行业回归所得到的回归系数和决定系数的均值、1/4分位数、中位数和3/4分位数的统计结果。从 VR 的均值和中位数来看，VR 基本服从正态分布。

表4-1　　　　模型4-1至模型4-3中的变量定义

变量	含义	衡量方法
因变量：高管薪酬（lnPay）		
lnPay1	董事长薪酬	董事前三名的薪酬的自然对数（方军雄，2009，2011；何杰和王果，2011）
lnPay2	总经理薪酬	高管前三名的薪酬的自然对数（方军雄，2009，2011；何杰和王果，2011）
考察变量：公司会计业绩（Performance）		
ROA	净利润	净利润÷期末总资产，即资产净利率
RcEar	扣除非经常性损益后的净利润	扣除非经常性损益后的净利润÷期末总资产
NonRec	非经常性损益	非经常性损益÷期末总资产
考察变量：其他		
NSOE	产权性质	哑变量，民营企业取1，国有企业取0
Gov	政府干预	哑变量，当政府干预大于中位数时取1，表示政府干预低；否则取0，表示政府干预高；政府干预数据来自樊纲等（2010）
VR	会计盈余的价值相关性	依据班克尔等（2009）方法计算
MP	高管权力	哑变量，当高管持股比例大于中位数时为1，表示高管权力大；否则为0，表示高管权力小
控制变量		
Size	公司规模	公司当年营业收入的自然对数（方军雄，2009）
Lev	财务杠杆	负债总额÷资产总额
MB	公司成长性	公司市值÷账面净值
East	东部地区	哑变量，当公司处于东部地区时取1，否则取0；公司地区分类依据王小鲁和樊纲（2004）
West	西部地区	哑变量，当公司处于西部地区时取1，否则取0；公司地区分类依据王小鲁和樊纲（2004）
Year	年度	哑变量，以2007年为基组
Ind	行业	哑变量，以制造业为基组

注：(1) Gov 是表示政府干预的哑变量，政府干预数据来自樊纲等所著的《中国市场化指数——各地区市场化相对进程2009年报告》第260页"政府与市场的关系"；由于樊纲等（2010）只有到2007年的数据，本章将2008年、2009年及2010年的数据用2007年的数据代替。

(2) East 和 West 分别表示东部和西部地区哑变量，地区划分参考王小鲁和樊纲所著的《中国地区差距的变动趋势和影响因素》；东部地区包括京、津、冀、辽、沪、江、浙、闽、鲁、粤、琼11省市；中部包括晋、吉、黑、皖、赣、豫、鄂、湘8省；西部包括蒙、桂、渝、川、黔、云、藏、陕、甘、青、宁、疆12省市区。

表4-2　计算 VR 的盈余反应系数模型的回归结果及 VR 的计算结果

	均值	标准差	1/4 分位数	中位数	3/4 分位数
δ_1	2.658	1.291	1.905	2.630	2.994
γ_1	8.885	5.371	5.587	6.619	10.534
γ_2	1.495	0.700	1.015	1.410	1.832
R^2_{BPS}	0.406	0.140	0.288	0.418	0.508
R^2_{EPS}	0.497	0.142	0.394	0.523	0.591
VR	0.155	0.098	0.093	0.149	0.178

注：VR 为会计盈余的价值相关性，$VR = (R^2_{EPS} - R^2_{BPS})/(1 - R^2_{BPS})$。

3. 样本选择与数据来源

由于我国自 2007 年开始实施新企业会计准则，为了避免企业会计准则变更对研究结果的影响，本研究选择 2007—2010 年沪深 A 股上市公司为研究样本。在剔除所有者权益为负数的公司、金融业类上市公司以及数据不全的公司后共得到 6241 个观测值，在计算会计盈余的价值相关性（VR）时，由于相关数据缺失，共得到 6101 个观测值。表 4-3 报告了研究样本的年度和行业分布。

表4-3　　　　　　　样本的年度与行业分布

行业名称	2007 年	2008 年	2009 年	2010 年	合计
农林牧渔业	30	32	34	42	138
采掘业	30	35	34	40	139
制造业	811	819	899	1155	3684
电力、煤气及水的生产和供应业	59	58	61	65	243
建筑业	32	34	37	41	144
交通运输仓储业	59	57	65	70	251
信息技术业	80	84	107	149	420
批发和零售贸易业	84	84	89	105	362
房地产业	62	76	89	100	327
社会服务业	43	43	50	60	196
传播与文化产业	10	13	12	17	52
综合类	74	69	73	69	285
合计	1374	1404	1550	1913	6241

注：在计算会计盈余的价值相关性（VR）时，对制造业按二级代码再进行划分，共得到 42 个行业。

第四章 会计信息在高管薪酬契约中作用的实证检验

本章所使用数据来源：产权性质变量（NSOE）来自由北京色诺芬信息服务有限公司开发的 CCERDATA 数据库；政府干预数据来自樊纲等（2010）的"政府与市场的关系"数据。其他数据全部来自国泰安信息技术有限公司开发的 CSMAR 数据库。本研究的数据处理与分析使用 Stata11.2 软件。

四 实证结果与分析

1. 单变量分析

表4-4报告了变量的描述性统计结果。

表4-4　模型4-1至模型4-3中变量的描述性统计

变量	样本量	均值	标准差	中位数	最小值	最大值
lnPay1	6241	13.495	0.904	13.541	4.754	21.254
lnPay2	6241	13.663	0.816	13.675	0.693	21.264
ROA	6241	0.044	0.156	0.040	-2.746	7.696
RcEar	6241	0.024	0.130	0.028	-6.777	0.537
NonRec	6241	0.017	0.238	0.004	-0.258	12.941
NSOE	6241	0.447	0.497	0	0	1
Gov	6241	0.496	0.500	0	0	1
VR	6101	0.155	0.098	0.149	0.002	0.534
MP	6241	0.500	0.500	0	0	1
Size	6241	20.947	1.821	20.925	0.000	28.280
Lev	6241	0.474	0.207	0.486	0.000	1.000
MB	6241	2.299	12.319	1.679	0.477	955.110
East	6241	0.633	0.482	1	0	1
West	6241	0.173	0.379	0	0	1

注：本表中的数据均为依据原始数据的描述性统计结果；由于 ROA、RcEar 以及 NonRec 存在异常值，在本章此的研究中，对这三个变量在1%和99%分位数上进行 Winsorize 处理。

董事长薪酬（lnPay1）与总经理薪酬（lnPay2）的均值分别为 13.495 和 13.663，两者相差不大。

从 ROA、RcEar 以及 NonRec 的最大值和最小值来看，这三个变量均存在显著的异常值；为了克服这些异常值对研究结果的影响，在本章此后的研究中，对这三个变量在 1% 和 99% 分位数上进行 Winsorize 处理。Winsorize 处理之后 ROA 的最大值为 0.206，最小值为 -0.241；RcEar 的最大值为 0.174，最小值为 -0.231；NonRec 的最大值为 0.136，最小值为 -0.050。

East 的中位数为 1，说明样本中的东部地区企业显著多于中部和西部地区；均值为 0.633，说明六成以上的上市公司集中在东部地区。

为了更好地观察高管薪酬与会计业绩之间的关系，表 4-5 统计了 lnPay1、lnPay2 分别按 ROA、RcEar 以及 NonRec 的十分位数分组的均值。结果显示，随着 ROA、RcEar 的增加，lnPay1、lnPay2 的均值也逐渐增加；说明 lnPay1、lnPay2 与 ROA、RcEar 存在明显的正相关关系。而 lnPay1、lnPay2 与 NonRec 的关系则不明显。

表 4-5　lnPay1 和 lnPay2 按 ROA、RcEar 和 NonRec 十分位数分组的均值

	1	2	3	4	5	6	7	8	9	10
A 组：lnPay1 的均值											
按 ROA	13.02	13.12	13.25	13.34	13.55	13.61	13.70	13.68	13.84	13.84
按 RcEar	12.87	13.17	13.22	13.41	13.51	13.63	13.69	13.70	13.81	13.92
按 NonRec	13.39	13.55	13.50	13.54	13.61	13.56	13.54	13.54	13.50	13.21
B 组：lnPay2 的均值											
按 ROA	13.21	13.33	13.44	13.56	13.74	13.77	13.82	13.84	13.94	13.99
按 RcEar	13.09	13.37	13.44	13.62	13.66	13.79	13.82	13.83	13.93	14.08
按 NonRec	13.54	13.72	13.68	13.72	13.78	13.71	13.70	13.72	13.66	13.40

依据表 4-5 所作的图 4-1 和图 4-2 更直观地体现了这种关系。图 4-1 显示，lnPay1 与 RcEar 的正相关关系要略强于与 ROA 之间的正相关关系；而 lnPay1 与非经常性损益（NonRec）之间不存在线性关系。

图 4-2 也显示了 lnPay2 与 RcEar 的正相关关系要略强于与 ROA 之间的正相关关系；lnPay2 与非经常性损益（NonRec）之间不存在线性关系。

表 4-6 是主要变量之间的 Pearson 相关系数以及 Spearman 相关系数矩阵。lnPay1、lnPay2 与 ROA、RcEar 之间无论是 Pearson 相关系数还是 Spearman 相关系数均显著大于 0，且相关系数的值较大。这说明会计业绩

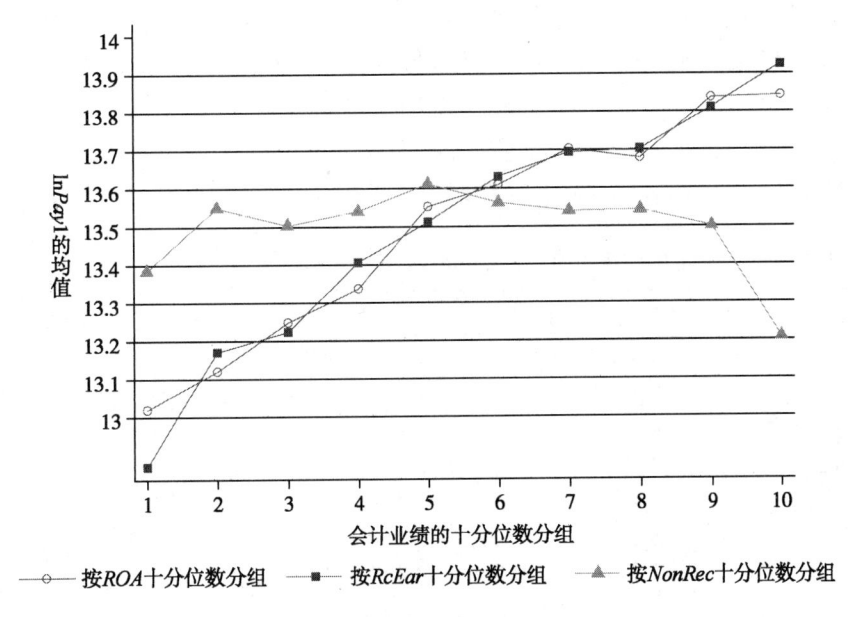

图 4-1　按会计业绩的十分位数分组的 lnPay1

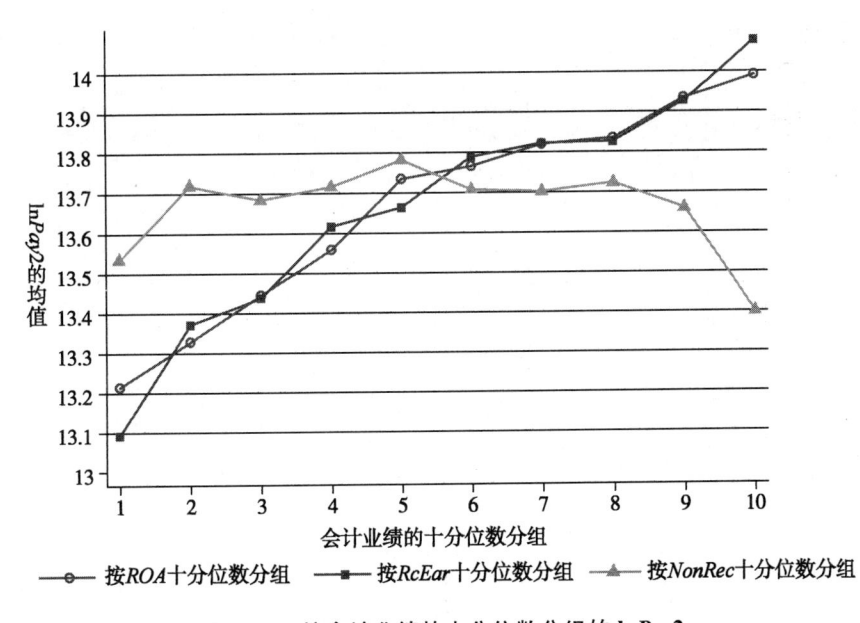

图 4-2　按会计业绩的十分位数分组的 lnPay2

信息在高管薪酬契约中起到了重要作用。同时，lnPay1、lnPay2 与 RcEar 之间的 Pearson 相关系数或 Spearman 相关系数均大于 lnPay1、lnPay2 与

ROA 之间的 Pearson 相关系数或 Spearman 相关系数，说明扣除非经常性损益后净利润的薪酬契约有用性大于扣除非经常性损益前净利润的薪酬契约有用性。lnPay1、lnPay2 与 NonRec 之间的 Pearson 相关系数或 Spearman 相关系数较小，且 Spearman 相关系数不显著，说明非经常性损益（NonRec）基本不具有显著的薪酬契约有用性。

表 4-6　主要变量之间的 Pearson 和 Spearman 相关系数矩阵

	lnPay1	lnPay2	ROA	RcEar	NonRec	NSOE	Gov	VR	MP	Size	Lev	MB	East	West
lnPay1	1.00	0.85 (0.00)	0.32 (0.00)	0.33 (0.00)	-0.01 (0.27)	0.04 (0.00)	0.17 (0.00)	-0.01 (0.46)	0.13 (0.00)	0.37 (0.00)	-0.01 (0.69)	-0.05 (0.00)	0.24 (0.00)	-0.17 (0.00)
lnPay2	0.82 (0.00)	1.00	0.32 (0.00)	0.33 (0.00)	-0.01 (0.48)	-0.09 (0.00)	0.16 (0.00)	-0.02 (0.14)	0.07 (0.00)	0.42 (0.00)	0.00 (0.87)	-0.05 (0.00)	0.25 (0.00)	-0.18 (0.00)
ROA	0.29 (0.00)	0.29 (0.00)	1.00	0.90 (0.00)	0.07 (0.00)	0.18 (0.00)	0.09 (0.00)	-0.01 (0.44)	0.11 (0.00)	0.09 (0.00)	-0.43 (0.00)	0.25 (0.00)	0.09 (0.00)	-0.07 (0.00)
RcEar	0.32 (0.00)	0.32 (0.00)	0.88 (0.00)	1.00	-0.20 (0.00)	0.17 (0.00)	0.08 (0.00)	-0.00 (0.87)	0.12 (0.00)	0.13 (0.00)	-0.45 (0.00)	0.19 (0.00)	0.06 (0.00)	-0.06 (0.00)
NonRec	-0.07 (0.00)	-0.07 (0.00)	0.18 (0.00)	-0.25 (0.00)	1.00	0.05 (0.00)	0.08 (0.00)	0.03 (0.03)	0.06 (0.00)	-0.15 (0.00)	-0.04 (0.00)	0.13 (0.00)	0.09 (0.00)	-0.04 (0.00)
NSOE	0.05 (0.00)	-0.07 (0.00)	0.13 (0.00)	0.12 (0.00)	0.04 (0.01)	1.00	0.19 (0.00)	-0.00 (0.79)	0.16 (0.00)	-0.30 (0.00)	-0.23 (0.00)	0.17 (0.00)	0.13 (0.00)	-0.06 (0.00)
Gov	0.16 (0.00)	0.15 (0.00)	0.08 (0.00)	0.07 (0.00)	0.04 (0.01)	0.19 (0.00)	1.00	-0.04 (0.00)	0.13 (0.00)	-0.03 (0.01)	-0.09 (0.00)	0.00 (0.76)	0.44 (0.00)	-0.24 (0.00)
VR	0.01 (0.41)	-0.01 (0.67)	0.00 (0.72)	0.01 (0.61)	-0.01 (0.63)	-0.01 (0.27)	-0.03 (0.01)	1.00	0.08 (0.00)	0.10 (0.00)	0.07 (0.00)	0.06 (0.00)	-0.04 (0.00)	0.04 (0.00)
MP	0.13 (0.00)	0.07 (0.00)	0.09 (0.00)	0.09 (0.00)	-0.01 (0.63)	0.16 (0.00)	0.13 (0.00)	0.07 (0.00)	1.00	-0.05 (0.00)	-0.11 (0.00)	0.02 (0.08)	0.11 (0.00)	-0.09 (0.00)
Size	0.36 (0.00)	0.41 (0.00)	0.15 (0.00)	0.21 (0.00)	-0.16 (0.00)	-0.30 (0.00)	-0.04 (0.00)	0.08 (0.00)	-0.06 (0.00)	1.00	0.39 (0.00)	-0.34 (0.00)	0.05 (0.00)	-0.09 (0.00)
Lev	-0.02 (0.24)	-0.00 (0.88)	-0.37 (0.00)	-0.40 (0.00)	0.02 (0.06)	-0.24 (0.00)	-0.09 (0.00)	0.04 (0.00)	-0.12 (0.00)	0.35 (0.00)	1.00	-0.29 (0.00)	-0.10 (0.00)	0.07 (0.00)
MB	-0.06 (0.00)	-0.06 (0.00)	0.11 (0.00)	0.03 (0.00)	0.13 (0.01)	0.12 (0.00)	0.00 (0.00)	0.07 (0.71)	-0.02 (0.00)	-0.35 (0.06)	-0.19 (0.00)	1.00	-0.04 (0.00)	0.03 (0.01)
East	0.23 (0.00)	0.24 (0.00)	0.07 (0.00)	0.05 (0.00)	0.04 (0.00)	0.13 (0.00)	0.44 (0.00)	-0.04 (0.00)	0.11 (0.00)	0.05 (0.00)	-0.10 (0.00)	-0.02 (0.20)	1.00	-0.60 (0.00)
West	-0.16 (0.00)	-0.17 (0.00)	-0.05 (0.00)	-0.05 (0.00)	-0.00 (0.76)	-0.06 (0.00)	-0.24 (0.00)	0.05 (0.00)	-0.09 (0.00)	-0.08 (0.00)	0.07 (0.00)	0.02 (0.10)	-0.60 (0.00)	1.00

注：右上角是 Spearman 相关系数，左下角是 Pearson 相关系数，括号中的数字为显著性水平 p 值。

以上单变量分析的结果均证明会计业绩信息具有薪酬契约有用性,初步支持了假说 H4-1;扣除非经常性损益后净利润与高管薪酬之间的关系略强于扣除非经常性损益前净利润与高管薪酬之间的关系,一定程度上支持了假说 H4-2a。非经常性损益与高管薪酬之间不具有显著的线性关系,而且也很难发现它们之间有什么非线性关系,说明高管薪酬契约中基本不使用基于非经常性损益的契约条款,结果支持了假说 H4-2b。

2. 多变量回归分析

本研究采用 OLS 估计方法对模型 4-1、模型 4-2 以及模型 4-3 进行估计。

(1) 模型 4-1 的估计结果及分析

表 4-7 报告了模型 4-1 的 OLS 估计结果。

表 4-7　　　　　　　　模型 4-1 的 OLS 估计结果

	预期符号	ln$Pay1$			ln$Pay2$		
		(1)	(2)	(3)	(4)	(5)	(6)
ROA	+	3.273*** (14.37)			2.760*** (14.27)		
$RcEar$	+		3.873*** (16.67)			3.138*** (15.86)	
$NonRec$	?			-0.434 (-0.77)			-0.172 (-0.35)
$Size$	+	0.168*** (15.28)	0.146*** (12.52)	0.193*** (15.32)	0.175*** (15.78)	0.157*** (13.70)	0.196*** (15.53)
Lev	-	-0.115* (-1.69)	0.044 (0.63)	-0.514*** (-7.94)	-0.109* (-1.76)	0.006 (0.09)	-0.449*** (-7.43)
MB	+	0.002* (1.88)	0.003*** (3.01)	0.003** (2.54)	0.002** (2.31)	0.004*** (3.01)	0.004*** (2.69)
$East$	+	0.324*** (12.31)	0.338*** (12.88)	0.327*** (11.99)	0.282*** (12.78)	0.293*** (13.31)	0.284*** (12.37)
$West$	-	-0.029 (-0.89)	-0.028 (-0.84)	-0.031 (-0.90)	-0.034 (-1.27)	-0.033 (-1.23)	-0.036 (-1.28)
$Constant$	?	9.401*** (43.66)	9.832*** (43.38)	9.218*** (36.80)	9.467*** (43.87)	9.809*** (44.14)	9.298*** (37.21)

续表

	预期符号	lnPay1			lnPay2		
		(1)	(2)	(3)	(4)	(5)	(6)
Year 及 Ind		控制	控制	控制	控制	控制	控制
R^2		0.268	0.273	0.231	0.310	0.312	0.278
adj. R^2		0.266	0.271	0.229	0.308	0.309	0.275
F		76.641	77.895	54.785	95.414	100.260	73.681
N		6241	6241	6241	6241	6241	6241
Vuong test		−1.40（p<0.161）		—	−0.52（p<0.599）		—

注：括号内的数字为根据异方差——稳健性标准误计算的 t 值；Vuong test 用于比较模型（1）与模型（2）的决定系数之差以及模型（5）与模型（6）的决定系数之差是否显著，−1.40 和 −0.52 为 Vuong 检验的 z 值；* $p<0.1$、** $p<0.05$、*** $p<0.01$。

ROA 与 RcEar 的回归系数较大，且显著为正，说明样本企业的高管薪酬契约中使用了基于会计盈余的契约条款，因而使高管现金薪酬与会计盈余之间呈现较大且较显著的敏感性，回归结果支持了假说 H4-1。

RcEar 的回归系数均大于 ROA 的回归系数，说明高管现金薪酬与 RcEar 的敏感性高于其与 ROA 的敏感性，因此可以说明扣除非经常性损益后净利润在样本企业高管薪酬契约中的作用更大。为了进一步提高检验的强度，本研究采用 Vuong 检验（Vuong，1989）来检验扣除非经常性损益后净利润与扣除非经常性损益净利润前净利润的薪酬契约有用性的差异，这一方法在国内外研究中得到了应用，如德邹（1994）以及姜金香等（2005）；Vuong 检验的结果显示，ROA 无论是在董事长薪酬契约中的作用，还是在总经理薪酬契约中的作用均略小于 RcEar，这也与单变量分析的结果一致。回归结果上支持了假说 H4-2a。

NonRec 的回归系数不显著，说明高管现金薪酬对非经常性损益不敏感，即高管薪酬契约不会使用非经常性损益作为契约条款，结果支持了假说 H4-2b。

控制变量的回归系数的大小、符号及显著性大多与预期一致。Size 回归系数显著为正，说明公司规模越大，高管薪酬越高。Lev 的回归系为负，说明财务风险越高，有偿债压力的企业，高管薪酬越低；但使用不同的企业业绩衡量标准，Lev 的显著性不同①。MB 的回归系数显著为正，说明企业成长性越好，则高管薪酬越高。$East$ 的回归系数显著为正，说明东部地区高管薪酬显著高于中部地区。$West$ 的回归系数为负，但不显著，说明西部地区高管薪酬略低于中部地区。与预期结果一致，中、东部地区高管薪酬的差距要大于中、西部地区高管薪酬的差距。

为了进一步观察不同会计业绩的薪酬契约有用性的差异，本研究对模型 4-1 进行了分年度的 OLS 估计，表 4-8 报告了估计结果。从 ROA 和 $RcEar$ 的回归系数来看，会计信息契约有用性总体上呈逐年增加的趋势，说明上市公司高管薪酬契约的有效性逐步增加，公司治理日趋完善。再从各年 ROA 和 $RcEar$ 的回归系数比较来看，任何一年的 ROA 的回归系数均低于 $RcEar$ 的回归系数，说明 ROA 的薪酬契约有用性低于 $RcEar$ 的薪酬契约有用性；Vuong 检验的 z 值要么显著小于零，要么不显著，也从整体上一定程度证明 ROA 的薪酬契约有用性低于 $RcEar$ 的薪酬契约有用性。

模型 4-1 的 OLS 估计结果表明，企业在设计高管薪酬契约时能够区别可靠性不同的会计盈余项目，能够将容易受高管操纵的、可靠性较差的非经常性损益项目排除在薪酬契约条款之外，提高了高管薪酬契约的激励效应，起到了较好的公司治理效果。同时研究结果也与巴伯等（1998）以及那瓦滋等（2006）研究结论一致，盈余项目的持续性不同，高管薪酬与会计盈余的相关性不同，持续性较高的 $RcEar$ 项目在高管薪酬契约中被赋予了更大权重。

（2）模型 4-2 的估计结果及分析

模型 4-2 研究了制度环境对会计信息契约有用性的影响，具体来说研究不同产权性质企业的委托人目标和代理人行为不同，而导致会计信息的薪酬契约有用性存在的差异，并且这种差异是由政府干预导致的。

由于模型 4-1 的估计结果表明 $RcEar$ 的薪酬契约有用性高于 ROA 的薪酬契约有用性，因此在模型 4-2 中使用 $RcEar$ 作为会计业绩。

---

① 值得特别说明的是，当高管薪酬契约使用 $RcEar$ 时，Lev 的回归系数均不显著，这也与原来的预期一致，说明当高管薪酬契约更多以盈利能力来考核高管时，可能就忽视了对高管控制财务风险的要求；即此时高管薪酬契约更多地用于控制股权的代理成本，而忽视了债务的代理成本，而股东价值最大化需要权衡这两种代理成本的大小，因此，这种高管薪酬契约的激励效应有待检验；从债权人的角度来看，股东设计高管薪酬契约忽视了债权人的利益，这可以说是高管薪酬契约的经济外部性。

表 4-8　模型 4-1 分年度的 OLS 估计结果

A 组：因变量 $\ln Pay1$

	2007 年			2008 年			2009 年			2010 年		
	(1)	(2)	(3)	(4)	(5)	(6)	(7)	(8)	(9)	(10)	(11)	(12)
ROA	1.782*** (4.07)			2.996*** (7.55)			3.093*** (6.54)			4.945*** (10.46)		
RcEar		3.345*** (7.25)			3.188*** (7.34)			3.546*** (7.45)			5.255*** (11.12)	
NonRec			-2.269** (-2.06)			0.806 (0.78)			-0.424 (-0.38)			-0.228 (-0.19)
Size	0.247*** (9.75)	0.209*** (8.06)	0.263*** (10.52)	0.177*** (7.89)	0.160*** (6.39)	0.206*** (7.43)	0.182*** (10.16)	0.173*** (10.11)	0.216*** (10.97)	0.154*** (10.61)	0.130*** (6.98)	0.187*** (8.73)
Lev	-0.310** (-2.11)	-0.011 (-0.07)	-0.448*** (-3.19)	-0.187 (-1.31)	-0.097 (-0.64)	-0.651*** (-4.81)	-0.173 (-1.35)	-0.087 (-0.68)	-0.602*** (-5.29)	0.109 (0.99)	0.268** (2.17)	-0.394*** (-3.26)
MB	0.067*** (3.02)	0.066*** (3.00)	0.091*** (4.27)	0.022*** (4.27)	0.026*** (4.12)	0.030*** (4.04)	0.036*** (2.62)	0.044*** (3.74)	0.045*** (3.55)	0.000 (0.40)	0.002*** (5.49)	0.002*** (3.45)
East	0.429*** (7.23)	0.440*** (7.55)	0.433*** (7.27)	0.323*** (6.13)	0.338*** (6.38)	0.319*** (5.79)	0.298*** (5.79)	0.317*** (6.13)	0.315*** (5.96)	0.274*** (5.78)	0.288*** (6.04)	0.277*** (5.50)
West	-0.019 (-0.26)	-0.022 (-0.31)	-0.018 (-0.24)	-0.048 (-0.71)	-0.052 (-0.79)	-0.056 (-0.81)	-0.029 (-0.46)	-0.020 (-0.32)	-0.016 (-0.24)	0.006 (0.10)	0.013 (0.21)	-0.001 (-0.01)
Ind	控制	控制	控制	控制	控制	控制	控制	控制	控制	控制	控制	控制
R^2	0.284	0.302	0.277	0.250	0.247	0.210	0.252	0.257	0.217	0.255	0.251	0.193
$adj.\ R^2$	0.275	0.293	0.268	0.241	0.238	0.201	0.244	0.249	0.208	0.248	0.244	0.186
F	20.408	24.497	21.967	27.590	22.531	15.229	27.183	29.962	18.648	80.467	58.414	38.777
N	1374	1374	1374	1404	1404	1404	1550	1550	1550	1913	1913	1913
Vuong test	-2.39 (p<0.017)		—	0.5490 (p<0.58)		—	-0.91 (p<0.36)		—	0.57 (p<0.57)		—

续表

B 组：因变量 ln$Pay2$

	2007 年			2008 年			2009 年			2010 年	
	(1)	(2)	(3)	(4)	(5)	(6)	(7)	(8)	(9)	(10)	(11)	(12)
ROA	1.537*** (4.13)			2.223*** (6.14)			2.648*** (7.55)			4.150*** (9.21)		
RcEar		2.448*** (6.44)			2.437*** (6.47)			3.014*** (8.03)			4.317*** (9.61)	
NonRec			−1.510 (−1.58)			0.347 (0.41)			−0.203 (−0.21)			−0.149 (−0.13)
Size	0.237*** (10.21)	0.213*** (8.74)	0.253*** (10.44)	0.192*** (8.87)	0.179*** (7.55)	0.213*** (8.37)	0.200*** (9.77)	0.192*** (10.01)	0.229*** (9.97)	0.165*** (9.81)	0.146*** (7.61)	0.193*** (8.40)
Lev	−0.243** (−2.08)	−0.049 (−0.39)	−0.371*** (−3.19)	−0.264** (−2.07)	−0.186 (−1.39)	−0.605*** (−5.08)	−0.229* (−1.87)	−0.158 (−1.29)	−0.597*** (−5.41)	0.116 (1.07)	0.237* (1.59)	−0.307*** (−2.58)
MB	0.073*** (3.92)	0.074*** (4.25)	0.092*** (5.37)	0.031*** (5.76)	0.033*** (5.34)	0.037*** (5.11)	0.044*** (3.96)	0.050*** (5.37)	0.051*** (4.73)	0.001*** (2.57)	0.003*** (6.57)	0.002*** (4.51)
East	0.357*** (7.49)	0.365*** (7.75)	0.359*** (7.46)	0.320*** (7.00)	0.331*** (7.20)	0.318*** (6.72)	0.283*** (6.68)	0.299*** (7.04)	0.298*** (6.79)	0.209*** (5.22)	0.221*** (5.47)	0.211*** (4.96)
West	−0.022 (−0.39)	−0.024 (−0.43)	−0.021 (−0.37)	−0.015 (−0.27)	−0.019 (−0.34)	−0.022 (−0.38)	−0.059 (−1.10)	−0.051 (−0.96)	−0.048 (−0.87)	−0.003 (−0.06)	0.002 (0.05)	−0.009 (−0.18)
Ind	控制	控制	控制	控制	控制	控制	控制	控制	控制	控制	控制	控制
adj. R^2	0.319	0.329	0.310	0.282	0.282	0.255	0.323	0.328	0.289	0.266	0.261	0.216
F	25.658	29.415	29.023	33.601	30.681	21.306	32.135	34.763	22.997	73.069	41.296	26.444
N	1374	1374	1374	1404	1404	1404	1550	1550	1550	1913	1913	1913
Vuong test	−1.69 (p<0.09)		—	0.09 (p<0.93)		—	−0.86 (p<0.39)		—	0.80 (p<0.42)		—

注：由于篇幅所限没有报告常数项；括号内的数字为根据异方差—稳健性标准误计算的 t 值；* p < 0.1，** p < 0.05，*** p < 0.01。

表4-9报告了模型4-2的OLS估计结果。当因变量为lnPay1时，NSOE×RcEar以及Gov×NSOE×RcEar的回归系数的符号和显著性均符合预期；而当因变量为lnPay2时，NSOE×RcEar以及Gov×NSOE×RcEar的回归系数的符号和显著性均不符合预期；说明假说H4-3a、H4-3b仅对董事长薪酬成立。以下主要解释当因变量为lnPay1时的回归结果，即表4-9中模型（1）至模型（4）的回归结果。

表4-9中的模型（1）为不考虑政府干预（Gov）时，产权性质对会计信息薪酬契约有用性的影响。NSOE×RcEar的回归系数为正，但不显著，说明当不考虑政府干预时，不同产权性质企业的会计信息在董事长薪酬契约中的有用性不存在显著差异。如果考虑政府干预后，不同产权性质企业的会计信息薪酬契约有用性存在显著差异，那么可以说，这种差异是由政府干预导致的。

表4-9中的模型（2）为考虑政府干预（Gov）时，产权性质对会计信息薪酬契约有用性的影响。NSOE×RcEar的回归系数表示当政府干预较多时（Gov=0），民营企业与国有企业RcEar薪酬契约有用性的差异；该回归系数显著为正，表明当政府干预多时，民营企业RcEar在董事长薪酬契约中的作用高于国有企业。这与假说H4-3a与假说H4-3b的预期结果一致；由于政府干预，国有企业肩负很多政策性负担，因而不能单纯依赖会计业绩来衡量企业高管（董事长）的努力程度，因而会出现很多替代性的激励机制，如政治晋升和在职消费等，这就降低了会计业绩在国有企业高管薪酬契约中的作用；即国有企业与民营企业中RcEar薪酬契约有用性的差异是由政府干预导致的。以上结果表明，会计信息在董事长的薪酬契约中的作用更容易受产权性质的影响，这与国有企业的制度背景是一致的。在国有企业中，董事长甚至有行政级别，在政府干预较多时，在对董事长的考核中，会计业绩的权重更少，而政治晋升的权重更大，这就导致两类企业的会计业绩在董事长薪酬契约中作用的差异更显著。Gov×NSOE×RcEar的回归系数表示，与政府干预水平高时（Gov=0）民营企业和国有企业RcEar薪酬契约有用性的差异（NSOE×RcEar的全样本回归系数）相比，当政府干预水平低时（Gov=1）民营企业与国有企业RcEar薪酬契约有用性的差异会有什么变化。该回归系数显著小于0，说明当政府干预水平低时，两类企业RcEar薪酬契约有用性的差异变小了。这进一步说明，两类不同产权性质企业中会计信息（RcEar）薪酬契约

有用性的差异是由政府干预导致的，研究结果支持了 H4-3b。$Gov \times RcEar$ 的回归系数表示，在国有企业（$NSOE = 0$）中，政府干预水平的高低导致会计信息薪酬契约有用性的差别。该回归系数为正，但不显著；这说明有微弱证据表明，随着政府干预水平的降低，国有企业中会计信息（$RcEar$）的薪酬契约有用性有所提高。

表 4-9　　　　　　　　　模型 4-2 的 OLS 估计结果

	预期符号	(1) lnPay1 全样本	(2) lnPay1 全样本	(3) lnPay1 政府干预多	(4) lnPay1 政府干预少	(5) lnPay2 全样本	(6) lnPay2 全样本	(7) lnPay2 政府干预多	(8) lnPay2 政府干预少
$RcEar$	+	3.444*** (12.07)	3.158*** (10.22)	3.292*** (9.35)	3.873*** (8.69)	3.351*** (13.07)	3.213*** (10.06)	3.130*** (9.67)	3.668*** (9.65)
$NSOE \times RcEar$	+	0.644 (1.55)	1.193** (2.52)	1.262** (2.28)	-0.491 (-0.82)	-0.232 (-0.66)	-0.099 (-0.20)	-0.100 (-0.20)	-0.690 (-1.44)
$Gov \times NSOE \times RcEar$	-		-1.246* (-1.78)				-0.267 (-0.38)		
$Gov \times RcEar$	+		0.662 (1.38)				0.239 (0.49)		
$Gov \times NSOE$	?		0.009 (0.19)				-0.090** (-2.17)		
Gov	+		0.113*** (3.75)				0.153*** (5.56)		
$NSOE$	?	0.091*** (3.45)	0.077** (2.39)	0.074* (1.87)	0.089** (2.46)	-0.078*** (-3.28)	-0.045 (-1.34)	-0.041 (-1.13)	-0.138*** (-4.44)
$Size$	+	0.154*** (12.16)	0.155*** (23.10)	0.152*** (10.11)	0.184*** (8.71)	0.151*** (13.01)	0.152*** (12.94)	0.161*** (10.80)	0.166*** (9.17)
Lev	-	0.064 (0.91)	0.061 (1.02)	0.124 (1.32)	-0.029 (-0.26)	-0.009 (-0.14)	-0.007 (-0.11)	-0.027 (-0.30)	-0.010 (-0.11)
MB	+	0.003*** (3.03)	0.003*** (3.66)	0.003*** (3.93)	0.051*** (3.58)	0.003*** (2.97)	0.003*** (2.97)	0.003*** (3.90)	0.053*** (5.64)
$East$	+	0.322*** (12.24)	0.269*** (9.66)	0.183*** (5.32)	0.447*** (9.14)	0.305*** (13.67)	0.255*** (10.19)	0.157*** (5.05)	0.455*** (10.86)
$West$	-	-0.029 (-0.89)	-0.036 (-1.11)	-0.011 (-0.30)	-0.067 (-1.01)	-0.031 (-1.17)	-0.037 (-1.36)	-0.026 (-0.86)	-0.015 (-0.28)
$Constant$	?	9.522*** (37.71)	9.507*** (64.30)	9.536*** (31.67)	8.988*** (20.75)	9.799*** (42.27)	9.771*** (41.68)	9.606*** (32.51)	9.424*** (24.82)
Year 及 Ind		控制	控制	控制	控制	控制	控制	控制	控制
adj. R^2		0.274	0.277	0.259	0.273	0.311	0.316	0.299	0.322
F		70.280	93.029	36.061	35.548	95.585	84.885	48.196	52.053
N		6241	6241	3147	3094	6241	6241	3147	3094

注：当 $Gov = 0$ 时表示政府干预多，当 $Gov = 1$ 时表示政府干预少；括号内的值是根据异方差——稳健性标准误计算的 t 值；* $p < 0.1$、** $p < 0.05$、*** $p < 0.01$。

表4-9中的模型（3）和模型（4）是按政府干预水平将全样本分成政府干预多和政府干预少两组，然后再进行 OLS 估计的结果。$NSOE \times RcEar$ 的回归系数在政府干预较多的样本中显著为正，而在政府干预较少的样本中不显著，回归结果同样支持了假说 H4-3a 和假说 H4-3b。分样本的回归结果与全样本的回归结果一致，表明研究结果是可靠的[①]。

模型4-2的全样本和分样本的 OLS 估计结果表明，民营企业中会计信息的薪酬契约有用性高于国有企业，这种差异是由政府对国有企业的干预导致的，研究结果支持了假说 H4-3a 和假说 H4-3b。本书还发现，以上结论仅在董事长薪酬契约中成立，在总经理薪酬契约中不成立。因为政府对国有企业董事长的考核是比较全面的，如社会责任、企业战略、促进就业等，而不是单纯的会计业绩，因而导致董事长薪酬契约中会计业绩的比重较少，政治晋升或在职消费的比重较大。这与民营企业对董事长的考核差异较大，因而导致会计信息在这两类企业董事长薪酬契约中作用的差异较大，并且政府干预越多时，这种差异越大。而国有企业对总经理的考核更趋于市场化，这与民营企业对总经理的考核差异不大，因而会计信息在两类企业总经理薪酬契约中作用的差异并不显著。

（3）模型4-3的 OLS 估计结果

表4-10报告了模型4-3的 OLS 估计结果，分析如下：

首先分析假说 H4-4a 的检验结果。在模型（1）和模型（2）中，$RcEar$ 的回归系数显著为正，说明当 VR 取均值时，$RcEar$ 具有显著的薪酬契约有用性。$VR \times RcEar$ 的回归系数显著为正，说明随着会计盈余价值相关性的提高，会计信息的薪酬契约有用性也逐渐提高。以上结果支持了假说 H4-4a，表明中国上市公司高管薪酬契约能够有效使用具有价值相关性的会计盈余作为契约条款，这一方面能够克服使用容易被高管操纵的会计盈余作为契约条款的缺陷；另一方面，能弥补高管薪酬契约中未考虑价值指标的不足，也是股权激励的一种替代形式。与班克尔等（2009）一致，对 VR 的回归系数的大小、符号及显著性不作预期，其与高管薪酬不具有显著的线性关系；因为高管薪酬水平不仅受会计盈余的价值相关性这一质量特征的影响，还受会计盈余水平大小的影响。

---

① 表4-9中模型（2）的最大 VIF 为5.58，说明模型4-2中变量的共线性较小，因而全样本与按 Gov 进行分样本回归的结果是一致的，研究结果是可靠的。

其次分析假说 H4-4b 的检验结果。本研究主要关注全样本回归中 $VR \times RcEar$ 与 $MP \times VR \times RcEar$ 回归系数的大小、符号及显著性，以及分样本回归中 $VR \times RcEar$ 回归系数的大小、符号及显著性。表 4-10 中的模型（3）和模型（6）是全样本回归结果①：$VR \times RcEar$ 的回归系数表示当高管权力小时（$MP=0$）会计盈余价值相关性的提高对会计信息薪酬契约有用性的影响，该回归系数显著为正，表明高管权力较低时，会计盈余价值相关性越高，则会计信息的薪酬契约有用性越大；$MP \times VR \times RcEar$ 的回归系数表示当高管权力变大时，会计盈余价值相关性对会计信息薪酬契约有用性的影响会有什么变化；该回归系数显著为负，说明随着高管权力的变大，高质量的会计信息对会计信息薪酬契约有用性的积极影响在下降。全样本的回归结果支持了假说 H4-4b。另外，$MP \times RcEar$ 的回归系数显著为正，这与权小锋等（2010）的研究结果一致，即高管权力增加了薪酬业绩敏感度。分样本的回归结果：$VR \times RcEar$ 的回归系数在高管权力小的样本中显著为正，而在高管权力大的样本中不显著，且回归系数很小，说明具有较高价值相关性的会计盈余仅在高管权力较低时才提高了会计信息在高管薪酬契约中的权重；与全样本的回归结果一致，表明研究结果是可靠的。

表 4-10　　　　　　　　　模型 4-3 的 OLS 估计结果

	预期符号	H4-4a 的检验		H4-4b 的检验					
		ln$Pay1$	ln$Pay2$	ln$Pay1$			ln$Pay2$		
		(1)	(2)	(3)	(4)	(5)	(6)	(7)	(8)
		全样本	全样本	全样本	高管权力小	高管权力大	全样本	高管权力小	高管权力大
$RcEar$	+	2.982*** (7.77)	2.279*** (7.09)	1.949*** (4.06)	1.834*** (3.69)	3.826*** (6.21)	1.258*** (3.31)	1.242*** (3.26)	3.121*** (5.65)
$VR \times RcEar$	+	3.880** (2.15)	3.472** (2.21)	6.926*** (2.87)	6.666*** (2.85)	-0.110 (-0.04)	8.057*** (3.95)	8.075*** (4.07)	-1.592 (-0.64)
$MP \times VR \times RcEar$	-			-6.424* (-1.77)			-8.935*** (-2.87)		
$MP \times RcEar$	?			1.826** (2.38)			1.903*** (2.93)		

---

① 表 4-10 中模型（3）和模型（6）的最大 VIF 和平均 VIF 分别为 8.58 和 2.68。

续表

	预期符号	H4-4a 的检验		H4-4b 的检验					
		lnPay1	lnPay2	lnPay1			lnPay2		
		(1)	(2)	(3)	(4)	(5)	(6)	(7)	(8)
		全样本	全样本	全样本	高管权力小	高管权力大	全样本	高管权力小	高管权力大
MP × VR	?			-0.373 (-1.53)			-0.492** (-2.21)		
MP	+			0.266*** (5.53)			0.188*** (4.43)		
VR	?	-0.184 (-1.28)	-0.196 (-1.50)	0.070 (0.37)	0.260 (1.26)	-0.407** (-2.03)	0.153 (0.89)	0.255 (1.34)	-0.374** (-2.06)
Size	+	0.194*** (19.59)	0.216*** (24.18)	0.198*** (20.19)	0.199*** (15.70)	0.205*** (13.43)	0.218*** (24.56)	0.209*** (20.88)	0.234*** (14.39)
Lev	-	-0.076 (-1.09)	-0.150** (-2.50)	-0.036 (-0.53)	-0.170* (-1.84)	0.077 (0.80)	-0.130** (-2.21)	-0.188** (-2.48)	-0.098 (-1.06)
MB	+	0.026** (2.05)	0.038*** (3.93)	0.030* (2.39)	0.011 (1.02)	0.058*** (2.79)	0.041*** (4.23)	0.025*** (3.23)	0.064*** (3.75)
East	+	0.337*** (12.80)	0.296*** (13.57)	0.318*** (12.09)	0.226*** (6.11)	0.426*** (11.18)	0.285*** (13.06)	0.206*** (7.05)	0.380*** (11.58)
West	-	0.002 (0.07)	0.005 (0.18)	0.012 (0.38)	-0.049 (-1.13)	0.083 (1.63)	0.007 (0.27)	-0.033 (-1.01)	0.053 (1.22)
Constant	?	8.865*** (46.09)	8.598*** (48.90)	8.602*** (44.91)	8.752*** (34.30)	8.541*** (28.43)	8.443*** (48.45)	8.761*** (43.24)	8.148*** (25.45)
Year 及 Ind		控制	控制	控制	控制	控制	控制	控制	控制
adj. R^2		0.270	0.319	0.287	0.262	0.295	0.327	0.341	0.315
F		91.677	120.424	85.959	50.528	50.158	106.696	69.444	62.443
N		6101	6101	6101	3031	3070	6101	3031	3070

注：当 $MP=0$ 时表示高管权力小，当 $MP=1$ 时表示高管权力大；括号内的值是根据异方差——稳健性标准误计算的 t 值；* $p<0.1$、** $p<0.05$、*** $p<0.01$。

研究结果说明，高质量的会计信息能够提高高管薪酬契约中会计业绩的权重，中国上市公司正用具有高价值相关性的会计盈余来弥补容易被高管操纵的盈余信息在高管薪酬契约中使用的不足，也是股权激励的一种替代方式，这是目前上市公司采用股权激励较少的原因之一。同时研究结果也证明了当高管权力过高时，高管可能决定薪酬契约的设计，甚至自定薪酬，降低了会计业绩指标在薪酬契约中的权重，使高管薪酬与会计业绩之间的敏感性下降；并且，当高管权力过高时，即便价值相关性很高的会计信息也没能提高薪酬契约中会计业绩的权重，说明高管权力对高管薪酬水平有决定性的影响。

五 稳健性检验

假说 H4-1、H4-2 的混合 OLS 估计结果（见表4-7）与分年度的 OLS 结果（见表4-8）一致，说明研究结果是可靠的。以下主要对假说 H4-3、假说 H4-4 进行稳健性检验。

1. 政府干预的重新衡量

模型4-2是假说H4-3的检验模型，其中以樊纲等（2010）的"政府与市场的关系"指数为基础来衡量政府干预（Gov），为了减少变量衡量误差对研究结果的影响，需要对政府干预变量进行重新衡量。白等（Bai等，2000）认为当各地方政府的财政赤字越高时，越有动机利用国有企业去实现当地的社会及政治目标，对国有企业的干预越多。因此，本研究以各省区财政赤字为基础对政府干预变量进行了重新衡量，并用符号 Gov1 表示，这一方法也被潘红波等（2008）以及常和王（2009）所采用。

具体来说，按各省区财政赤字与 GDP 的比值大于中位数时 Gov1 取值为1，表明财政赤字少，政府干预少；否则为0，表明财政赤字多，政府干预多。各省区财政赤字和 GDP 数据来自 CSMAR 数据库，但由于仅查到至2006年的财政赤字数据，因此，本研究计算各省区2000—2006年平均财政赤字及 GDP，然后确定 Gov1 作为各省区2007—2010年政府干预的替代变量。

表4-11报告了重新衡量政府干预后的回归结果。表4-11中的模型（1）与模型（5）不涉及政府干预，因此与表4-9中的结果一致；其他模型的结果与表4-9中的结果基本一致，同样支持假说 H4-3a 和假说 H4-3b。而且政府干预导致不同产权性质企业会计信息薪酬契约有用性的差异仅存在于董事长薪酬契约中，这一结果也与表4-9中的结果一致，表明研究结果是稳健的。

2. 高管权力的重新衡量

吴育辉和吴世农（2010）以董事长与总经理两职是否合一来衡量高管权力。本研究也采用这一衡量方法对高管权力进行了重新衡量，用符号 MP1 表示。

当两职合一时，MP1 取值为1，表示高管权力大，否则 MP1 取值为0，表示高管权力小。"董事长与总经理两职是否合一"数据来自 CSMAR 数据库，在删除缺失值后，共得到6054个观测值。

表4-12报告了依据模型4-3及重新衡量的高管权力（MP1）对假说 H4-4 的稳健性检验结果。假说 H4-4a 的检验不涉及高管权力，其与表4-10中的结果是一致的。假说 H4-4b 的稳健性检验结果显示，除少数变量的回归系数略有变化外，大部分变量的回归系数及显著性没有太大变化，主要变量 $VR \times RcEar$、$MP1 \times VR \times RcEar$ 回归系数的大小、符号及显著性均与表4-10中的结果一致。稳健性检验的结果同样支持假说 H4-4a 和假说 H4-4b，说明研究结果是可靠的。

表4-11 假说 H4-3 的稳健性检验结果（重新衡量政府干预）

	预期符号	lnPay1				lnPay2			
		(1)	(2)	(3)	(4)	(5)	(6)	(7)	(8)
		全样本	全样本	政府干预多	政府干预少	全样本	全样本	政府干预多	政府干预少
RcEar	+	3.444 *** (12.07)	3.084 *** (7.34)	3.201 *** (6.58)	3.425 *** (10.10)	3.351 *** (13.07)	3.437 *** (7.72)	3.701 *** (7.50)	3.135 *** (10.28)
NSOE × RcEar	+	0.644 (1.55)	1.740 *** (2.67)	1.120 * (1.67)	0.331 (0.70)	-0.232 (-0.66)	0.015 (0.02)	-0.543 (-0.84)	-0.240 (-0.58)
Gov1 × NSOE × RcEar	-		-1.510 ** (-1.97)				-0.329 (-0.43)		
Gov1 × RcEar	+		0.514 (1.06)				-0.136 (-0.26)		
Gov1 × NSOE	?		0.016 (0.32)				0.021 (0.48)		
Gov1	+		0.081 * (1.67)				0.076 * (1.70)		
NSOE	?	0.091 *** (3.45)	0.084 * (1.94)	0.103 ** (2.23)	0.103 *** (3.36)	-0.078 *** (-3.28)	-0.093 ** (-2.44)	-0.076 * (-1.92)	-0.066 ** (-2.27)
Size	+	0.154 *** (12.16)	0.153 *** (22.66)	0.177 *** (12.64)	0.158 *** (10.01)	0.151 *** (13.01)	0.150 *** (12.92)	0.174 *** (8.46)	0.154 *** (10.43)
Lev	-	0.064 (0.91)	0.061 (1.02)	-0.025 (-0.20)	0.060 (0.72)	-0.009 (-0.14)	-0.010 (-0.16)	0.060 (0.52)	-0.050 (-0.67)
MB	+	0.003 *** (3.03)	0.003 *** (3.68)	0.030 *** (4.94)	0.003 *** (5.21)	0.003 *** (2.97)	0.003 *** (2.88)	0.032 *** (4.95)	0.003 *** (4.73)
East	+	0.322 *** (12.24)	0.303 *** (10.75)	0.159 (1.55)	0.309 *** (10.73)	0.305 *** (13.67)	0.286 *** (12.28)	0.340 *** (3.80)	0.275 *** (11.21)
West	-	-0.029 (-0.89)	0.033 (0.72)	0.060 (1.18)	—	-0.031 (-1.17)	0.026 (0.65)	0.072 * (1.69)	—
Constant	?	9.522 *** (37.71)	9.475 *** (63.33)	8.962 *** (29.64)	9.428 *** (30.15)	9.799 *** (42.27)	9.769 *** (41.96)	9.097 *** (21.62)	9.793 *** (33.28)

续表

预期符号	lnPay1				lnPay2			
	(1)	(2)	(3)	(4)	(5)	(6)	(7)	(8)
	全样本	全样本	政府干预多	政府干预少	全样本	全样本	政府干预多	政府干预少
Year 及 Ind	控制	控制	控制	控制	控制	控制	控制	控制
adj. R^2	0.274	0.274	0.286	0.236	0.311	0.312	0.379	0.258
F	70.280	91.769	28.004	45.782	95.585	81.532	30.763	59.268
N	6241	6241	1483	4758	6241	6241	1483	4758
最大 VIF	2.38	8.83	2.36	2.46	2.38	8.83	2.36	2.46

注：Gov1 是政府干预哑变量，按各省区财政赤字与 GDP 的比值大于中位数时为 1，表明财政赤字少，政府干预少；否则为 0，表明财政赤字多，政府干预多。在模型（4）和模型（8）中，由于 West 与 Gov1 存在多重共线性，在回归中被自动删除。括号内的值是根据异方差——稳健性标准误计算的 t 值。* $p<0.1$，** $p<0.05$，*** $p<0.01$。

表 4—12　假说 H4—4 的稳健性检验结果（重新衡量高管权力）

	预期符号	H4—4a 的检验		H4—4b 的检验					
		lnPay1	lnPay2	lnPay1			lnPay2		
		(1)	(2)	(3)	(4)	(5)	(6)	(7)	(8)
		全样本	全样本	全样本	高管权力小	高管权力大	全样本	高管权力小	高管权力大
RcEar	+	2.982*** (7.77)	2.279*** (7.09)	2.647*** (6.04)	2.651*** (5.97)	3.939*** (5.09)	1.889*** (5.18)	1.825*** (4.97)	3.588*** (4.84)
VR × RcEar	+	3.880** (2.15)	3.472** (2.21)	5.098*** (2.36)	5.311** (2.45)	−1.807 (−0.57)	5.045*** (2.74)	5.308*** (2.88)	−3.086 (−0.93)
MP1 × VR × RcEar	−			−6.639* (−1.72)			−7.991** (−2.17)		
MP1 × RcEar	?			1.737** (2.09)			1.968*** (2.67)		
MP1 × VR	?			0.512* (1.92)			0.567** (2.07)		
MP1	+			−0.025 (−0.44)			−0.045 (−0.85)		
VR	?	−0.184 (−1.28)	−0.196 (−1.50)	−0.279* (−1.65)	−0.278 (−1.60)	0.243 (0.99)	−0.309** (−2.04)	−0.297* (−1.91)	0.227 (0.83)
Size	+	0.194*** (19.59)	0.216*** (24.18)	0.195*** (19.36)	0.184*** (16.79)	0.258*** (13.19)	0.217*** (23.80)	0.210*** (21.18)	0.262*** (13.47)

续表

	预期符号	H4-4a 的检验		H4-4b 的检验					
		lnPay1	lnPay2	lnPay1			lnPay2		
		(1)	(2)	(3)	(4)	(5)	(6)	(7)	(8)
		全样本	全样本	全样本	高管权力小	高管权力大	全样本	高管权力小	高管权力大
Lev	-	-0.076 (-1.09)	-0.150** (-2.50)	-0.065 (-0.93)	-0.083 (-1.02)	-0.094 (-0.72)	-0.134** (-2.21)	-0.174*** (-2.58)	-0.073 (-0.55)
MB	+	0.026** (2.05)	0.038*** (3.93)	0.028** (2.21)	0.021 (1.37)	0.046*** (3.04)	0.040*** (4.28)	0.035*** (3.00)	0.058*** (3.71)
$East$	+	0.337*** (12.80)	0.296*** (13.57)	0.333*** (12.63)	0.333*** (11.40)	0.308*** (5.20)	0.292*** (13.30)	0.282*** (11.83)	0.304*** (5.32)
$West$	-	0.002 (0.07)	0.005 (0.18)	0.006 (0.17)	0.010 (0.27)	-0.064 (-0.70)	0.008 (0.31)	0.015 (0.53)	-0.080 (-0.89)
$Constant$	?	8.865*** (46.09)	8.598*** (48.90)	8.831*** (44.68)	9.073*** (42.25)	7.564*** (19.35)	8.582*** (47.46)	8.763*** (44.81)	7.628*** (19.69)
Year 及 Ind		控制	控制	控制	控制	控制	控制	控制	控制
adj. R^2		0.270	0.319	0.271	0.260	0.359	0.318	0.318	0.340
F		91.677	120.424	78.245	73.874	21.747	101.812	102.039	23.057
N		6101	6101	6054	4964	1090	6054	4964	1090

说明：当董事长与总经理两职合一时，MP1 取值为 1，表示高管权力大，否则 MP1 取值为 0，表示高管权力小；* $p<0.1$、** $p<0.05$、*** $p<0.01$。

六 研究小结

本研究以 2007—2010 年沪深股市 A 股上市公司为样本，通过检验会计业绩与高管现金报酬之间的敏感性来检验会计信息在高管薪酬契约缔结中的作用。研究结果表明：（1）会计业绩与高管现金报酬之间具有显著的敏感性，说明高管薪酬契约缔结时使用了以会计业绩为基础的契约条款，因而会计信息具有薪酬契约有用性。（2）不同会计业绩的薪酬契约有用性不一致，扣除非经常性损益后的净利润的高管薪酬契约有用性大于净利润的薪酬契约有用性。说明上市公司在运用会计信息设计高管薪酬契约条款时，能够区别可靠性和持续性不同的会计盈余项目，能够将容易受高管操纵的、可靠性较差的非经常性损益项目排除在薪酬契约条款之外。

企业微观产权制度安排与宏观制度环境一样，也会影响委托人的目标和代理人的行为，从而会影响作为一项公司治理机制的高管薪酬契约发挥作用；不同产权性质企业会计信息薪酬契约有用性差异是由政府对国有企业干预导致的。实证研究结果支持了这一假说：(1) 当不考虑政府干预时，不同产权性质企业会计信息（会计业绩）在薪酬契约缔结时并不存在显著的差异；(2) 当考虑政府干预时，政府干预越多，则国有企业会计信息薪酬契约有用性与民营企业相比越小。以上发现主要存在于董事长的薪酬契约中，说明政府干预主要影响国有企业董事长的薪酬结构，过多的政府干预导致国有企业董事长的现金报酬被政治晋升或在职消费所替代，从而降低了会计业绩与董事长现金报酬之间的敏感性。相对于国有企业中董事长的考核体系，总经理的考核更市场化，因而政府干预不会对国有与民营企业中会计信息薪酬契约有用性的差异产生影响。

会计信息质量会同时影响会计业绩水平以及高管薪酬契约中赋予会计业绩的权重。由于现有研究发现高管薪酬契约中对会计业绩的使用，会导致高管盈余管理，因此，以会计信息可靠性来检验会计信息质量对会计信息高管薪酬契约有用性的影响具有显著的内生性。本研究用会计盈余的价值相关性来衡量会计信息质量，研究结果表明：(1) 会计盈余的价值相关性越高，则会计信息的薪酬契约有用性越大；(2) 当高管权力越小时，高管薪酬契约中对价值相关性较高的会计信息赋予越高的权重，高管薪酬契约的有效性越高。本研究的这一发现也有助于我们理解会计信息契约有用性与价值相关性之间的关系。

第二节　会计信息在高管薪酬契约履行中作用的实证检验

一　引言

会计信息不仅在高管薪酬契约的缔结过程中发挥作用，而且在高管薪酬契约的履行过程中也发挥作用。本书从会计信息在高管变更中作用的视角，来检验会计信息在高管薪酬契约履行中的作用。

在决定高管变更的因素中，公司绩效是最关键的变量。针对这一假说较早的经验研究是考夫兰和施密特（Coughlan 和 Schmidt，1985）以及华纳等（Warner 等，1988），这两篇文献研究发现，高管非常规离任与公司股票回报显著负相关。但股价不仅反映了对高管继续留任的预期，也反映了高管变更的预期（Weisbach，1988；Hermalin 和 Weisbach，1998），因而用股价或股票回报作为公司绩效来观察其对高管变更的作用具有内生性。而会计业绩更恰当地衡量了公司高管治理公司的能力，因此基于历史成本的会计盈余信息在更换管理层的决策中更有用（Hermalin 和 Weisbach，1998）；恩格尔等（2003）、勒尔和米勒（Lel 和 Miller，2008）也发现，与股票业绩相比，董事会在决定 CEO 去留的决策时更看重会计业绩。

莫克等（Morck 等，2000）研究发现，近 80% 的中国上市公司的股价具有同步性，因而中国上市公司的股价更多的是反映了市场整体水平，而不是每个公司的水平（Chang 和 Wong，2009）。而且，弗思等（2006）针对中国上市公司 1998—2005 年的数据研究发现，股票回报与高管变更不存在显著的相关性。因此，相对于股价或市场回报，可能会计业绩在中国上市公司高管变更的决策中作用更大。具体来说，可以通过考察高管变更对会计业绩的敏感度（turnover performance sensitivity）来检验会计业绩在公司高管变更中的作用。

国内外学者对这一领域已进行了相关研究，形成了较多的研究成果。针对中国上市公司的研究主要集中在哪种业绩与高管更换的相关性更强，以及高管政治关系、产权性质、制度环境、会计信息质量、公司治理结构等对高管变更与会计业绩敏感度的调节效应。表 4-13 列举了中国上市公司高管变更与会计业绩敏感度的部分研究。

表 4-13　中国上市公司高管变更与会计业绩敏感度的部分研究

文献	自变量（会计业绩）	调节变量	控制变量
弗思等（2006）	经行业调整 ROA、ROS（营业收入/总资产）	股权结构、独立董事比例	高管年龄、两职兼任情况、公司规模、是否在控股公司领薪
刘凤委等（2007）	综合绩效因子	政府干预、行业竞争	公司规模、财务杠杆、高管年龄哑变量、高管持股比例
游家兴等（2007）	滞后一期经总资产调整的息税前利润的年度变化率	会计信息透明度	高管年龄、独立董事比例、两职兼任情况
丁烈云和刘荣英（2008）	ROE	制度环境（市场化程度、要素市场发育程度）、产权性质	公司规模、高管年龄、独立董事比例、高管是否持股、高管是否从公司领薪

续表

文献	自变量（会计业绩）	调节变量	控制变量
常和王（2009）	ROA（经行业调整、高管任期内移动平均）	政府控制层级、省区财政状况（政府干预）	上市年限、高管年龄、高管任期、两职兼任情况、财务杠杆、公司规模、产权性质
迟和王（2009）	滞后一期经行业调整的税前利润/总资产	产权性质、股权集中度	销售增长率、滞后一期的公司规模
廖等（2009）	滞后一期经行业调整的ROA、ROE、ROA的增长、ROE的增长	政策性负担	第一大股东持股比例、股权集中度、两职兼任情况、高管年龄、高管任期、公司规模、财务杠杆
欧阳瑞（2010）	ROA	经营多元化	公司规模、高管平均年龄
王化成和张伟华（2010）	滞后一期的ROA	关联交易	公司规模、财务杠杆、高管年龄、两职兼任、成长性
皮和洛（2011）	ROA、EPS	独立董事比例、两职兼任哑变量、内部董事比例、CEO持股比例、股权集中度、国有控制股东、CEO任期	公司规模、高管年龄哑变量
原（2011）	OROA（总资产营业利润率）以及经行业调整的OROA	政治关系、制度环境（市场化指数、政府干预、省区失业率）	公司规模、财务杠杆、上市年限、员工人数收入比、政府补助、政府控制层级、CEO年龄、两职兼任情况

注：以上研究除迟和王（2009）外，因变量都是高管是否变更哑变量，采用Logistic回归模型；迟和王（2009）中的因变量是各公司每年高管被更换比例，采用混合OLS和面板数据的固定效应估计方法。

从理论上说，契约的履行是以契约的缔结为基础的，对应地，会计信息契约有用性的基本命题Ⅱ是以基本命题Ⅰ为基础的。目前关于会计信息在高管变更中作用的经验研究也都假定在此之前已缔结了基于会计信息的高管薪酬契约，在这个前提下考察会计信息在高管变更中的作用。但在本书上一部分的实证研究中已经发现，产权性质、会计信息质量、制度环境、高管权力等都会影响会计信息在高管薪酬契约缔结中的使用，也就是说，不同公司在高管薪酬契约缔结中给予会计业绩的权重是不同的，由此推断会计信息在高管薪酬契约履行中的作用也应当是不同的。但目前关于会计信息在高管变更中作用的经验研究忽略了这一点，这实际上相当于认为在此之前各公司缔结的高管薪酬契约是同质的，不存在差异。

本书在考虑各公司高管薪酬契约异质的前提下来检验会计信息在高管

变更中的作用。具体来说，通过高管薪酬契约中会计业绩的权重（或薪酬业绩敏感度，PPS）以及高管薪酬契约的有效性（高管薪酬契约粘性）来衡量各公司高管薪酬契约的异质性；然后考察不同的高管薪酬契约下，会计信息在高管变更中的作用。本书使用的高管薪酬业绩敏感度以及高管薪酬契约粘性，也可以被看成影响会计信息在高管薪酬契约履行中作用的有关因素的综合，减少遗漏变量或使用较多的变量所引起的多重共线性对研究结果造成的不利影响。

二 假说发展

1. 会计信息在高管变更中作用的基本假说

根据会计信息契约有用性的基本命题Ⅱ：会计信息能够降低契约履行中契约各方之间的信息不对称，降低了监督成本（代理成本），发挥了治理作用。即股东通过会计信息了解企业的经营状况，通过会计信息监督高管薪酬契约的履行，当企业经营业绩符合预期，高管薪酬契约将顺利履行，企业高管会获得薪酬契约中规定分享的剩余；但当经营业绩不符合预期，股东将会终止高管薪酬契约的履行，作出更换企业高管的决定。

根据以上分析，提出会计信息在高管变更中作用的基本研究假说：

H4-5：会计信息在高管变更中具有显著作用，具体来说，高管变更的可能性与会计业绩显著负相关。

2. 高管薪酬业绩敏感性对会计信息在高管变更中作用的影响

目前大量研究发现，制度环境、会计信息质量、产权性质、高管政治关系以及公司内部治理结构会对会计信息在高管变更中的作用产生影响。显然还有其他影响会计信息在高管变更中作用的因素，但研究者显然不能穷尽或精确刻画所有因素的影响。

制度环境和会计信息质量等对会计信息在高管变更中作用的影响，本质上是影响在高管努力程度的衡量中对会计业绩的依赖程度。而高管薪酬契约的缔结是高管薪酬契约履行的基础，因此，制度环境和会计信息质量等首先会影响会计信息在高管薪酬契约缔结中的权重，进而影响会计信息在高管薪酬契约履行中的权重。即制度环境和会计信息质量导致各公司缔结的高管薪酬契约具有异质性，从而导致其后高管薪酬契约的履行对会计信息的依赖程度存在差异。

具体来说，当缔结高管薪酬契约时给予会计业绩的权重越大，那么股东衡量高管努力程度的变量中会计业绩的权重就越大，会计信息（会计业绩）在高管变更中的作用也就越大。本研究使用高管业绩薪酬敏感度来衡量缔结高管薪酬契约时给予会计业绩的权重。高管薪酬业绩敏感度越高，则会计信息对衡量高管努力程度的作用就越大，那么依据较差业绩更换管理者的可能性就越大。

根据以上分析，提出以下待检验假说：

H4-6：高管薪酬业绩敏感度越大，会计信息在高管变更中的作用越大。

3. 高管薪酬粘性对会计信息在高管变更中作用的影响

高管薪酬业绩敏感度能够衡量对高管努力程度的评价中依赖会计业绩的权重，从而会影响在高管变更决策中赋予会计信息的权重。进一步分析，本研究认为，会计信息在高管变更决策中的作用不仅依赖于决策中赋予会计信息的权重，也会受到高管薪酬契约有效性的影响；因为即使高管变更决策中对会计业绩的依赖程度较高，但一些因素会影响高管薪酬契约的有效执行，那么这些因素也可能会影响依据会计信息做出的高管变更决策。

例如，高管权力、产权性质、制度环境等因素可能会导致业绩增长时高管薪酬与业绩的敏感度，高于业绩下降时高管薪酬业绩的敏感度，即高管薪酬与业绩的敏感度呈非对称性（Leone等，2006）；高管并没有因为较差的业绩而受到惩罚（Jackson等，2008；Shaw和Zhang，2010）；方军雄（2009）把这种现象称为高管薪酬粘性（executive compensation sticky）。较高的薪酬粘性直接表现为业绩增长时高管薪酬增长幅度高于业绩下降时高管薪酬的下降幅度，更有甚者，企业业绩下降而高管薪酬上升[1]。较高的薪酬粘性说明高管薪酬契约发挥的公司治理作用较低。

方军雄（2009）发现产权性质会影响高管薪酬粘性，中央国有企业的薪酬粘性低于地方国有企业，民营企业的薪酬粘性低于国有企业；独

---

[1] 当业绩下降时，高管薪酬上升，会导致薪酬业绩敏感度为负数。

立董事的比例越高则薪酬粘性越小。高管薪酬粘性是一个可以衡量高管薪酬契约有效性的变量,其中包含了诸多影响高管薪酬契约有效执行的因素。因此,若高管薪酬粘性越高,根据较差业绩变更高管的可能性就越小;相反,如果高管薪酬粘性低,说明高管薪酬契约能够得到有效执行,当公司业绩差时,股东(股东大会)根据会计信息变更高管的可能性就越大。

根据以上分析,提出以下研究假说:

H4-7:高管薪酬契约粘性越低时,会计信息在高管变更中作用越大。

三 研究设计

1. 研究模型

(1) 为了检验假说 H4-5,设计以下 Logistic 回归模型

$$\ln\left[\frac{\Pr(Turnover_{i,t}=1)}{1-\Pr(Turnover_{i,t}=1)}\right] = \alpha_0 + \alpha_1 Performance_{i,t/t-1} + \alpha_2 Age_{i,t} + \alpha_3 Size_{i,t} + \alpha_4 Lev_{i,t} + \sum \alpha_j Year_j + \sum \alpha_k Ind_k + \varepsilon_{i,t}$$

(模型4-4)

本书分别研究会计信息在董事长变更和总经理变更中的作用,因此 Turnover 有两个,即 DireTurn(董事长变更)和 CEOTurn(总经理变更),均为哑变量,当高管变更时为1,否则为0。高管变更分为正常变更和被迫变更,由于正常变更与会计业绩不具有敏感性,因此,本研究通过观察高管被迫变更与会计业绩的敏感性来考察会计信息在高管变更中的作用。

Performance 为公司业绩,由于现有研究对公司业绩选择各不相同,本部分承接上一部分会计信息在高管薪酬契约缔结中作用的研究,分别选择 ROA(资产报酬率)和 RcEar(用总资产标准化的扣除非经常损益后的净利润)作为公司业绩;同时现有研究对于选择当期的业绩还是选择滞后一期的业绩,也不尽相同,表4-13 的统计结果显示,除游家兴等(2007)、迟和王(2009)以及廖等(2009)选择滞后一期的业绩作为自变量外,其他研究均选择当期业绩作为自变量,即认为当期业绩与高管变

更的相关性更强。本研究同时选择当期业绩（ROA、$RcEar$）与滞后一期业绩（ROA_{-1}、$RcEar_{-1}$）作为自变量，来考察到底当期业绩在高管变更中的作用大，还是滞后一期业绩在高管变更中的作用大。

参考现有研究，对以下变量进行了控制：Age 为高管年龄是否大于60岁哑变量，当大于时为1，否则为0；分别用 $DireAge$ 和 $CEOAge$ 表示董事长和总经理年龄哑变量；$Size$ 为公司规模；Lev 为财务杠杆；同时控制了年度和行业。模型中的变量含义及衡量方法见表4-12。

若会计业绩在高管变更中起到显著作用，则 α_1 应显著小于0，即会计业绩越好，高管变更的可能性越小。结合现有研究，预期：α_2 应显著大于0，即高管年龄大于60岁，则变更的可能性越大；α_3 应显著小于0，即公司规模越大，高管变更的成本越高，变更的可能性越小；α_4 应显著大于0，即公司财务杠杆越高，公司经营中的风险越大，说明高管在控制风险方面做得越差，高管变更的可能性越大。

（2）为了检验假说 H4-6，设计以下 Logistic 回归模型

$$\ln\left[\frac{\Pr(Turnover_{i,t}=1)}{1-\Pr(Turnover_{i,t}=1)}\right] = \beta_0 + \beta_1 Performance_{i,t} + \\ \beta_2(Performance_{i,t} \times PPS_{i,t}) + \\ \beta_3 PPS_{i,t} + \beta_4 Age_{i,t} + \\ \beta_5 Size_{i,t} + \beta_6 Lev_{i,t} + \\ \sum \beta_j Year_j + \sum \beta_k Ind_k + \mu_{i,t}$$

（模型4-5）

其中 PPS 为董事长或总经理薪酬业绩敏感度哑变量，较高的薪酬业绩敏感度为1，否则为0，具体衡量方法见表4-12。其他变量与模型4-4中的变量一致。

本研究预期 β_2 应显著小于0，即薪酬业绩敏感度越大，在高管变更决策中越依赖会计业绩，导致会计业绩与高管变更可能性的负相关关系越强。β_1 为薪酬业绩敏感度较低时，会计业绩与高管变更可能性的关系，本研究预期 β_1 显著小于0或不显著，因为薪酬业绩敏感度越低时，在高管变更的决策中会计业绩的权重越小，因此可能导致会计业绩与高管变更的可能性不存在显著的负相关关系。高管薪酬业绩敏感度的大小并不会直接导致高管变更，因为还要考察业绩情况，因此，本研究对 β_3 的大小、符号及显著性不作预期。

(3) 为了检验假说 H4-7，设计以下 Logistic 回归模型

$$ln\left[\frac{\Pr(Turnover_{i,t}=1)}{1-\Pr(Turnover_{i,t}=1)}\right] = \lambda_0 + \lambda_1 Performance_{i,t} +$$
$$\lambda_2 (Performance_{i,t} \times Sticky_{i,t}) +$$
$$\lambda_3 Sticky_{i,t} + \lambda_4 Age_{i,t} +$$
$$\lambda_5 Size_{i,t} + \lambda_6 Lev_{i,t} +$$
$$\sum \lambda_j Year_j + \sum \lambda_k Ind_k + v_{i,t}$$

（模型 4-6）

模型中的 $Sticky$ 表示董事长或总经理薪酬粘性的哑变量，粘性较高时为 1，否是为 0。模型中变量的衡量及含义见表 4-12。

λ_2 表示当高管薪酬粘性较高时，会计业绩在高管变更中作用的变化，本研究预期 λ_2 应显著大于 0，因为高管薪酬粘性越高，则高管薪酬契约的有效性越低，导致本应被更换高管而没被更换，会计业绩的作用变小了，表现为会计业绩与高管变更可能性的负相关关系减弱了。λ_1 为高管薪酬粘性较低时，会计业绩在高管变更中的作用，本研究预期 λ_1 应显著小于 0，因为高管薪酬粘性越低，高管薪酬契约的有效性越大，会计业绩在高管变更中的作用越大，表现为会计业绩与高管变更可能性之间的负相关关系越强。高管薪酬粘性并不会直接导致高管变更，因为还要观察业绩的大小才能决定是否进行高管变更，因此，本研究对 λ_3 的大小、符号及显著性不作预期。

2. 变量定义与衡量

（1）会计业绩的衡量

本部分使用当期及滞后一期的资产净利率（ROA）、经总资产调整的扣除非经常性损益后的净利润（$RcEar$）来衡量公司会计业绩（$Performance$）。需要说明的是，这些业绩都是使用经过每年行业均值调整的会计业绩，因为经过每年行业均值调整的业绩更能反映高管的业绩，可以过滤掉高管不能控制的外部因素（Firth 等，2006），用其评价高管更客观；另外，使用经过每年行业均值调整后的会计业绩，还可以抵消异常值对研究结果的不利影响。

（2）高管薪酬业绩敏感度的衡量

高管薪酬业绩敏感度是指企业业绩变动引起高管薪酬变动的幅度，可以通过将每个公司的高管薪酬对会计业绩进行回归，用 OLS 估计的回归系数来衡量每个公司的高管薪酬业绩敏感度。但由于我国证券市场建立仅 20 余年时间，仅有少部分公司有 20 个左右的年度数据，大部分公司的年

度数据记录还很少,因此,采用回归的方法来确定高管薪酬业绩敏感度可能不够准确。

本研究依据高管薪酬业绩敏感度的原始含义,通过计算每个公司每年的业绩变动率引起的高管薪酬变动率来衡量每个公司每年的高管薪酬业绩敏感度[①],即:

$$RPPS_{i,t} = \frac{DPay_{i,t}/Pay_{i,t-1}}{DPerforname_{i,t}/Performance_{i,t-1}} \quad (4-1)$$

$RPPS_{i,t}$ 为每个公司 i 在每年 (t) 的高管薪酬业绩敏感度。$DPay_{i,t}$ 为公司 i 在 t 期高管薪酬的变动,$Pay_{i,t-1}$ 为公司 i,在 t-1 期的高管薪酬。本研究分别计算各公司每年董事长薪酬业绩敏感度和总经理薪酬业绩敏感度,采用前三名董事薪酬和前三名高管薪酬作为董事长薪酬和总经理薪酬的代理变量(何杰和王果,2011)。$DPerformance_{i,t}$ 为公司 i 在 t 期会计业绩的变动,$Performance_{i,t-1}$ 为公司 i,在 t-1 期的会计业绩。

值得说明的是,本研究在"会计信息在高管薪酬契约缔结中作用的实证检验"部分已经证明,扣除非经常性损益后的净利润与高管薪酬的相关性更强,因此,此处的会计业绩均使用扣除非经常性损益后的净利润(用期末总资产标准化)。

根据以上方法计算出董事长与总经理薪酬业绩敏感度后,构造模型 4-5 中 PPS 哑变量:用符号 DirePPS 表示董事长薪酬业绩敏感度哑变量,董事长薪酬业绩敏感度大于中位数的为 1,小于或等于中位数的为 0;用符号 CEOPPS 表示总经理薪酬业绩敏感度哑变量,总经理薪酬业绩敏感度大于中位数的为 1,小于或等于中位数的为 0。

(3) 高管薪酬粘性的衡量

莱昂等(Leone 等,2006)和方军雄(2009)认为薪酬粘性或非对称

[①] 支晓强和童盼(2007)在研究薪酬业绩敏感度对投资现金流敏感度的影响时,也衡量了薪酬业绩敏感度。本研究衡量的薪酬业绩敏感度与支晓强和童盼(2007)有两点区别:(1)本研究使用会计业绩,支晓强和童盼(2007)使用的是市场业绩——公司市值;(2)本研究使用的是相对指标,即用薪酬变化率除以扣除非经常性损益后净利润的变化率,而支晓强和童盼(2007)使用的是绝对指标,用高管薪酬的变化除以公司市值的变化。由于赫尔曼林和韦斯巴特(Hermalin 和 Weisbach,1998)、恩格尔等(2003)、弗思等(2006)以及勒尔和米勒(2008)发现会计业绩在高管变更中的作用更大,因此,本研究在计算薪酬业绩敏感度时,对应地使用会计业绩,这样更合理,同时本研究使用相对指标来计算薪酬业绩敏感度能够消除规模影响,提高研究的可靠性。

性是指业绩增长时高管薪酬增长幅度高于业绩下降时高管薪酬的下降幅度。杰克逊等（Jackson 等，2008）以及肖和张（Shaw 和 Zhang，2010）发现高管并没有因为较差的业绩而受到惩罚；甚至当业绩下降时，高管薪酬不降反升，此时高管薪酬业绩敏感度为负值。本研究把以上两种情况统称为薪酬粘性。

可以通过回归的方法来计算高管薪酬粘性，但与计算每个公司每年的薪酬业绩敏感度中的原因一样，由于每个公司的样本量太少，容易导致计算不准确。本研究通过以下方法来计算每个公司的薪酬粘性，本研究计算的薪酬粘性（Sticky）为哑变量，存在薪酬粘性时为1，不存在薪酬粘性时为0，具体方法如下：

首先，将样本分成业绩增长样本和业绩下降样本（业绩为扣除非经常性损益后的净利润），分别计算两个样本中每个公司每年的高管薪酬业绩敏感度，计算方法同式（4-1）。然后再计算两个样本中每个公司在样本期间高管薪酬业绩敏感度的平均值，分别用 $MPpps$ 和 $MNPpps$ 表示。

其次，按以下标准对每个公司的高管薪粘性（Sticky）进行赋值：

当 $MNpps$ 为正时[①]，计算每个公司 $MPpps/MNPpps$ 的值。①当该值大于1时，说明业绩增长时的薪酬业绩敏感度大于业绩下降时的薪酬业绩敏感度，表明存在薪酬粘性，将 Sticky 赋值为1；②当该值小于1且大于0时，说明业绩增长时的薪酬业绩敏感度小于业绩下降时的薪酬业绩敏感度，表明不存在薪酬粘性，Sticky 赋值为0；③当该值小于0时，即 $MPpps$ 小于0，表明业绩上升，但高管薪酬反而下降，说明这部分公司内可能不存在以会计业绩为契约条款的高管薪酬契约，也可能是以其他机制来代替高管薪酬契约，本研究将这部分公司从样本中删除。

当 $MNpps$ 为负时，说明业绩下降而高管薪酬反而上升，说明具有非常高的薪酬粘性，此时将 Sticky 赋值为1。

本研究通过以上方法计算的董事长薪酬粘性和总经理薪酬粘性哑变量，分别用 DireSticky 和 CEOSticky 表示。

表4-14列示了实证检验所需变量的定义及衡量方法。

3. 样本选择与数据来源

本研究选择2007—2010年中国A股上市公司为研究样本，删除金融

[①] $MNpps$ 为业绩下降样本中公司的薪酬业绩敏感度，即式（4-1）中的分母均小于零；因此，若 $MNpps$ 为正，说明式（4-1）中的分子也小于零，表示高管薪酬也下降。

业类上市公司、所有者权益为负的公司以及关键数据不全的公司，共得到 6632 个样本。在计算各公司高管薪酬业绩敏感及高管薪酬粘性时，由于数据不全，样本量进一步减少。

本部分所使用数据全部来源于国泰安信息技术有限公司开发的 CSMAR 数据库。近年来，CSMAR 数据库中的高管变更数据被研究中国上市公司高管变更的文献较多采用，如弗思等（2006）、常和王（2009）、廖等（2009）、欧阳瑞（2010）以及汪金爱和于鸣（2010）等。

表 4-14　　　　　模型 4-4 至模型 4-6 中的变量定义

变量	定义	衡量方法
因变量（Turnover）		
DireTurn	董事长变更（被迫变更）	哑变量，董事长变更取 1，否则取 0
CEOTurn	总经理变更（被迫变更）	哑变量，总经理变更取 1，否则取 0
考察变量——公司业绩（Performance）		
ROA	净利润	经每年行业均值调整的净利润÷期末总资产，即经行业调整的资产净利率
ROA_1	滞后一期的净利润	经每年行业均值调整的 ROA 滞后一期的值
RcEar	扣除非经常性损益后的净利润	经每年行业均值调整的扣除非经常性损益后的净利润÷期末总资产
RcEar_1	滞后一期的扣除非经常性损益后的净利润	经每年行业均值调整的 RcEar 滞后一期的值
考察变量——高管薪酬业绩敏感度（PPS）		
DirePPS	董事长薪酬业绩敏感度	哑变量，当董事长薪酬业绩敏感度大于中位数时取 1，否则取 0
CEOPPS	总经理薪酬业绩敏感度	哑变量，当总经理薪酬业绩敏感度大于中位数时取 1，否则取 0
考察变量——高管薪酬粘性（Sticky）		
DireSticky	董事长薪酬粘性	哑变量，当董事长薪酬有粘性时取 1，否则取 0
CEOSticky	总经理薪酬粘性	哑变量，当总经理薪酬有粘性时取 1，否则取 0
控制变量——高管年龄（Age）		
DireAge	董事长年龄	哑变量，当董事长年龄大于或等于 60 岁时取 1，否则取 0
CEOAge	总经理年龄	哑变量，当总经理年龄大于或等于 60 岁时取 1，否则取 0
控制变量——其他		
Size	公司规模	期末总资产的自然对数
Lev	财务杠杆	负债总额÷资产总额
Year	年度	哑变量，以 2007 年为基组
Ind	行业	哑变量，以农林牧渔业为基组

高管变更应当包括正常变更和被迫变更。比如，高管因到退休年龄而引起的变更应当属于正常变更，这部分高管变更与公司业绩之间应当不存在敏感性。而诸如解聘之类的被迫变更才可能与公司业绩之间存在敏感性。因此，对正常变更和被迫变更的分类将会影响研究结果。但CSMAR数据库只统计了高管变更的12个原因，对于变更类型并没有划分。目前依据CSMAR的研究文献对正常变更与被迫变更的划分也不尽相同，表4-15列举了部分文献的划分标准。

表4-15　　　应用CSMAR数据库的部分文献对高管变更的分类

文献	正常变更	被迫变更
弗思等（2006）	退休、任期届满、辞职、健康原因、结束代理	控股权变动、解聘、个人、涉案、其他、工作调动、完善公司法人治理结构
常和王（2009）	退休、健康原因、完善公司法人治理结构、控股权变动	解聘、个人、涉案、其他、工作调动、辞职、结束代理、任期届满
廖等（2009）	退休、健康原因、涉案、控股权变动	解聘、个人、完善公司法人治理结构、其他、工作调动、辞职、结束代理、任期届满
欧阳瑞（2010）	退休、健康原因、涉案、控股权变动、个人、其他	解聘、完善公司法人治理结构、工作调动、辞职、结束代理、任期届满
汪金爱和于鸣（2010）	退休、健康原因、工作调动（升迁）	解聘、完善公司法人治理结构、辞职、结束代理、任期届满、涉案、控股权变动、个人、其他

注：CSMAR数据库中将高管变更的原因分成：退休、健康原因、完善公司法人治理结构、控股权变动、解聘、个人、涉案、其他、工作调动、辞职、结束代理、任期届满，共12类。以上文献是在这12类的基础上再划分为"正常变更"和"非正常变更"。

在参考表4-15中的文献对高管变更分类的基础上，本研究将退休、健康原因、涉案、控股权变动、结束代理5类作为正常变更，而将其余7类作为被迫变更。

由于高管正常变更一般不与会计业绩存在敏感性，因此，本书研究会计信息在高管被迫变更中的作用①。在敏感性测试部分，对会计信息在所有高管变更中的作用进行了检验。

另外，参考丁烈云和刘荣英（2008）的做法，若同一年中发生多次高管变更，以第一次变更作为观测对象。

---

① 现有研究也大多将高管正常变更从样本中剔除，如常和王（2009）、欧阳瑞（2010）和汪金爱和于鸣（2010）等。

表 4-16 报告了研究样本详细情况。

表 4-16　高管变更研究样本的年度、行业分布及高管变更统计

A 组：样本年度及行业分布统计

行业	2007 年	2008 年	2009 年	2010 年	合计
农林牧渔业	31	33	36	47	147
采掘业	34	37	40	47	158
制造业——食品、饮料	64	62	69	80	275
制造业——纺织、服装、皮毛	65	66	68	75	274
制造业——木材、家具、其他	18	19	23	29	89
制造业——造纸、印刷	29	31	36	37	133
制造业——石油、化学、塑胶、塑料	153	164	171	219	707
制造业——电子	67	69	75	116	327
制造业——金属、非金属	137	139	143	170	589
制造业——机械、设备、仪表	225	237	279	372	1113
制造业——医药、生物制品	93	93	105	121	412
电力、煤气及水的生产和供应业	60	61	64	67	252
建筑业	34	35	39	42	150
交通运输和仓储业	64	63	67	71	265
信息技术业	86	93	120	163	462
批发和零售贸易业	87	88	92	108	375
房地产业	66	81	93	103	343
社会服务业	45	47	52	64	208
传播与文化产业	10	13	14	17	54
综合类	75	77	76	71	299
合计	1443	1508	1662	2019	6632

B 组：高管变更类型及原因统计

离职原因	董事长变更			总经理变更		
	正常变更	被迫变更	全部变更	正常变更	被迫变更	全部变更
工作调动	0	372	372	0	524	524
退休	42	0	42	18	0	18
任期届满	0	146	146	0	145	145
控股权变动	8	0	8	7	0	7
辞职	0	228	228	0	319	319

续表

B组：高管变更类型及原因统计

离职原因	董事长变更			总经理变更		
	正常变更	被迫变更	全部变更	正常变更	被迫变更	全部变更
解聘	0	3	3	0	9	9
健康原因	15	0	15	18	0	18
个人	0	21	21	0	37	37
完善公司法人治理结构	0	1	1	0	18	18
涉案	2	0	2	2	0	2
结束代理	14	0	14	33	0	33
其他	0	12	12	0	18	18
合计	81	783	864	78	1070	1148

注：（1）行业分类依据中国证监会2001年颁布的《上市公司行业分类指引》，对制造业按二级代码进行了再分类，由于木材家具业与其他制造行业公司较少，对这两类行业进行合并为"制造业——木材、家具、其他"。（2）高管离职原因分类依据CSMAR数据库中的分类，共12类；本研究将退休、健康原因、涉案、控股权变动、结束代理5类作为正常变更，将其余7类作为被迫变更。

四 实证结果及分析

1. 单变量分析

表4-17报告了变量的描述性统计结果。

从 $DireTurn$、$CEOTurn$ 的均值来看，样本公司董事长变更、总经理变更的比例分别为11.8%和16.1%，总经理变更的比例略大于董事长变更的比例。

从 ROA_1、$RcEar\_1$ 的最大值和最小值来看，虽然经过行业均值调整，但这两个变量依然存在异常值，因此，在此后的分析中，对这两个变量在1%和99%分位数上进行Winsorize处理。

$DireSticky$ 和 $CEOSticky$ 的中位数均为1，均值分别为0.907和0.931，说明90.7%的样本公司董事长薪酬存在粘性，93.1%的样本公司总经理薪酬存在粘性；这与方军雄（2009）的研究结论一致，即总体上我国上市公司存在较高的高管薪酬粘性。

$DireAge$、$CEOAge$ 均值分别为0.121和0.034，说明有12.1%的样本公

司董事长年龄超过或等于 60 岁，而样本公司中总经理的年龄超过或等于 60 岁的比例比较低，仅为 3.4%。

表 4-17　模型 4-4 至模型 4-6 中变量的描述性统计

变量	样本量	均值	标准差	中位数	最小值	最大值
$DireTurn$	6632	0.118	0.323	0	0	1
$CEOTurn$	6632	0.161	0.368	0	0	1
ROA	6632	-0.000	0.093	-0.002	-2.728	2.554
ROA_1	5952	-0.000	0.820	-0.002	-50.771	35.573
$RcEar$	6543	-0.000	0.089	0.003	-3.407	0.528
$RcEar\_1$	5845	0.000	0.798	0.008	-59.231	0.801
$DirePPS$	5590	0.5	0.500	0.5	0	1
$CEOPPS$	5732	0.5	0.500	0.5	0	1
$DireSticky$	4692	0.907	0.291	1	0	1
$CEOSticky$	4872	0.931	0.254	1	0	1
$DireAge$	6508	0.121	0.326	0	0	1
$CEOAge$	6505	0.034	0.182	0	0	1
$Size$	6632	21.570	1.289	21.424	13.076	28.138
Lev	6632	0.475	0.207	0.487	0.000	0.999

表 4-18 报告了变量之间的相关系数。董事长变更与总经理变更与会计业绩之间呈显著负相关关系，结果初步支持假说 H4-5。高管变更与当期业绩的负相关关系大多强于与滞后一期业绩的相关系数，这说明，当期会计业绩在高管变更中的作用更显著。表 4-18 还显示高管变更与 $RcEar$、$RcEar\_1$ 的负相关关系强于与 ROA、ROA_1 的相关系数，说明扣除非经常性损益后的净利润在高管变更中的作用更大。

表 4-18　模型 4-4 至模型 4-6 中主要变量的 Pearson 和 Spearman 相关系数矩阵

A 组：董事长变更								
	$DireTurn$	ROA	ROA_1	$RcEar$	$RcEar\_1$	$DirePPS$	$DireSticky$	$DireAge$
$DireTurn$	1.00	-0.08 (0.00)	-0.07 (0.00)	-0.09 (0.00)	-0.11 (0.00)	-0.02 (0.38)	-0.01 (0.38)	0.04 (0.02)
ROA	-0.06 (0.00)	1.00	0.57 (0.00)	0.85 (0.00)	0.53 (0.00)	0.19 (0.00)	0.05 (0.00)	0.05 (0.00)

续表

A 组：董事长变更

ROA_1	-0.03 (0.05)	0.15 (0.00)	1.00	0.59 (0.00)	0.71 (0.00)	0.15 (0.00)	0.04 (0.00)	0.05 (0.00)
$RcEar$	-0.11 (0.00)	0.69 (0.00)	0.19 (0.00)	1.00	0.66 (0.00)	0.22 (0.00)	0.05 (0.00)	0.06 (0.00)
$RcEar\_1$	-0.04 (0.01)	0.06 (0.01)	-0.03 (0.01)	0.32 (0.01)	1.00	0.16 (0.01)	0.04 (0.01)	0.05 (0.01)
$DirePPS$	-0.02 (0.30)	0.13 (0.00)	0.07 (0.00)	0.19 (0.00)	0.05 (0.00)	1.00	-0.03 (0.04)	0.02 (0.31)
$DireSticky$	-0.01 (0.38)	0.03 (0.02)	0.02 (0.11)	0.07 (0.00)	0.01 (0.45)	-0.03 (0.04)	1.00	-0.02 (0.24)
$DireAge$	0.04 (0.02)	0.04 (0.01)	0.01 (0.53)	0.06 (0.00)	0.02 (0.28)	0.02 (0.31)	-0.02 (0.24)	1.00

B 组：总经理变更

	$CEOTurn$	ROA	ROA_1	$RcEar$	$RcEar\_1$	$CEOPPS$	$CEOSticky$	$CEOAge$
$CEOTurn$	1.00	-0.05 (0.00)	-0.05 (0.00)	-0.06 (0.00)	-0.08 (0.00)	-0.02 (0.11)	-0.03 (0.09)	0.01 (0.52)
ROA	-0.03 (0.06)	1.00	0.57 (0.00)	0.85 (0.00)	0.53 (0.00)	0.20 (0.00)	0.05 (0.00)	0.03 (0.02)
ROA_1	-0.03 (0.02)	0.01 (0.51)	1.00	0.59 (0.00)	0.71 (0.00)	0.17 (0.00)	0.05 (0.00)	0.04 (0.02)
$RcEar$	-0.05 (0.00)	0.68 (0.00)	0.01 (0.39)	1.00	0.66 (0.00)	0.23 (0.00)	0.08 (0.00)	0.03 (0.06)
$RcEar\_1$	-0.04 (0.01)	-0.01 (0.56)	0.95 (0.00)	0.04 (0.00)	1.00	0.16 (0.00)	0.08 (0.00)	0.02 (0.16)
$CEOPPS$	-0.02 (0.11)	0.13 (0.00)	0.03 (0.05)	0.20 (0.00)	0.03 (0.09)	1.00	0.01 (0.63)	0.00 (0.92)
$CEOSticky$	-0.03 (0.09)	0.04 (0.01)	-0.00 (0.89)	0.08 (0.00)	0.01 (0.58)	0.01 (0.63)	1.00	-0.03 (0.04)
$CEOAge$	0.01 (0.52)	0.02 (0.15)	0.00 (0.95)	0.02 (0.29)	0.00 (0.95)	0.00 (0.92)	-0.03 (0.04)	1.00

注：各组右上角部分为 Spearman 相关系数，左下角部分为 Pearson 相关系数，括号中的数字为显著性水平 p 值。

另外，表 4-18 显示，高管薪酬业绩敏感度、高管薪酬粘性与高管变更之间不存在显著的线性相关关系，即高管薪酬业绩敏感度、高管薪酬粘性与高管变更之间不存在直接线性关系。因为，高管是否变更，还要考察会计业绩情况。

为了更精确地观察会计业绩与高管变更的关系，本研究将会计业绩按四分位数分组，然后考察各组中高管变更的比例以及各组间高管变更比例的变化，表4-19报告了统计结果：（1）各会计业绩越差，则高管变更比例越高，而各会计业绩越好，则高管变更越低，即高管变更与会计业绩呈负相关关系；（2）t检验的结果说明，业绩最差的组（第1组）与业绩最好的组（第4组）的高管变更比例的差异是十分显著的；（3）方差分析的结果表明，各业绩组之间高管变更的差异也是显著的。以上结果说明，在公司高管变更决策中参考了会计业绩，初步证明了会计业绩在高管变更中具有显著的决定作用，支持了假说H4-5。另外，当期业绩各组之间方差分析的F值及t检验的t值，均大于滞后一期业绩各组之间方差分析的F值及t检验的t值，这一定程度上说明高管变更与当期业绩的相关性更强，当期业绩在高管变更中的作用更大。

表4-19　　　　　按不同业绩四分位数分组统计的高管变更比例

	高管变更比例			
	$Performance = ROA$	$Performance = ROA\_1$	$Performance = RcEar$	$Performance = RcEar\_1$
A组：董事长变更比例				
1	0.171	0.176	0.180	0.187
2	0.115	0.130	0.115	0.133
3	0.088	0.114	0.089	0.118
4	0.099	0.101	0.087	0.087
t检验的t值	6.083***	5.918***	7.831***	7.939***
方差分析的F值	21.69***	14.00***	29.92***	22.65***

续表

	B组：总经理变更比例			
1	0.207	0.218	0.220	0.238
2	0.164	0.172	0.164	0.167
3	0.136	0.160	0.141	0.162
4	0.139	0.155	0.124	0.139
t检验的t值	5.210***	4.485***	7.287***	6.867***
方差分析的F值	13.35***	8.68***	20.97***	18.44***

注：（1）1、2、3、4分别表示按不同业绩四分位数的分组，即1表示将业绩小于等于第一四分位数的作为第1组，依次类推。（2）t检验是指第1组与第4组高管变更比例差异的检验。（3）方差分析是指各组间高管变更比例差异的检验。（4）各组中高管变更的比例也就是各组中高管变更的均值。（5）*** $p<0.01$。

假说 H4-6、H4-7 提出会计信息在高管变更中的作用会受到高管薪酬业绩敏感度以及高管薪酬粘性的影响，为了初步验证这两个假说，本研究对不同薪酬业绩敏感度及不同高管薪酬粘性下高管变更与会计业绩的相关关系进行了统计，表 4-20 报告了统计结果。在薪酬业绩敏感度较高的样本中，会计业绩与董事长或总经理变量之间的负相关关系，大多强于薪酬业绩敏感度较低样本中的负相关关系；这一结果初步支持了假说 H4-6，即薪酬业绩敏感度越大，高管变更与会计业绩之间的负相关关系越强，会计业绩在高管变更中的作用越大。存在薪酬粘性的样本中，会计业绩与董事长或总经理之间的负相关关系，大多弱于不存在薪酬粘性样本中的负相关关系；这一结果初步支持了假说 H4-7，即高管薪酬契约的有效性越高，会计业绩在高管变更中的作用越大。

表 4-20　不同薪酬业绩敏感度及薪酬粘性下会计业绩与高管变更的相关系数

		Pearson 相关系数				Spearman 相关系数			
		ROA	ROA_1	RcEar	RcEar_1	ROA	ROA_1	RcEar	RcEar_1
A组：不同薪酬业绩敏感度									
DirePPS = 0	DireTurn	-0.057***	-0.046**	-0.045***	-0.087**	-0.060***	-0.092***	-0.083***	-0.119***
DirePPS = 1		-0.076***	-0.026	-0.124***	-0.039**	-0.091***	-0.072***	-0.097***	-0.103***
CEOPPS = 0	CEOTurn	-0.049***	-0.042**	-0.063***	-0.043***	-0.018	-0.043**	-0.020	-0.068***
CEOPPS = 1		-0.073***	-0.041**	-0.043***	-0.126***	-0.092***	-0.088***	-0.123***	-0.114***
B组：不同薪酬粘性									
DireSticky = 0	DireTurn	-0.128***	-0.017	-0.265***	-0.079	-0.126***	-0.016	-0.126***	-0.123**
DireSticky = 1		-0.045***	-0.046**	-0.084***	-0.048***	-0.066***	-0.073***	-0.086***	-0.109***
CEOSticky = 0	CEOTurn	-0.108*	-0.039	-0.113**	0.021	-0.078	-0.064	-0.119**	-0.115**
CEOSticky = 1		-0.019	-0.035**	-0.041***	-0.039**	-0.040***	-0.044***	-0.048**	-0.077***

注：(1) DirePPS = 0、CEOPPS = 0 时表示薪酬业绩敏感度低，DirePPS = 1、CEOPPS = 1 表示薪酬业绩敏感度高；(2) DireSticky = 0、CEOSticky = 0 表示不存在薪酬粘性，DireSticky = 1、CEOSticky = 1 表示存在薪酬粘性；(3) *$p < 0.1$、**$p < 0.05$、***$p < 0.01$。

2. 多变量回归结果及分析

(1) 模型 4-4 的 Logistic 回归结果

表 4-21 报告了模型 4-4 的 Logistic 回归结果。在控制了高管年龄、公司规模、财务杠杆以及年度和行业后，ROA 与 RcEar 的回归系数表明，会计业绩越高，则高管变更的可能性越小，说明高管薪酬契约执行过程

中，会计信息在高管变更的决策中发挥了显著作用，回归结果支持了假说 H4-5；但滞后一期的业绩与高管变更的负相关关系并不显著，说明样本公司在高管变更决策时更依赖当期业绩。同时，与净利润相比，扣除非经常性损益后净利润与高管变更的负相关关系更强，统计上显著性更高，说明扣除非经常性损益后的净利润在高管变更决策中的作用更大，这一结果表明，公司在高管变更决策中能够依据可靠性、持续性更好的会计业绩，使高管变更决策更客观、科学。

表 4-21　　　　　　　　　模型 4-4 的 Logistic 回归结果

	预期符号	董事长变更				总经理变更			
		(1)	(2)	(3)	(4)	(5)	(6)	(7)	(8)
ROA	-	-1.623* (-1.86)				-1.429*** (-2.61)			
ROA_1	-		-0.038 (-0.63)				-0.210 (-0.82)		
$RcEar$	-			-3.024*** (-3.23)				-2.546*** (-5.07)	
$RcEar\_1$	-				-0.484 (-1.17)				-0.299 (-1.16)
$DireAgeV$	+	0.350*** (3.11)	0.322*** (2.83)	0.346*** (3.03)	0.326*** (2.85)				
$CEOAge$	+					0.234 (1.32)	0.220 (1.20)	0.232 (1.30)	0.201 (1.08)
$Size$	-	-0.105*** (-2.76)	-0.138*** (-3.84)	-0.047 (-1.22)	-0.121*** (-3.24)	-0.074** (-2.26)	-0.106*** (-3.30)	-0.032 (-1.02)	-0.107*** (-3.23)
Lev	+	1.350*** (5.42)	1.142*** (4.91)	1.072*** (4.16)	1.038*** (4.22)	0.829*** (4.12)	0.602*** (2.98)	0.641*** (3.17)	0.560*** (2.74)
$Constant$	?	-0.405 (-0.50)	0.503 (0.64)	-1.491* (-1.82)	0.206 (0.25)	-0.471 (-0.67)	0.440 (0.63)	-1.238* (-1.80)	0.492 (0.68)
Year 及 Ind		控制	控制	控制	控制	控制	控制	控制	控制
pseudo R^2		0.025	0.017	0.031	0.020	0.016	0.009	0.020	0.010
Chi^2		103.582	72.275	107.780	71.768	87.319	44.206	105.415	45.236
N		6508	5838	6419	5735	6505	5837	6420	5734

注：括号内的数字的根据差异差——稳健性标准误计算的 z 值；* $p<0.1$、** $p<0.05$、*** $p<0.01$。

在控制变量方面，与预期结果一致，董事长年龄达到或超过 60 岁后，董事长变更的概率更高。总经理年龄达到或超过 60 岁后，总经理变更的可能性也更高，但统计上不显著。这是因为与董事长相比，超过 60 岁的总经理人数较少，根据表 4-15 的统计结果，样本公司中仅有 3.4% 的总经理年龄达到或超过 60 岁，而董事长年龄达到或超过 60 岁的则多达 12.1%。与预期结果一致，公司规模越大，高管变更的可能性越小，因为公司规模大，变更高管的成本更高；公司财务杠杆越大，则高管变更的可能性越大，说明中国上市公司在高管变更决策中，不仅会考虑会计业绩的优劣，还会考虑企业财务风险的大小，当面临较高的偿债压力时，高管变更的概率更高。

（2）模型 4-5 的 Logistic 回归结果

表 4-22 报告了模型 4-5 的 Logistic 回归结果。根据模型 4-4 的回归结果，当期扣除非经常性损益后的净利润在高管变更决策中的作用更大，因此表 4-22 报告的模型 4-5 的 Logistic 回归结果均使用了当期扣除非经常性损益后的净利润作为会计业绩。

表 4-22 模型 4-5 的 Logistic 回归结果

	预期符号	董事长变更			总经理变更		
		全样本	DirePPS = 0	DirePPS = 1	全样本	CEOPPS = 0	CEOPPS = 1
$RcEar$	-	-1.834 * (-1.84)	-1.645 (-1.58)	-5.250 *** (-4.72)	-1.265 *** (-2.72)	-1.409 *** (-2.91)	-4.781 *** (-4.90)
$DirePPS \times RcEar$	-	-3.170 ** (-2.37)					
$DirePPS$	?	-0.078 (-0.92)					
$CEOPPS \times RcEar$	-				-4.149 *** (-4.16)		
$CEOPPS$	?				-0.023 (-0.31)		
$DireAge$	+	0.377 *** (3.20)	0.501 *** (3.17)	0.249 (1.40)			
$CEOAge$	+				0.211 (1.13)	0.048 (0.17)	0.361 (1.41)
$Size$	-	-0.044 (-1.09)	-0.066 (-1.17)	-0.017 (-0.29)	-0.047 (-1.40)	-0.020 (-0.44)	-0.084 (-1.63)
Lev	+	0.564 ** (2.18)	0.806 ** (2.37)	0.355 (0.87)	0.154 (0.73)	-0.133 (-0.49)	0.611 * (1.78)
$Constant$	?	-1.161 (-1.33)	-1.119 (-0.92)	-1.394 (-1.11)	-0.561 (-0.78)	-1.183 (-1.21)	0.273 (0.25)

续表

预期符号	董事长变更			总经理变更		
	全样本	DirePPS = 0	DirePPS = 1	全样本	CEOPPS = 0	CEOPPS = 1
Year 及 Ind	控制	控制	控制	控制	控制	控制
pseudo R^2	0.027	0.020	0.039	0.017	0.013	0.033
Chi^2	91.547	36.381	68.106	80.301	34.637	75.855
N	5486	2745	2741	5628	2802	2826

注：括号内的数字的根据差异差——稳健性标准误计算的 z 值；DirePPS = 0、CEOPPS = 0 时表示薪酬业绩敏感度低，DirePPS = 1、CEOPPS = 1 表示薪酬业绩敏感度高；* $p < 0.1$、** $p < 0.05$、*** $p < 0.01$。

在全样本回归中：RcEar 的回归系数表示当 DirePPS 或 CEOPPS 为 0 时，即高管薪酬业绩敏感度较低时，当期会计业绩在高管变更中的作用，该回归系数小于 0，说明即使会计业绩在高管薪酬契约中的权重越小，但其依然在高管变更决策中发挥了显著作用。DirePPS × RcEar 或 CEOPPS × RcEar 的回归系数表示当会计业绩在高管薪酬契约中的权重变大时，会计业绩在高管变更决策中作用的增量变化；该回归系数的大小在统计上显著小于 0，即随着高管薪酬业绩敏感度的增强，会计业绩在高管薪酬契约中的权重变大，会计业绩在高管变更中的作用也显著增强。与预期结果一致，高管薪酬业绩敏感度与高管变更的概率不存在直接线性关系，因此 DirePPS 和 CEOPPS 的回归系数均不显著。全样本的回归结果支持了假说 H4-6，说明高管薪酬契约的缔结是高管薪酬契约履行的基础，若会计信息在高管薪酬契约缔结中的作用更大，则也会导致会计信息在高管薪酬契约履行中的作用也更大。在本书的"会计信息在高管薪酬契约缔结中作用的实证检验"部分已证明，产权性质、政府干预与会计盈余的价值相关性等因素，会影响衡量高管努力程度的变量中会计业绩的权重，从而影响高管薪酬业绩敏感度，因而也会影响会计信息在高管变更中的作用。

为了保证研究结果的可靠性，本书还按董事长薪酬业绩敏感度及总经理薪酬业绩敏感度的高低，将样本分别分成两个组，然后再进行 Logistic 回归，结果显示：当高管薪酬业绩敏感度低时（DirePPS 或 CEOPPS = 0），会计业绩与高管变更概率之间负相关关系较弱，且统计上的显著性较低甚至不显著；而当高管薪酬业绩敏感度高时（DirePPS 或 CEOPPS = 1），会计业绩与高管变更概率之间的负相关关系变强，且统计上的显著性变大,并且模型中的 R^2 也显著提高。分样本的回归结果与全样本的回归结果一致,高管薪酬业绩敏感度越大,则会计业绩在高管变更中的作用越大,结果同样支持了假说 H4-6,说明研究结果是可靠的。

(3) 模型 4-6 的 Logistic 回归结果

表 4-23 报告了模型 4-6 的 Logistic 回归结果,模型 4-6 采用的会计业绩为当期扣除非经常性损益后的净利润。

表 4-23   模型 4-6 的 Logistic 回归结果

变量	预期符号	董事长变更 全样本	DireSticky =0	DireSticky =1	总经理变更 全样本	CEOSticky =0	CEOSticky =1
$RcEar$	−	−8.283*** (−4.62)	−9.790*** (−3.81)	−3.109*** (−3.46)	−4.447** (−2.30)	−6.076** (−2.56)	−1.464** (−2.14)
$DireSticky \times RcEar$	+	5.132*** (2.68)					
$DireSticky$	?	0.128 (0.74)					
$CEOSticky \times RcEar$	+				2.880 (1.44)		
$CEOSticky$	?				−0.180 (−1.20)		
$DireAge$	+	0.367*** (2.76)	−0.010 (−0.02)	0.428*** (3.09)			
$CEOAge$	+				0.165 (0.83)	−0.726 (−0.90)	0.255 (1.24)
$Size$	−	−0.042 (−0.96)	−0.051 (−0.32)	−0.046 (−1.02)	−0.034 (−0.91)	0.077 (0.60)	−0.039 (−0.98)
Lev	+	0.316 (1.03)	−0.284 (−0.31)	0.397 (1.22)	0.047 (0.19)	−1.573** (−2.05)	0.159 (0.60)
$Constant$	?	−1.371 (−1.47)	−14.155*** (−4.33)	−1.156 (−1.20)	−0.740 (−0.92)	−2.148 (−0.77)	−0.882 (−1.04)
Year 及 Ind		控制	控制	控制	控制	控制	控制
pseudo R^2		0.030	0.127	0.026	0.010	0.080	0.008
Chi^2		93.467	1097.407	68.953	39.783	26.555	29.478
N		4555	422	4133	4731	332	4399

注:括号内的数字的根据差异差——稳健性标准误计算的 z 值;DireSticky 或 CEOSticky 为 0 时,表示不存在薪酬粘性,为 1 时表示存在薪酬粘性;* $p<0.1$、** $p<0.05$、*** $p<0.01$。

从全样本的回归结果来看,$RcEar$ 的回归系数表示当高管薪酬不存在粘性时会计业绩在高管变更中的作用,该回归系数无论是在董事长变更样本中，还是在总经理变更样本中，均显著为负，由此说明，当公司高管薪酬不存在粘性时，即高管薪酬契约的有效性越高时，基于会计信息的高管薪酬契约的治理效果越好，会计信息就越有可能发挥应用的治理作用，表现为业绩较差、理应被更换的高管被更换的可能性越大。$DireSticky \times RcEar$ 的回归系数表示当高管薪酬存在粘性时，会计业绩在高管变更中作用的边际下降程度；与预期结果一致，在董事长变更样本中，该回归系数显著为正，说明当董事长薪酬存在粘性时，董事长薪酬契约的有效性降低，从而导致会计业绩在董事长变更中的作用下降；在总经理变更样本中，该回归系数为正，虽然显著性不高（显著性水平为15%），但也在一定程度上表明，当总经理薪酬存在粘性时，会计业绩在总经理变更中的作用下降了。全样本的回归结果支持了假说 H4-7。

模型 4-6 的 Logistic 回归结果表明，有效的高管薪酬契约有助于会计信息在高管变更中发挥治理作用，而有效的高管薪酬契约是制度环境、会计信息质量等因素共同作用的结果，说明会计信息在高管变更中的作用会显著地受到制度环境、会计信息质量等因素的影响。

为了检验研究结果的稳健性，本研究按董事长和总经理薪酬是否存在粘性将样本分别分成两组，然后再检验会计业绩在董事长变更和总经理变更中的作用。表 4-23 中的分样本回归结果显示，当董事长薪酬或总经理薪酬不存在粘性时（$DireSticky$ 或 $CEOSticky = 0$），会计业绩 $RcEar$ 与高管变更可能性的负相关程度十分显著，而当董事长或总经理薪酬存在粘性时（$DireSticky$ 或 $CEOSticky = 1$），会计业绩与高管变更可能性的负相关关系有较大幅度的下降；而且高管薪酬不存在粘性时模型的 R^2 也显著高于高管薪酬存在粘性时模型的 R^2。分样本的回归结果与全样本的回归结果一致，同样支持了假说 H4-7，说明研究结果是比较稳健的。

五　敏感性测试

由于高管正常变更与公司业绩不存在理论上的敏感性，因此，本研究通过以上研究会计信息在高管被迫变更中的作用来考察会计信息在高管薪酬契约履行中的作用。但康和史威达斯尼（Kang 和 Shivdasani, 1995）、赫森等（Huson 等, 2004）以及姜金香等（2005）指出，很难通过公开信息来区别高管的正常变更和被迫变更，因为公开的信息没有具体说明某种高管变更到底是正常的还是被迫的；常和王（2009）也指出，工作调动导致的高管变更可能是正常变更,也可能是被迫变更。本研究将 CS-MAR 数据库中的退休、健康原因、涉案、控股权变动、结束代理 5 类作为正常变更,将其余 7 类作为被迫变更,但这种分类可能并不准确;因为即使高管因业绩低劣被更换,但为了照顾有关人员的脸面,对外公布时可能会找一些冠冕堂皇的理由充作"遮羞布"(姜金香等,2005)。

为了避免这种因分类不准确对研究结果造成的影响,本研究对高管变更不区分正常变更和被迫变更,而是以全部变更为样本,对假说 H4-5、假说 H4-6 和假说 H4-7 进行敏感性测试,表 4-24、表 4-25 以及表 4-26 分别报告了敏感性测试的结果。

表 4-24   假说 H4-5 的敏感性测试结果

	预期符号	董事长变更				总经理变更			
		(1)	(2)	(3)	(4)	(5)	(6)	(7)	(8)
ROA	-	-1.837** (-2.04)				-1.608*** (-2.89)			
ROA_1	-		-0.040 (-0.67)				-0.284 (-1.04)		
RcEar	-			-3.256*** (-3.42)				-2.763*** (-5.27)	
RecEar_1	-				-0.555 (-1.12)				-0.348 (-1.14)
DireAge	+	0.705*** (6.99)	0.688*** (6.75)	0.712*** (6.99)	0.680*** (6.61)				
CEOAge	+					0.698*** (4.51)	0.715*** (4.43)	0.701*** (4.52)	0.706*** (4.34)
Size	-	-0.096*** (-2.61)	-0.132** (-3.79)	-0.039 (-1.03)	-0.111*** (-3.00)	-0.071** (-2.21)	-0.105*** (-3.33)	-0.030 (-0.96)	-0.103*** (-3.15)
Lev	+	1.330*** (5.46)	1.158*** (5.12)	1.054*** (4.15)	1.036*** (4.23)	0.829*** (4.21)	0.608*** (3.08)	0.643*** (3.24)	0.570*** (2.83)
Constant	?	-0.432 (-0.55)	0.521 (0.68)	-1.505* (-1.91)	0.142 (0.18)	-0.379 (-0.55)	0.581 (0.84)	-1.138* (-1.68)	0.563 (0.80)
Year 及 Ind		控制	控制	控制	控制	控制	控制	控制	控制
pseudo R^2		0.032	0.023	0.038	0.026	0.020	0.013	0.024	0.013
Chi^2		140.805	107.512	145.409	104.848	111.283	64.336	128.731	63.053
N		6508	5838	6419	5735	6505	5837	6420	5734

注:董事长变更和总经理变更既包括被迫变更,也包括正常变更;括号内的数字的根据差异差——稳健性标准误计算的 z 值; *p<0.1、**p<0.05、***p<0.01。

表 4-24 的结果与表 4-21 中的结果一致,净利润与扣除非经常性损

益后的净利润在高管变更中起到显著作用,且后者的作用大于前者;而滞后一期的业绩在高管变更中并没有起到显著作用,研究结果依然支持假说 H4-5。

与表 4-22 的结果一致,表 4-25 中的结果依然支持假说 H4-6,说明高管变更的分类并没有影响研究结论,研究结果是可靠的。

表 4-25　　　　　假说 H4-6 的敏感性测试结果

	预期符号	董事长变更 全样本	董事长变更 DirePPS=0	董事长变更 DirePPS=1	总经理变更 全样本	总经理变更 CEOPPS=0	总经理变更 CEOPPS=1
$RcEar$	-	-1.902* (-1.89)	-1.811* (-1.67)	-5.659*** (-4.88)	-1.433*** (-2.98)	-1.504*** (-3.01)	-5.020*** (-5.05)
$DirePPS \times RcEar$	-	-3.693*** (-2.69)					
$DirePPS$	?	-0.095 (-1.16)					
$CEOPPS \times RcEar$	-				-4.057*** (-3.99)		
$CEOPPS$	?				-0.035 (-0.50)		
$DireAge$	+	0.735*** (6.94)	0.853*** (5.99)	0.613*** (3.84)			
$CEOAge$	+				0.723*** (4.45)	0.645*** (2.80)	0.793*** (3.44)
$Size$	-	-0.033 (-0.85)	-0.036 (-0.65)	-0.030 (-0.52)	-0.043 (-1.29)	-0.035 (-0.79)	-0.060 (-1.18)
Lev	+	0.559** (2.20)	0.732** (2.17)	0.441 (1.11)	0.156 (0.75)	-0.057 (-0.21)	0.510 (1.51)
$Constant$	?	-1.264 (-1.50)	-1.720 (-1.44)	-0.937 (-0.77)	-0.490 (-0.69)	-0.703 (-0.74)	-0.068 (-0.06)
Year 及 Ind		控制	控制	控制	控制	控制	控制
pseudo R^2		0.035	0.030	0.047	0.020	0.017	0.035
Chi^2		128.613	63.400	82.678	99.236	47.404	82.303
N		5486	2745	2741	5628	2802	2826

注:董事长变更和总经理变更既包括被迫变更,也包括正常变更;括号内的数字的根据差异差——稳健性标准误计算的 z 值;DirePPS=0、CEOPPS=0 时表示薪酬业绩敏感度低,DirePPS=1、CEOPPS=1 表示薪酬业绩敏感度高;* $p<0.1$、** $p<0.05$、*** $p<0.01$。

表 4-26 中的敏感性测试结果与表 4-23 中的结果是一致的,同样支持假说 H4-7,表明研究结果是可靠的。

表 4-26　　　　　　　假说 H4-7 的敏感性测试结果

	预期符号	董事长变更			总经理变更		
		全样本	DireSticky=0	DireSticky=1	全样本	CEOSticky=0	CEOSticky=1
$RcEar$	-	-8.061*** (-4.58)	-9.507*** (-3.86)	-3.329*** (-3.61)	-4.454** (-2.31)	-6.112*** (-2.62)	-1.750** (-2.50)
$DireSticky \times RcEar$	+	4.701** (2.49)					
$DireSticky$	?	0.161 (0.96)					
$CEOSticky \times RcEar$	+				2.604 (1.30)		
$CEOSticky$	?				-0.128 (-0.87)		
$DireAge$	+	0.740*** (6.22)	0.413 (0.93)	0.793*** (6.38)			
$CEOAge$	+				0.668*** (3.83)	-0.217 (-0.30)	0.760*** (4.22)
$Size$	-	-0.048 (-1.11)	-0.076 (-0.50)	-0.051 (-1.14)	-0.029 (-0.79)	0.125 (0.95)	-0.035 (-0.89)
Lev	+	0.328 (1.09)	-0.300 (-0.33)	0.404 (1.26)	0.054 (0.22)	-1.520** (-1.99)	0.155 (0.59)
$Constant$	?	-1.149 (-1.26)	-14.121*** (-4.58)	-0.908 (-0.97)	-0.766 (-0.97)	-3.185 (-1.12)	-0.831 (-1.00)
Year & Ind		控制	控制	控制	控制	控制	控制
pseudo R^2		0.036	0.117	0.033	0.013	0.078	0.012
Chi^2		117.915	1378.05	96.135	53.794	26.853	47.462
N		4555	422	4133	4731	332	4399

注：董事长变更和总经理变更既包括被迫变更，也包括正常变更；括号内的数字是根据异方差——稳健性标准误计算的 z 值；DireSticky 或 CEOSticky 为 0 时，表示不存在薪酬粘性，为 1 时表示存在薪酬粘性；* $p<0.1$、** $p<0.05$、*** $p<0.01$。

六　研究小结

本章通过实证检验会计业绩在高管变更中的作用，验证了会计信息在高管薪酬契约的履行过程中也发挥了应有的治理作用，即会计信息减少了高管薪酬契约履行中股东与高管之间的信息不对称，降低了直接监督高管的监督成本，依据会计信息来衡量高管的努力程度也降低了直接衡量的成本。

研究结果表明：（1）扣除非经常性损益后的净利润具有较好的可靠

性和持续性，用其评价高管努力程度更科学、更客观，其在高管变更决策中发挥了显著的作用。（2）高管薪酬契约的履行是以高管薪酬契约的缔结为基础的，当缔结高管薪酬契约时给予会计业绩的权重越大，那么在高管变更中给予会计信息的权重也就越大；本研究通过高管薪酬业绩敏感度来衡量会计业绩在缔结高管薪酬契约中的权重，实证结果表明，高管薪酬业绩敏感度越大，会计信息在高管变更决策中的作用也越大。（3）高管薪酬契约的履行会受到制度环境、会计信息质量等因素的影响，高管薪酬契约的有效性是这些因素共同作用的结果。本研究通过高管薪酬粘性来衡量受制度环境、会计信息质量影响的高管薪酬契约有效性，并首次验证了当高管薪酬契约有效性越高时（不存在薪酬粘性），会计信息在高管变更中的作用越大。

第五章

会计信息在债务契约中作用的实证检验

由于股东和经理人与债权人之间存在潜在冲突，所以，债权人一般通过在缔结债务契约时，设置相应的限制性条款来保障自己的利益，会计信息正是这些限制性条款的重要输入变量，有助于降低交易成本。第一，会计信息在债务契约的缔结时作为一种共同知识，能够降低契约双方的信息成本和衡量成本；第二，在债务契约中也可能存在业绩定价条款，不同于约束性条款，业绩定价条款是一种激励，激励借款企业提高业绩，从而降低借款成本，债权人由此来降低风险；第三，以会计信息为基础的债务契约条款降低了债权人直接监督借款企业的成本。本书第一章曾详细阐述了会计信息的这三个作用，其中第三个方面是指会计信息在债务契约履行中的作用，即会计信息的履约作用；前两个方面是指会计信息在债务契约缔结时的作用，具体来说，会计信息可能会显著影响债权人——银行的授信决策，比如银行依据会计信息决定授信额度（企业能获得借款数量）和授信方式（信用贷款还是担保贷款），而授信方式的不同又可能影响企业的借款成本和借款期限，因此，会计信息在银行借款契约缔结中的作用也可以称为授信作用[①]。

本章的实证检验主要结合我国的制度背景进行分析，特别是结合2003年开始的银行业改革，检验其对会计信息的债务契约有用性可能会产生哪些影响。另外，随着国有企业改革的深入以及证监会监管政策的完善，国有上市公司的治理机制逐渐完善，产权性质对会计信息的债务契约有用性的影响也可能发生变化。同时，会计信息的债务契约有用性会受会计信息质量的影响，而会计信息质量内生于制度环境；由于我国的市场化

[①] 本章中的债务契约均是指银行借款契约。

改革成效逐年提高，制度环境的变化可能导致会计信息债务契约有用性发生变化。

第一节 会计信息在债务契约缔结中作用的实证检验

一 引言

国内对于会计信息在债务契约缔结中作用的实证研究起始于孙铮等（2006），这篇文献引发了一系列关于会计信息债务契约有用性的研究[①]，表5-1列举了这篇文献之后的国内研究文献及部分国外文献。

表5-1 会计信息在债务契约缔结中作用的部分研究文献

文献	因变量	自变量	调节（分组）变量	主要发现
孙铮等（2006）	债务融资数量	反映偿债能力、盈利能力的综合因子	产权性质、市场化程度	公有企业的会计信息在债务契约中的作用要低于私有企业，原因是政府对公有企业的各种优惠政策实质上起到了为公司贷款提供隐性担保的作用
魏明海和陶晓慧（2007）	新增贷款比率	会计稳健性	—	会计稳健性越高的公司越容易获得银行贷款，会计稳健性具有债务契约有用性
陆正飞等（2008）	新增长期借款	ROA	盈余管理程度	盈余管理程度不同公司的会计信息债务契约有用性不存在显著差异，盈余管理行为损害了会计信息的债务契约有用性
潘克勤（2009）	借款收到的现金	反映偿债能力、盈利能力的综合因子	实际控制人的政治关系	实际控制人政治身份降低会计信息债务契约有用性，而且该效应随政治身份级别提高而加强
弗思等（2009）	借款数量及是否借款哑变量	滞后一期的ROS	公司规模及金融市场化程度	公司业绩越好，公司从银行获得借款的可能性及借款数额越高。这种现象在大公司、金融市场化程度好的地区越显著

---

① 虽然部分文献没有直接提"会计信息债务契约有用性"这一概念，而且有的文献使用的解释变量是会计信息质量，但总体思路是研究会计信息的债务契约有用性。

续表

文献	因变量	自变量	调节（分组）变量	主要发现
薛云奎和朱秀丽（2010）	长期或短期借款数量	盈余质量	金融体制改革	金融体制改革后，盈余质量与短期借款正相关关系增强，而与长期借款的关系没有显著变化
管考磊（2010）	公司获得的银行贷款	基于会计信息衡量的财务风险	金融生态环境	对于财务风险可控（不可控）公司，财务风险与银行贷款显著正（负）相关，这种关系在金融生态环境越好的地区越显著
刘浩等（2010）	信用贷款比重	会计信息质量	产权性质、市场化程度	信用贷款的获得与企业的会计信息质量正相关，这一关系受企业股权性质和企业所在金融市场差异的影响
孙亮和柳建华（2011）	银行借款的变化额及借款成本	滞后一期的ROA	产权性质、银行业改革、市场化进程	银行给不同产权性质企业贷款时显著考虑会计业绩，历史会计业绩越好借款额越多，借款成本越低；这一现象在银行业改革后及市场化进程高的地区更显著
窦家春（2011）	债务融资数量、债务融资成本	反映偿债能力、盈利能力的综合因子	审计质量、审计意见、产权性质	高质量的审计师及审计意见能够增强债务融资的数量（成本）与反映企业偿债能力的会计信息之间的正（负）相关性
徐玉德和陈骏（2011）	银行信用借款比例及变动	基于会计信息衡量的违约风险	盈余质量、债务期限	基于会计信息的违约风险越大，银行信用借款比例越低；会计信息的债务契约有用性会受到盈余质量和债务期限的影响
雷宇和杜兴强（2011）	借款现金净流入	基于财务指标的综合会计信息	政治关系	会计信息越好，公司能够借入的资金就越多；有关系的公司比没有关系的公司能够借入更多的资金；有关系的公司能够以较差的会计信息借入较多的资金

注：有些研究通过建立调节变量与自变量的交叉项来观察调节效应；也有的研究直接根据某一变量进行分组，所以此处称为分组变量。

从表 5-1 可以看出，国内研究的因变量可以归纳为四个方面：借款融资数额①、信用贷款比例、借款成本与借款期限;自变量可分为两类:直接使用会计信息指标,以及使用会计信息质量指标(包括依据会计信息衍生的指标)。

而就笔者掌握的外文文献来看,尚没发现直接以借款量和会计信息分别作为因变量和自变量的研究。在企业借款资金需求与银行授信决策无关的前提下,目前研究表明,我国商业银行在授信决策中显著注重借款企业会计业绩的大小,而没有考虑会计业绩是否受到盈余管理等行为的操纵,但商业银行在授信决策时对借款企业会计业绩的依赖会受到产权性质、市场化程度、政治关系以及金融生态环境等制度环境的影响。

由于考虑2006年财政部颁布的新《企业会计准则》的影响,现有研究大多是选取2006年之前的样本,特别是关于产权对会计信息债务契约有用性影响的研究,如孙铮等(2006)的样本期间是1998—2004年,陆正飞等(2008)的样本期间是2002—2006年,刘浩等(2010)的样本期间是2001—2007年。但中国政府自2003年开始了新一轮的银行业改革②,提高了银行信贷资金配置的市场化程度,这一制度变迁会对会计信息的债务契约有用性产生显著影响。目前已有研究为此提供了初步的经验证据。例如,孙亮和柳建华(2011)同时使用银行业改革前后期间的数据为研究样本,发现银行在配置信贷资金时对国有及民营企业的历史业绩都比较重视,并得出银行并没有因为借款企业的不同产权性质而采取差别对待的结论;薛云奎和朱秀丽(2010)研究发现,银行业改革后,盈余质量与企业短期借款数量的正相关关系增强了。

---

① 现有研究大多用企业获得借款的增量来衡量企业借款融资数额。由于企业获得的借款主要受企业需求以及银行信贷决策两个方面的影响,会计信息中如盈利能力和偿债能力一方面对企业借款的需求有影响,另一方面也会影响银行的信贷决策;从企业的需求来说,不同企业的借款目的不同,经营业绩较差的企业可能是为了缓解资金困难,经营业绩较好的企业一方面可能因资金较为充裕不需要融资,还有可能为了进一步扩张而需要借款,因此,企业获得的借款与会计信息指标之间可能并不存在直接的线性关系。但企业借款的增量可以一定程度上控制企业需求的影响,更能反映银行信贷决策的结果,其与会计信息指标之间会存在直接线性关系,因为银行对于业绩较好的企业会提供更多的借款,反之则反。

② 中国的银行业改革经历了二级银行体制的建立(1979—1983年)、企业化改革(1984—1994年)、商业化改革(1995—1997年)、垂直化管理体制改革(1998—2003年)以及2003年以来的市场化改革。具体参见薛云奎、朱秀丽《制度变迁、盈余质量和债务契约》,《中国会计与财务研究》2010年第3期。

本章以下通过选取银行业改革后的样本来实证检验会计信息的债务契约有用性，并考察产权性质、会计信息透明度和市场化程度对会计信息债务契约有用性的影响。与孙亮和柳建华（2011）不同的是，本书考虑会计信息透明度这一综合会计信息质量特征对会计信息债务契约有用性的影响；与薛云奎和朱秀丽（2010）不同的是，本书还考察会计信息质量对会计信息债务契约有用性的影响是否因产权性质不同而不同。本书之所以选取会计信息透明度这一质量特征，目的是弥补目前国内这方面研究的不足。本章对会计信息在债务契约缔结中作用的实证检验是对现有研究的补充，将研究结果与现有研究结果进行对比，能使我们发现会计信息的债务契约有用性在银行业改革后是否有所变化，特别是会计信息质量对会计信息债务契约有用性的影响，在不同产权性质企业以及不同市场化进程地区中有什么不同。

二　假说发展

1. 会计信息在缔结银行债务契约时作用的基本假说

依据会计信息契约有用性的基本命题Ⅰ：会计信息是缔结债务契约时契约双方的共同知识，依据会计信息缔结债务契约，能够降低双方的信息成本，而且债权人（银行）依据这一共同知识能够衡量借款企业偿债能力、盈利能力，并以此为依据决定授信额度和授信方式，降低直接衡量借款企业价值和偿还能力的成本。当借款企业偿债能力强、盈利能力好时，银行收回贷款的风险较小，银行的授信额度高；对应地，借款企业能借到的金额就比较多。而当借款企业偿债能力和盈利能力比较差时，银行面临的风险较大，会减少授信额度；对应地，借款企业获得借款的金额就比较少。

企业获得的借款一方面受其需求的影响，业绩较好的企业可能不需要借款或者是因扩大经营而需要更多的借款；另一方面受银行信贷决策的影响，为了观察银行信贷决策对会计信息的依赖，我们需要找到更能反映银行信贷决策结果的变量。企业前后两期借款的增量能够一定程度抵消企业需求对借款数额的影响，更能反映银行信贷决策的结果。由此，本书预计企业偿债能力、盈利能力与其借款增量之间呈显著的正相关关系。

基于以上分析，提出会计信息在债务契约缔结时发挥作用的基本假说：

H5-1：会计信息在债务契约缔结时发挥了重要作用，具体表现为企业偿债能力、盈利能力与其借款增量显著正相关。

2. 会计信息透明度与会计信息的债务契约有用性[①]

会计信息质量会影响债务契约，表现为：会计信息质量越差，银行与借款企业之间的信息不对称程度越高，银行就可能会通过减少授信额度来降低信息不确定所带来的风险；同时作为对信息不确定所带来风险的补偿，银行可能要求更高的回报率。弗朗西斯等（Francis等，2005）以及巴尔拉特等（Bharath等，2008）发现，借款企业会计应计质量越高，借款利率越低。魏明海和陶晓慧（2007）以及张（Zhang，2008）发现，借款企业会计稳健性越高，借款利率越低。格雷厄姆等（2008）发现，财务重述公司的借款利率较高，期限较短，而且更可能被要求在后续借款中增加额外债务契约条款。姚立杰和夏冬林（2009）研究发现，盈余质量越高，则总债务成本、长期借款债务成本和信用借款债务成本越低。刘浩等（2010）发现，会计信息质量越高，则企业获得的信用贷款数额越大。

以上研究都是直接研究会计信息质量对债务契约的影响。然而银行决定授信额度依据的是具体的会计业绩指标，会计信息质量是通过影响银行授信决策时对会计业绩指标的依赖程度而影响债务契约。具体来说，当会计信息质量高时，银行授信决策时给予反映会计业绩指标的权重大；反之，银行可能采用其他信息来替代会计信息的信贷决策有用性。因此，本书不直接研究会计信息质量对债务契约的影响，而是研究会计信息质量对会计信息契约有用性的影响，即研究企业借款融资数额与具体会计业绩指标之间的关系是否受会计信息质量的影响。

已有部分研究对此进行了探讨。陆正飞等（2008）研究2002—2006年上市公司盈余管理程度对会计信息债务契约有用性的影响[②]，但并没有发现不同盈余管理程度的公司的会计信息债务契约有用性存在显著差别。徐玉德和陈骏（2011）同样以盈余管理程度衡量会计信息质量，发现较差的盈余质量会降低基于会计信息衡量的公司违约风险与短期信用贷款之

[①] 本部分以下假说中的会计信息的债务契约有用性均是指会计信息在债务契约缔结时的有用性。

[②] 可以认为陆正飞等（2008）是以盈余管理程度来衡量会计信息质量的。

间的关系。然而目前尚没有关于会计信息透明度对会计信息债务契约有用性影响的研究。

会计信息透明度比会计信息质量的内涵更为广泛，它不仅描绘了会计信息披露的目标，而且包含了会计信息从公司内部传递到最终信息需求者的全过程。会计信息透明度较高的公司向银行申请借款时，银行在授信决策时会更依赖其提供的会计业绩指标等会计信息，因而会计信息在银行授信决策中的作用更大。

据此，提出以下待检验假说：

H5-2：会计信息透明度越高，会计信息的债务契约有用性越大。

3. 产权性质、会计信息透明度与会计信息的债务契约有用性

中国政府自2003年开始新一轮的银行业改革，弗思等（2009）将这次的银行业改革总结为以下五个方面：（1）将政策性贷款任务从商业银行中剥离出来，转交给三大政策性银行；（2）剥离不良资产并获国家注资；（3）改革银行内部管理体制，注重内部治理[①]；（4）引进国外投资银行作为战略投资者；（5）完成上市。银行业的市场化改革使商业银行从向国企提供低成本的融资工具转化为真正自负盈亏的商业实体，从而导致商业银行对国有企业的信贷决策可能会发生根本性变革。吴军和白云霞（2009）研究发现，虽然1999—2007年仍然存在亏损和偿债能力差的国有企业从商业银行获得新增贷款的现象，但这种现象在此期间不断减少，尤其是在2003年银行业改革后大幅下降，这一经验研究结果表明国有企业虽然仍然存在预算软约束问题，但2003年以来的银行业改革对硬化国有企业的预算软约束起到了显著的作用。樊纲等（2010）的研究显示，自2003年以来，各省区金融市场化程度，包括金融业的竞争以及信贷资金分配的市场化程度，均显著提高。金融业市场化程度的提高，使国有商业银行有动力通过充分衡量国有企业的盈利能力和偿债能力后，才与国有企业缔结最优债务契约。

[①] 中国人民银行于2002年6月颁布了《股份制商业银行公司治理指引》。中国银监会于2004年颁布了《关于中国银行、中国建设银行公司治理改革与监管指引》，并于2006年4月出台了《国有商业银行公司治理及相关监管指引》。

以上分析表明，可能与孙铮等（2006）以银行业改革前的数据发现民营企业中会计信息的债务契约有用性显著高于国有企业这一结果不同，银行业改革后，会计信息的债务契约有用性在不同产权性质的企业中可能不存在显著差异。银行业改革后，会计信息在不同产权性质企业中债务契约有用性的差异，还存在如下可能性：

（1）由于国有企业的规模通常比民营企业大，而规模大的企业从银行获得借款的数额更大（孙铮等，2005；方军雄，2010）；而且规模大的企业从银行获得借款的可能性以及借款数量与企业业绩的正相关关系，均显著高于规模小的企业（Firth 等，2009）；因此可以预计，银行为了控制风险，对于借款数额较大的国有企业关注度更高，即银行业改革后，银行更注重审查借款数额较大的国有企业的盈利能力和偿债能力等会计信息，因而会计信息在国有企业中债务契约有用性高于民营企业。

（2）由于国有企业 CEO 的晋升与报酬更多地决定于政治和社会目标的实现（Fan 等，2007），国有企业 CEO 的薪酬业绩敏感度小于民营企业。在这一前提下，国有企业 CEO 没有直接进行盈余管理的动机（Chen 等，2010）。根据以上分析可以推测，在其他条件相同的情况下，国有企业的会计信息质量可能高于民营企业。孙铮等（2006）在敏感性测试中证实了国有企业会计信息质量的确高于民营企业。王冲和谢雅璐（2010）研究发现，实施新《企业会计准则》后，民营企业的应计质量显著低于国有企业，因而信息风险高于国有企业。因此，在其他条件相同情况下，如果国有企业中会计信息的债务契约有用性高于民营企业，这可能是由国有企业较高的会计信息质量导致的。

以上分析可以总结为以下两种可能的结果：一是银行业改革后，会计信息的债务契约有用性在国有企业与民营企业中不存在显著差异；二是银行业改革后，国有企业中会计信息的债务契约有用性可能大于民营企业中会计信息的债务契约有用性，而这种差异是由国有企业具有较高的会计信息质量导致的，表现为国有企业中会计信息质量对会计信息债务契约有用性的积极影响更显著。

为了检验具体是哪一种结果，提出以下两个竞争性的假说：

H5-3a：银行业改革后，会计信息的债务契约有用性在不同产权性质的上市公司中不存在显著差异；

H5-3b：银行业改革后，国有企业会计信息的债务契约有用性高于民营企业会计信息的债务契约有用性；且国有企业中会计信息质量对会计信息债务契约有用性的积极影响更显著。

4. 制度环境、会计信息透明度与会计信息的债务契约有用性

基于会计信息的债务契约作为一种企业内部微观机制，内生于特定的制度环境。制度环境对会计信息有用性的影响有两种基本假说：后果假说和替代假说（修宗峰，2009）。(1) 后果假说也可以称为互补效应假说，是指当制度环境越好时，会计信息的有用性越高。依据后果假说，制度环境越好的地区，政府干预越少，金融业的市场化程度高，银行在授信决策时更理性，这会促进会计信息债务契约有用性的提高；并且在制度环境越好的地区，会计信息透明度对会计信息债务契约有用性的积极影响越显著。(2) 替代假说或者替代效应假说，是指当制度环境越差时，会计信息的有用性越高，即会计信息能作为较差宏观机制的一种替代机制。依据替代假说，当制度环境越差时，法制的完善与执行越差，政府干预越多，银行会将事后借款企业违约所带来的风险在事前进行控制，即事前缔结债务契约时，银行会更加注重借款企业的偿债能力、盈利能力等会计业绩指标及质量，会计信息透明度对会计信息债务契约有用性的积极影响也更显著。

目前，国内外关于制度环境、公共机制与企业内部微观机制之间究竟是互补关系还是替代关系的研究结论并不一致。翟华云（2010）研究发现，在法律环境较好的地区，高质量审计能提高公司的投资效率，抑制上市公司投资过度和减少投资不足；雷宇（2011）研究发现，好的制度环境通过增进投资者对会计信息的信任而提高会计信息的投资有用性；以上研究支持互补效应假说。与上述研究不同的是，拉·波特等（La Porta 等，1998）认为，在投资者法律保护越弱的国家，高质量的财务会计系统可能成为较弱的投资者法律保护的一种替代机制；王艳艳和于李胜（2006）研究发现，当法治环境较薄弱时，独立审计可以充当法律的替代机制为投资者提供保护；陈胜蓝和魏明海（2006）研究发现，对于投资者保护较弱的地区，财务会计系统可以作为补偿弱投资者保护的替代机制；这些研究支持替代效应假说。

以上分析表明，制度环境与会计信息债务契约有用性的关系是互补还

第五章　会计信息在债务契约中作用的实证检验　149

是替代，还有待检验，因此，提出以下两个竞争性的假说：

H5-4a：制度环境越好的地区，会计信息的债务契约有用性越大，会计信息透明度对会计信息债务契约有用性的积极影响越显著；（互补效应假说）

H5-4b：制度环境越差的地区，会计信息的债务契约有用性越大，会计信息透明度对会计信息债务契约有用性的积极影响越显著。（替代效应假说）

三　研究设计

1. 样本选择

我国自 2003 年开始新一轮的银行业改革，理论上，研究银行改革后的债务契约应从 2003 年开始，但由于我国财政部自 2006 年颁布了新《企业会计准则》，这一重大制度变革可能会影响研究结果，为了尽量避免这一影响，本部分选择 2007—2010 年的上市公司为研究样本，在删除金融业以及数据不全的公司后，共得到 3064 个观测值。

本研究采用赫顿等（Hutton 等，2009）的方法，以过去三年操控性应计的绝对值之和来衡量当年的会计信息透明度，如计算 2007 年的会计信息透明度时，还需要使用 2003—2006 年的数据①，因此本部分实证研究实际的数据期间为 2003—2010 年。表 5-2 报告了样本的年度与行业分布情况。

表 5-2　样本行业与年度分布（会计信息在债务契约缔结时的作用）

行业	2007 年	2008 年	2009 年	2010 年	合计
农林牧渔业	17	17	10	27	71
采掘业	13	15	16	25	69
制造业——食品、饮料	30	34	27	41	132
制造业——纺织、服装、皮毛	32	36	27	43	138

---

① 计算 2007 年的会计信息透明度需要使用 2004 年、2005 年、2006 年的数据，但在计算 2004 年的操控性应计时，还需使用 2003 年的年末数作为 2004 年的期初数，因此，需要 2003—2006 年的数据。

续表

行业	2007年	2008年	2009年	2010年	合计
制造业——木材、家具、其他	6	6	6	11	29
制造业——造纸、印刷	10	11	8	23	52
制造业——石油、化学、塑胶、塑料	76	85	61	114	336
制造业——电子	29	30	24	38	121
制造业——金属、非金属	72	77	58	96	303
制造业——机械、设备、仪表	109	122	91	153	475
制造业——医药、生物制品	44	47	34	52	177
电力、煤气及水的生产和供应业	41	46	37	60	184
建筑业	16	20	15	19	70
交通运输和仓储业	34	30	20	37	121
信息技术业	28	33	24	42	127
批发和零售贸易业	50	50	36	61	197
房地产业	35	44	38	68	185
社会服务业	21	21	18	26	86
传播与文化产业	4	6	3	2	15
综合类	51	47	30	48	176
合计	718	777	583	986	3064

注：行业分类依据中国证监会2001年颁布的《上市公司行业分类指引》，对制造业按二级代码进行了再分类，由于木材家具业与其他制造行业公司较少，对这两类行业进行合并为"制造业——木材、家具、其他"。

本部分所使用的数据除制度环境数据来自樊纲等（2010），产权性质数据来自CCERDATA外，其他数据全部来自CSMAR数据库。数据整理与分析均使用Stata11.2软件。

2. 研究模型

（1）假说H5-1的检验模型

$$LoanVar_{i,t} = \alpha_0 + \alpha_1 Performance_{i,t-1} + \alpha_2 Size_{i,t} + \alpha_3 Lev_{i,t} + \alpha_4 Growth_{i,t} + \alpha_5 CFO_{i,t} + \alpha_6 Offer_{i,t} + \sum \alpha_j Year_j + \sum \alpha_k Ind_k + \varepsilon_{i,t}$$

（模型5-1）

类似于孙铮等（2006）和陆正飞等（2008），$LoanVar$是公司当期借款的增量：总借款增量（$Loan$）、长期借款增量（$LLoan$）以及短期借款增量（$SLoan$），均用期初总资产标准化。$Performance$为滞后一期的公司会计业绩。

根据陆正飞等（2008）、孙亮和柳建华（2011）以及王雄元和全怡（2011）的研究，模型 5-1 还控制了公司规模（$Size$）、财务杠杆（Lev）。孙铮等（2006）认为当期公司权益融资额（$Offer$）以及公司当期产生内部资金能力，如经营活动产生的现金净流量（CFO）、营业收入增长率（$Growth$）会对公司当年借款产生影响，模型对这些变量进行了控制。

模型还控制行业效应（Ind）和年度效应（$Year$）。值得一提的是，陆正飞等（2009）以及饶品贵和姜国华（2011）研究货币政策对企业借款的影响，这些研究均使用年度哑变量来衡量货币政策，因此在模型中控制年度效应，还能起到控制每年货币政策的变化对企业借款的影响。模型中变量的具体衡量方法见表 5-5。

根据假说 H5-1，若会计业绩信息在债务契约缔结时有用，α_1 应显著大于零，即公司业绩越好，获得的借款数量越多。

（2）假说 H5-2 的检验模型

$$LoanVar_{i,t} = \beta_0 + \beta_1 Performance_{i,t-1} + \beta_2 (Performamce_{i,t-1} * Trans_{i,t}) + \beta_3 Trans_{i,t} + \beta_4 Size_{i,t} + \beta_5 Lev_{i,t} + \beta_6 Growth_{i,t} + \beta_7 CFO_{i,t} + \beta_8 Offer_{i,t} + \sum \beta_j Year_j + \sum \beta_k Ind_k + \mu_{i,t}$$

（模型 5-2）

其中，$Trans$ 为会计信息透明度，其他变量的定义与模型 5-2 中的一致，具体衡量方法见表 5-5。

根据假说 H5-2，β_2 应显著大于零，即会计信息透明度越高时，会计业绩与企业借款数量之间的正相关关系越强，反映出会计信息透明度对会计信息债务契约有用性有积极影响；同时，β_3 也应大于零，其显著性有待检验。

（3）假说 H5-3 的检验模型

可以通过建立产权性质哑变量（SOE）与 $Performance$ 及 $Performance \times Trans$ 的交叉项来检验假说 H5-3，但在模型中需要对低阶的交叉项进行控制，这容易引起多重共线性。因此，为了检验假说 H5-3，本研究对模型 5-1 和模型 5-2 按产权性质（SOE）进行分组回归。

（4）假说 H5-4 的检验模型

类似于假说 H5-3 的检验方法，本研究对模型 5-1 和模型 5-2 按制度环境的好坏（$DumMart$）进行分组回归，这一方法也与李等（Li 等，2009）检验产权性质与制度环境交互效应对资本结构的影响方法类似。

3. 变量衡量

（1）会计业绩（Performance）

饶艳超和胡奕明（2005）对银行信贷中会计信息的使用情况进行了问卷调查，调查发现，银行在信贷决策中对于借款人的长短期借款、主营业务收入、固定资产、经营活动产生的现金流量、流动比率、速动比率等会计信息都比较重视。这些会计信息都具有债务契约有用性，但显然不可能将所有这些信息都纳入模型。为了综合这些会计信息，并减少共线性，本研究采用因子分析法，提取综合反映这些会计信息的公共因子作为会计业绩的衡量。

本研究选择滞后一期的会计业绩作为解释变量[①]，因为银行在信贷决策时更多依据的是借款企业过去的财务报告。具体来说，本研究选取滞后一期的流动比率、速动比率、现金比率、所有者权益比率、利息保障倍数、有形净值债务率、营业毛利率、净资产收益率、总资产报酬率以及总资产周转率来代表会计信息，然后提出两个公共因子 $Factor1$ 以及 $Factor2$ 作为会计业绩（Performance）的衡量。

表5-3报告了原始的10个会计指标的描述性统计结果以及因子分析的结果。$Factor1$ 和 $Factor2$ 的特征值均大于1，且累积贡献度高达97.3%，说明公共因子 $Factor1$ 和 $Factor2$ 能够很好地反映原有10个会计指标的综合信息。从方差最大旋转后的因子载荷量矩阵来看，$Factor1$ 对反映偿债能力的流动比率、利息保障倍数等有较大的正载荷量，而 $Factor2$ 对反映盈利能力的营业毛利率及总资产报酬率等有较大的正载荷量，因此，可以将 $Factor1$ 称为偿债能力公因子，将 $Factor2$ 称为盈利能力公因子。

表5-3　　　　　　　　　　　因子分析结果

A组：用于提取公因子的会计指标的描述性统计							
	样本量	均值	标准差	中位数	最小值	最大值
流动比率	3064	1.229	0.778	1.090	0.053	11.298
速动比率	3064	0.802	0.587	0.676	0.019	11.292
现金比率	3064	0.341	0.474	0.242	-0.009	17.204
所有者权益比率	3064	0.456	0.162	0.445	0.030	0.956

[①] 这与弗思等（2009）、孙亮和柳建华（2011）的做法一致。

续表

A组：用于提取公因子的会计指标的描述性统计

	样本量	均值	标准差	中位数	最小值	最大值
利息保障倍数	3064	8.546	340.105	3.709	-17633.120	5358.160
有形净值债务率	3064	2.241	11.248	1.381	0.047	603.858
营业毛利率	3064	0.225	0.158	0.195	-1.506	0.950
净资产收益率	3064	0.066	0.224	0.069	-1.854	6.010
总资产报酬率	3064	0.055	0.074	0.054	-0.975	0.464
总资产周转率	3064	0.745	0.627	0.606	0.002	10.179

B组：因子分析的特征值、贡献率和累积贡献率

因子	特征值	贡献率	累积贡献率
$Factor1$	2.505	0.634	0.634
$Factor2$	1.338	0.339	0.973

C组：方差最大旋转后的因子载荷量矩阵

	$Factor1$	$Factor2$
流动比率	0.859	0.053
速动比率	0.906	0.040
现金比率	0.596	0.071
所有者权益比率	0.583	0.166
利息保障倍数	0.046	0.075
有形净值债务率	-0.099	-0.137
营业毛利率	0.211	0.406
净资产收益率	0.004	0.767
总资产报酬率	0.111	0.828
总资产周转率	-0.126	0.0756

注：流动比率＝流动资产/流动负债，速动比率＝（流动资产－存货）/流动负债，现金比率＝现金/流动负债，股东权益比率＝股东权益/总资产，利息保障倍数＝息税前利润/财务费用，有形净值债务率＝负债总额/（股东权益－无形资产），营业毛利率＝主营业务利润/主营业务收入，净资产收益率＝将利润/平均净资产，总资产报酬率＝息税前利润/平均总资产，总资产周转率＝主营业务收入/平均总资产。

(2) 会计信息透明度（Trans）

本研究采用赫顿等（2009）的方法，使用公司过去三年操控性应计项目的绝对值之和来衡量会计信息透明度，这一方法在国内研究中被较多的引用，如王亚平等（2009）。

过去三年操控性应计的绝对值之和计算过程如下，以计算滞后一期（$t-1$ 期）的操控性应计为例：

首先，根据基本琼斯模型（Jones, 1991）：

$$TA_{i,t-1} = \gamma_0/A_{i,t-2} + \gamma_1(\Delta REV_{i,t-1}/A_{i,t-2}) + \gamma_2(PPE_{i,t-1}/A_{i,t-2}) + e_{i,t-1} \quad \text{（模型 5-3）}$$

对该模型进行分年度和分行业的 OLS 回归，得到回归系数 γ_0、γ_1、γ_2 的估计值 $\hat{\gamma}_0$、$\hat{\gamma}_1$、$\hat{\gamma}_2$。其中：

$$TA_{i,t-1} = （上一年净利润 - 上一年经营活动产生的现金流量净额）/A_{i,t-2}$$

$A_{i,t-2}$ 为公司 i 的上一年年初总资产，即 $TA_{i,t-1}$ 是指上一年经年初总资产调整后的总应计额；

$\Delta REV_{i,t-1}$ 是指公司 i 在第 $t-1$ 年和第 $t-2$ 年主营业务收入的差额；

$PPE_{i,t-1}$ 是指公司 i 在第 $t-1$ 年的固定资产原值。

其次，将上述估计的 $\hat{\gamma}_0$、$\hat{\gamma}_1$、$\hat{\gamma}_2$ 代入修正琼斯模型（Dechow 等，1995），计算非操控性应计（NDA），即：

$$NDA_{i,t-1} = \hat{\gamma}_0/A_{i,t-2} + \hat{\gamma}_1(\Delta REV_{i,t-1} - \Delta REC_{i,t-1})/A_{i,t-2} + \hat{\gamma}_2(PPE_{i,t-1}/A_{i,t-2}) \quad \text{（模型 5-4）}$$

其中：$NDA_{i,t-1}$ 是上一年度经年初总资产调整后的非操控性应计，$\Delta REC_{i,t-1}$ 是指上一年度应收账款的变动额。

最后，计算经期初总资产调整后的操控性应计（DA）：

$$DA_{i,t-1} = TA_{i,t-1} - NDA_{i,t-1}$$

依据上述同样的步骤计算滞后二期（$t-2$）及滞后三期（$t-3$）的操控性应计，然后将估计的前三年的操控性应计的绝对值相加：

$$Tabsda_{i,t} = |DA_{i,t-1}| + |DA_{i,t-2}| + |DA_{i,t-3}|$$

$Tabsda_{i,t}$ 就是样本公司在 t 年度（t 分别为 2007 年、2008 年、2009 年、2010 年）的前三年操控性应计之和。

最终计算的会计信息透明度（Trans）等于各年度前三年操控性应计之和（Tabsda）乘以-1[1]，然后再进行标准化之后的值。标准化的方法为：先将负的 Tabsda 按十分位数进行分组，将第一个十分位数之内的赋值为1，依次类推，将第十分位数的赋值为10；然后对该赋值进行标准化：各值减1后除以9，使其为0—1[2]。标准化后的值即为会计信息透明度（Trans），该值越大，会计信息透明度越高。

表5-4分别报告了 $t-1$ 期、$t-2$ 期以及 $t-3$ 期的对基本琼斯模型（Jones，1991）分年度分行业 OLS 估计的 γ_0、γ_1、γ_2，以及操控性应计的描述性统计结果。

从表5-4的结果来看，回归系数的符号及大小均符合预期。以 γ_2 为例，该回归系数表示样本公司计提折旧的比率，应小于零；结果显示，滞后一期、二期与三期的平均折旧率分别为6.7%、4.9%以及6.4%。从估计的操控性应计的1/4分位数及3/4分位数来看，无论是负向的还是正向的操控性应计均呈逐年增加的趋势。

表5-4 基本 Jones 模型 OLS 回归结果及过去三年操控性应计的值（N=3064）

	预期符号	均值	标准差	1/4分位数	中位数	3/4分位数
A 组：滞后一期（t-1）的估计结果						
λ_0	?	13600000	82100000	-1.270e+07	-108,632	19600000
λ_1	+	0.036	0.136	-0.028	0.040	0.087
λ_2	-	-0.067	0.184	-0.084	-0.052	-0.031
操控性应计	?	-0.002	0.174	-0.048	0.000	0.046
B 组：滞后二期（t-2）的估计结果						
λ_0	?	1289118	30600000	-1.170e+07	-1504062	12000000
λ_1	+	0.053	0.140	-0.023	0.049	0.105
λ_2	-	-0.049	0.101	-0.075	-0.058	-0.044
操控性应计	?	0.002	0.152	-0.043	0.000	0.042
C 组：滞后三期（t-3）的估计结果						
λ_0	?	8743136	30500000	-3466125	3280574	19600000
λ_1	+	0.036	0.142	-0.026	0.036	0.090
λ_2	-	-0.064	0.057	-0.083	-0.061	-0.044
操控性应计	?	0.002	0.102	-0.040	0.000	0.041

---

① 之所以乘以-1，是为了得到正向指标，便于理解。即负的操控性应计绝对值之和越大，表明会计信息透明度越高。

② 之所以要使用0—1范围标准化后的值作为会计信息透明度（Trans）的衡量，目的是观察当 Trans 为0时（即透明度低时）会计信息的债务契约有用性。

模型 5-1、模型 5-2 中各变量的定义及衡量方法汇总在表 5-5 中。

表 5-5　　　　　　　　模型 5-1、模型 5-2 中的变量定义

变量	定义	衡量方法
因变量（LoanVar）		
Loan	企业获得的总借款数量	Δ（长期借款+一年内到期的长期借款+短借款）/年末总资产
LLoan	企业获得的长期借款数量	Δ（长期借款+一年内到期长期借款）/年末总资产
SLoan	企业获得的短期借款数量	Δ（短期借款）/年末总资产
考察变量		
Factor1	滞后一期的偿债能力公因子	因子分析（见表 5-3）
Factor2	滞后一期的盈利能力公因子	因子分析（见表 5-3）
Trans	会计信息透明度	按赫顿等（2009）计算的过去三年操控性应计绝对值之和乘以 -1，然后标准化在 0-1 范围内
SOE	产权性质	哑变量，国有企业为 1，民营企业为 0
DumMart	制度环境	哑变量，市场化指数大于中位数的为 1，否则为 0
控制变量		
Size	公司规模	年末总资产余额的自然对数
Lev	财务杠杆	年末负债总额/年末资产总额
Growth	营业增长率	营业收入的变化/上年营业收入
CFO	经营活动产生的现金净流量	经营活动产生的现金净流量/年末总资产
Offer	权益筹资额	当年配股或增发募集资金/年末总资产
Year	年度	年度哑变量，以 2007 年为基组
Ind	行业	行业哑变量，以农林牧渔业为基组

注：SOE 与 DumMart 两个变量并未出现在模型 5-1 及模型 5-2 中，这两个变量是检验 H5-3、H5-4 时对模型 5-1、模型 5-2 进行分组回归所使用的分组变量。衡量 DumMart 的市场化指数来自樊纲等（2010），由于樊纲等（2010）只有到 2007 年的数据，但各地区市场化发展及在国内的排序变动不大，本研究以 2007 年的市场化指数作为 2008 年、2009 年以及 2010 年市场化指数的替代。

四　实证结果与分析

1. 单变量分析

表 5-6 中的 A 组报告了研究变量的描述性统计结果：

（1）从总借款增量（Loan）、长期借款增量（LLoan）以及短期借

款增量（*Sloan*）的最小值和最大值来看，这三个因变量应当存在异常值，在此后的分析中对这三个因变量在 1% 和 99% 分位数上进行 *Winsorize* 处理。

（2）*Factor*1 的最小值为 -2.190，而最大值为 14.197，说明样本公司的偿债能力差异很大；*Factor*2 的最大值与最小值的较大差异反映出样本公司的盈利能力差异也很大。SOE 的均值为 0.648，说明样本公司中有 64.8% 为国有企业。

表 5-6 中的 B 组对国有与民营企业的有关变量进行了比较。比较结果表明：

（1）国有企业获得的总借款增量（*Loan*）、长期借款增量（*LLoan*）和短期借款增量（*SLoan*）无论是均值还是中位数均显著高于民营企业；说明由于政府能为国有企业提供隐性担保（Faccio 等，2006；孙铮等，2006；Chen 等，2010），将款项借给国有企业时风险较低，因而银行授信额度较大。

（2）民营企业的偿债能力（*Factor*1）显著高于国有企业，这说明由于没有政府的隐性担保，民营企业更注重债务风险。国有企业与民营企业的盈利能力（*Factor*2）无论是均值还是中位数均不存在显著差异。

（3）从会计信息透明度（*Trans*）的比较来看，国有企业的会计信息透明度显著高于民营企业，这与孙铮等（2006）、王冲和谢雅璐（2010）的实证结果类似，也符合陈等（2010）论证的结果；因此，若国有企业会计信息的债务契约有用性高于民营企业，这可能是由国有企业较高的会计信息质量导致的，研究结果可能会支持假说 H5-3b。

表 5-6 中 C 组对不同制度环境下变量均值与中位数进行了比较，结果表明：

表 5-6　　　　　　　　变量的描述性统计及有关差异比较

A 组：变量的描述性统计					
变量	样本量	均值	标准差	中位数	最小值	最大值
Loan	3064	0.021	0.113	0.015	-1.394	0.652
LLoan	3064	0.018	0.074	0.000	-0.792	0.586
SLoan	3064	0.004	0.087	0.003	-1.171	0.566
*Factor*1	3064	-0.000	0.937	-0.211	-2.190	14.197

续表

A组：变量的描述性统计

变量	样本量	均值	标准差	中位数	最小值	最大值
Factor2	3064	-0.000	0.876	-0.002	-10.568	10.073
Trans	3064	0.500	0.319	0.500	0	1
SOE	3064	0.648	0.478	1	0	1
DumMart	3064	0.509	0.500	1	0	1
Size	3064	21.902	1.222	21.814	18.367	27.616
Lev	3064	0.548	0.168	0.559	0.056	0.999
Growth	3064	0.301	1.382	0.156	-1.000	43.607
CFO	3064	0.048	0.084	0.048	-0.585	0.564
Offer	3064	0.018	0.084	0.000	0.000	1.554

B组：国有企业与民营企业的变量比较

变量	均值 国有	均值 民营	均值差异 t检验的t值	中位数 国有	中位数 民营	Wilcoxon秩和检验的z值
Loan	0.028	0.014	3.94***	0.019	0.008	3.56***
LLoan	0.020	0.015	1.91*	0.013	0	2.03**
SLoan	0.008	-0.001	3.42***	0.005	0	3.09***
Factor1	-.0596	0.110	-4.80***	-0.255	-0.105	-5.35***
Factor2	-.008	0.0157	-0.72	-0.012	0.017	-1.53
Trans	0.525	0.454	5.96***	0.556	0.444	5.93***
样本量	1987	1077		1987	1077	

C组：制度环境好与制度环境差时的变量比较

变量	均值 制度环境好	均值 制度环境差	均值差异 t检验的t值	中位数 制度环境好	中位数 制度环境差	Wilcoxon秩和检验的z值
Loan	0.019	0.027	-2.31**	0.014	0.017	-1.90*
LLoan	0.016	0.020	-1.26	0.000	0	0.139
SLoan	0.003	0.007	-1.78*	0.001	0.004	-1.81*
Factor1	0.024	-0.025	1.45	-0.178	-0.246	2.82***
Factor2	0.004	-0.005	0.31	0.007	-0.007	0.79
Trans	0.496	0.504	-0.62	0.556	0.444	0.62
样本量	1560	1504		1560	1504	

注：DumMart = 1 时表示制度环境好，DumMart = 0 时表示制度环境差；* $p<0.1$，** $p<0.05$，*** $p<0.01$，双尾检验。

（1）相对于制度环境差的地区，在制度环境好的地区，企业的总借款增量（*Loan*）和短期借款增量（*SLoan*）无论是均值和中位数均显著更低；长期借款增量（*LLoan*）的均值也略低于制度环境差的地区。这说明，在制度环境好的地区，银行授信更谨慎，无效授信或企业低效借款比较少。

（2）在两种制度环境中，除 *Factor*1 的中位数比较之外，企业偿债能力（*Factor*1）和盈利能力（*Factor*2）基本不存在显著差异。

（3）会计信息透明度（*Trans*）在不同制度环境中也不存在显著差异；这一比较结果说明，如果在制度环境好的地区，会计信息的债务契约有用性高，并不是因为制度环境好的地区会计信息透明度高导致的，而是好的制度环境更促进了基于会计信息的债务契约这一微观机制发挥作用[①]；研究结果可能支持互补效应假说。

为了初步观察企业会计业绩与企业获得的借款数量之间的关系，表5-7对各变量之间的 Pearson 及 Spearman 相关系数进行了统计。

表5-7　　　　变量之间的 Pearson 及 Spearman 相关系数矩阵

	Loan	LLoan	SLoan	Factor1	Factor2	Trans	Size	Lev	Growth	CFO	Offer	SOE	Dum-Mart
Loan	1.00	0.54 (0.00)	0.73 (0.00)	-0.00 (0.63)	0.16 (0.00)	-0.02 (0.18)	0.29 (0.00)	0.26 (0.00)	0.20 (0.00)	-0.28 (0.00)	0.09 (0.00)	0.07 (0.00)	-0.04 (0.06)
LLoan	0.62 (0.00)	1.00	-0.04 (0.03)	0.02 (0.21)	0.09 (0.00)	-0.05 (0.02)	0.22 (0.00)	0.15 (0.00)	0.10 (0.00)	-0.16 (0.00)	0.07 (0.00)	0.03 (0.14)	0.00 (0.86)
SLoan	0.73 (0.00)	-0.06 (0.00)	1.00	0.01 (0.69)	0.12 (0.00)	0.01 (0.46)	0.18 (0.00)	0.17 (0.00)	0.18 (0.00)	-0.21 (0.00)	0.07 (0.00)	0.06 (0.00)	-0.04 (0.02)
Factor1	0.03 (0.15)	-0.00 (0.96)	0.04 (0.06)	1.00	0.05 (0.02)	-0.04 (0.03)	-0.18 (0.00)	-0.56 (0.00)	-0.02 (0.25)	-0.08 (0.00)	-0.03 (0.07)	-0.09 (0.00)	0.04 (0.02)
Factor2	0.15 (0.00)	0.07 (0.00)	0.12 (0.00)	0.01 (0.44)	1.00	0.00 (0.86)	0.25 (0.00)	-0.18 (0.00)	0.11 (0.00)	0.22 (0.00)	0.07 (0.00)	-0.02 (0.21)	0.01 (0.61)
Trans	-0.02 (0.35)	-0.05 (0.01)	0.02 (0.35)	-0.05 (0.01)	0.02 (0.20)	1.00	0.04 (0.06)	-0.12 (0.00)	-0.01 (0.51)	0.14 (0.00)	-0.01 (0.60)	0.10 (0.00)	-0.02 (0.33)
Size	0.27 (0.00)	0.19 (0.00)	0.19 (0.00)	-0.16 (0.00)	0.21 (0.00)	0.04 (0.04)	1.00	0.27 (0.00)	0.22 (0.00)	0.04 (0.00)	0.14 (0.02)	0.18 (0.00)	0.12 (0.00)
Lev	0.26 (0.00)	0.20 (0.00)	0.16 (0.00)	-0.52 (0.00)	-0.17 (0.00)	-0.11 (0.00)	0.25 (0.00)	1.00	0.11 (0.00)	-0.13 (0.00)	-0.03 (0.11)	0.06 (0.00)	-0.02 (0.25)

---

① 或者可以解释为：好的制度环境并不是通过提高会计信息透明度来影响会计信息的债务契约有用性，而是好的制度环境直接促进了基于会计信息的债务契约发挥更大作用，体现为互补效应假说。

续表

	Loan	LLoan	SLoan	Factor1	Factor2	Trans	Size	Lev	Growth	CFO	Offer	SOE	DumMart
Growth	0.14 (0.00)	0.07 (0.00)	0.11 (0.00)	0.00 (0.80)	-0.03 (0.09)	-0.06 (0.00)	0.05 (0.00)	0.05 (0.01)	1.00	0.08 (0.00)	0.11 (0.00)	0.00 (0.88)	-0.08 (0.00)
CFO	-0.32 (0.00)	-0.19 (0.00)	-0.23 (0.00)	-0.05 (0.01)	0.16 (0.00)	0.14 (0.00)	0.02 (0.21)	-0.14 (0.00)	0.02 (0.27)	1.00	-0.05 (0.01)	0.02 (0.24)	-0.03 (0.07)
Offer	0.07 (0.00)	0.05 (0.00)	0.05 (0.01)	-0.00 (0.83)	0.02 (0.27)	-0.01 (0.66)	0.04 (0.06)	-0.07 (0.00)	0.19 (0.00)	-0.01 (0.59)	1.00	-0.00 (0.81)	-0.01 (0.68)
SOE	0.07 (0.00)	0.03 (0.18)	0.07 (0.00)	-0.09 (0.00)	-0.02 (0.34)	0.10 (0.00)	0.20 (0.00)	0.06 (0.02)	-0.05 (0.36)	0.02 (0.32)	-0.02 (0.00)	1.00	-0.03 (0.07)
DumMart	-0.05 (0.01)	-0.03 (0.18)	-0.04 (0.00)	0.02 (0.37)	0.00 (0.81)	-0.02 (0.33)	0.12 (0.00)	-0.02 (0.23)	-0.04 (0.03)	-0.04 (0.05)	-0.01 (0.71)	-0.03 (0.07)	1.00

注：右上角为 Spearman 相关系数，左下角为 Pearson 相关系数，括号中的数字为显著性水平 p 值。

表 5-7 的结果显示，除少数相关系数外，偿债能力（Factor1）和盈利能力（Factor2）与企业的借款增量（Loan、LLoan、SLoan）之间显著正相关；这一结果初步支持了假说 H5-1。

表 5-7 中产权性质（SOE）与 Loan、LLoan、SLoan、Factor1、Factor2 之间的相关关系与表 5-6B 组中的统计结果基本相同；SOE 与 Trans 之间的显著正相关，与表 5-6B 组中的结果一致，表明国有企业的会计信息透明度显著高于民营企业。制度环境（DumMart）与 Loan、LLoan、SLoan、Factor1、Factor2 之间的相关关系与表 5-6C 组中的统计结果基本相同；DumMart 与 Trans 之间不存在显著的相关关系，这也与表 5-6C 组中的结果一致。

2. 多变量回归分析

本研究首先使用 OLS 回归对假说 H5-1、H5-2、H5-3 以及假说 H5-4 进行检验，然后在稳健性检验中使用面板数据固定效应回归来检验 OLS 估计结果的可靠性。

(1) 假说 H5-1 的检验结果

为了检验假说 H5-1，本研究使用 OLS 估计方法对模型 5-1 进行回归，表 5-8 报告了回归结果。

表 5-8 的结果显示，上一期偿债能力（Factor1）和盈利能力（Factor2）越大，则公司的借款增量就越多。回归结果支持了假说 H5-1，说明银行能够根据借款企业的会计信息，对授信额度和回报率做出合

理决策,即会计信息在企业银行借款契约缔结时发挥了重要作用。另外,偿债能力(Factor1)和盈利能力(Factor2)与企业短期借款增量(SLoan)的正相关关系略大于与长期借款增量(LLoan)之间的正相关关系,这是因为企业获得的长期借款比例较低所致。经过计算,样本公司获得长期借款占获得总借款比重的中位数为15.3%,这表明长短期借款的比重差异较大,可能导致上市公司"短借长用"。

表5-8   假说H5-1的检验结果

	预期符号	Loan	LLoan	SLoan
Factor1	+	0.021*** (8.27)	0.009*** (5.59)	0.012*** (6.97)
Factor2	+	0.024*** (8.90)	0.007*** (4.14)	0.015*** (7.16)
Size	+	0.013*** (9.14)	0.005*** (5.35)	0.008*** (7.22)
Lev	?	0.177*** (12.92)	0.080*** (9.34)	0.094*** (8.50)
Growth	?	0.007*** (3.44)	0.002 (1.38)	0.005*** (4.16)
CFO	?	-0.394*** (-17.52)	-0.148*** (-9.26)	-0.227*** (-12.02)
Offer	?	0.045* (1.82)	0.027* (1.76)	0.026 (1.48)
Constant	?	-0.317*** (-10.34)	-0.142*** (-6.93)	-0.182*** (-7.34)
Year 及 Ind		控制	控制	控制
adj. R^2		0.292	0.143	0.169
F		46.000	19.571	21.477
N		3064	3064	3064

注:括号内是根据异方差——稳健性标准误计算的t值,* $p<0.1$、** $p<0.05$、*** $p<0.01$,双尾检验。

在控制变量方面,公司规模(Size)越大,则企业能够获得的借款数量越多。对于其他控制变量,本研究对其符号不作预测,以财务杠杆(Lev)为例,Lev越大,可能说明企业从其他方面的筹资越多,如发行债券,此时可能会导致企业当期从银行借入资金减少;但也有可能是当Lev越大,表明企业从供应商融资越多,企业信誉越高,企业从银行获得的借款的数额也就越大;因此Lev对企业获得借款数量的影响有两种可能,故对其符号不进行预测[①];但 Lev 的大小的确会对当期企业借款行为产生影响,故本研究对其进行了控制。其他控制变量,如 Growth、CFO 以及 Offer 均表示企业当年产生自有资金的能力以及筹资能力;当企业产生自有资金的能力越高,既可能导致企业更多的借款,因为企业有能力偿还更多的借款,也可能导致企业更少的借款,因为企业自有资金可能满足经营需要而不用借款。以上分析表明 Growth、CFO 以及 Offer 对企业借款的影响也存在两种可能性,虽然对其符号不作预测,但这些变量确实影响企业借款与付息的行为,因此,本研究对这些因素进行了控制。

(2) 假说 H5-2 的检验结果

表 5-9 报告了模型 5-2 的 OLS 估计结果。为了检验 H5-2,主要关注交叉项 $Trans \times Factor1$、$Trans \times Factor2$ 的符号及显著性。

首先,分析当因变量为企业的总借款增量($Loan$)时的回归结果。① $Trans \times Factor2$ 的回归系数显著为正,说明会计信息透明度($Trans$)越高,则盈利能力($Factor2$)与企业获得的总借款增量($Loan$)的正相关关系越强。结果表明,会计信息透明度越高,银行越会依据企业的历史业绩进行授信额度的决策,即会计信息透明度的提高,会使银行在决策时给予反映企业历史会计业绩的会计信息更高的权重,研究结果支持了会计信息质量能够提高会计信息的债务契约有用性这一假说。② $Trans \times Factor1$ 的回归系数符号为正,但不显著,这一结果可能是由以下两方面原因导致的:其一,企业获得的借款大多是抵押借款[②],都有抵押物,这些抵押物能反映企业的偿债能力,因此企业的偿债能力不会受信息透明度的影响,因而会计信息透明度的提高也不会增加偿债能力的债务契约有用性。其二,本研究衡量的会计信息透明度主要与应计质量有关,大多涉及损益及流动性资产或负债项目,而反映偿债能力的指标大多与长期资产等抵押物有关,因而对其影响很小。③ $Factor1$ 和 $Factor2$ 的回归系数表示当会计信息透明度较低时,偿债能力和盈利能力等会计信息债务契约有用性的大小;这两个变量的回归系数均显著为正,说明即使会计信息

---

① 本研究估计的 Lev 的符号与显著性与孙亮和柳建华 (2011)、王雄元和全怡 (2011) 的结果一致。

② 刘浩等 (2010)、徐玉德和陈骏 (2011)、王雄元和全怡 (2011) 研究发现,我国上市公司信用借款比例的均值 (中位数) 分别为 0.223 (0.036)、0.197 (0.046)、0.098 (0),这些证据充分说明我国上市公司信用借款的比例是比较低的,大多还是抵押借款。

透明度较低，会计信息依然在债务契约缔结时发挥了重要作用；这也从另一个角度说明当会计信息透明度较低时，银行尚未采用其他的机制来替代会计信息的作用。④与预期结果一致，$Trans$ 的回归系数显著为正，而在表 5-7 中 $Trans$ 与 $Loan$ 之间并不存在显著的线性关系，说明在控制了偿债能力（$Factor1$）和盈利能力（$Factor2$）后，会计信息透明度越高，企业获得的借款增量越大；这一结果表明，会计信息透明度本身不会直接对企业借款数量产生影响，因为企业获得的借款数额必须以企业的偿债能力和盈利能力为基础才能确定，但当企业偿债能力和盈利能力一定时，会计信息透明度越高，企业获得的借款增量就越多，这与假说 H5-2 一致。其次，解释当因变量为企业的长期借款增量（$LLoan$）和短期借款增量（$SLoan$）的回归结果。①$Trans \times Factor2$ 的回归系数显著均为正，说明会计信息透明度（$Trans$）越高，则盈利能力（$Factor2$）与企业的长期借款增量（$LLoan$）和短期借款增量（$SLoan$）的正相关关系越强。②$Trans \times Factor1$ 的回归系数符号为正，但不显著，同样表明偿债能力对不同债务限期债务契约的有用性受会计信息透明度的影响较小。③当因变量为长期借款增量（$LLoan$）时，$Factor2$ 的回归系数不显著，说明银行在长期信贷授信决策时，为了降低风险，更关注会计信息质量，当会计信息透明度较低时，银行不会依据借款企业的盈利能力（$Factor2$）作授信决策。④当因变量为短期借款（$SLoan$）时，$Factor2$ 的回归系数仍然显著为正，说明即使会计信息透明度较低，盈利能力在银行短期信贷决策时依然具有债务契约有用性；由于短期信贷风险较低，所以银行尚未挖掘其他替代性的机制来替代会计信息的作用。以上结果表明，不同债务期限下，会计信息透明度对会计信息债务契约有用性的积极影响不同，在长期债务中更显著。

表 5-9　　　　　　　　　　假说 H5-2 的检验结果

	预期符号	$Loan$	$LLoan$	$SLoan$
$Factor1$	+	0.021*** (5.01)	0.007*** (3.30)	0.013*** (4.58)
$Factor2$	+	0.016*** (4.61)	0.004 (1.58)	0.010*** (3.86)
$Trans \times Factor1$	+	0.003 (0.55)	0.004 (1.03)	-0.000 (-0.09)

续表

	预期符号	Loan	LLoan	SLoan
Trans × Factor2	+	0.027*** (3.67)	0.013* (2.35)	0.015*** (3.00)
Trans	+	0.011** (2.18)	0.002 (0.64)	0.008* (1.89)
Size	?	0.013*** (9.00)	0.005*** (5.27)	0.008*** (6.99)
Lev	?	0.184*** (13.57)	0.083*** (9.66)	0.098*** (8.88)
Growth	?	0.007*** (3.49)	0.002 (1.37)	0.005*** (4.20)
CFO	?	-0.399*** (-17.80)	-0.149*** (-9.34)	-0.230*** (-12.20)
Offer	?	0.046* (1.83)	0.027* (1.75)	0.026 (1.51)
Constant	?	-0.318*** (-10.54)	-0.143*** (-7.00)	-0.181*** (-7.35)
Year 及 Ind		控制	控制	控制
adj. R^2		0.299	0.145	0.172
F		41.994	17.338	20.546
N		3064	3064	3064

注：括号内是根据异方差——稳健性标准误计算的 t 值，* $p<0.1$、** $p<0.05$、*** $p<0.01$，双尾检验。

表 5 – 9 的结果表明，会计信息透明度对会计信息的债务契约有用性产生了积极影响，特别是对盈利能力的债务契约有用性，回归结果支持了假说 H5 – 2。研究结果也说明，由于企业借款大多是抵押借款，因此，偿债能力的债务契约有用性受透明度的影响较小；这一结果表明，相对于盈利能力来说，偿债能力信息是一种硬信息（hard information），它不易受人的主观因素影响，而由于应计制会计，反映盈利能力的信息较容易受到人的主观因素的影响，是一种软信息（soft information）①。

---

① 关于硬信息与软信息之间的区别可以参考 Petersen, M. A., Information: Soft and Hard, *Working Paper*, Northwestern University, 2004。

(3) 假说 H5-3 的检验结果

表 5-10、表 5-11 报告了假说 H5-3 的 OLS 检验结果。

表 5-10 是因变量为 *Loan* 的回归结果。

表 5-10 中的模型 (1) 和模型 (2) 为不考虑会计信息透明度时会计信息在国有与民营企业中的债务契约有用性检验结果。结果显示，会计信息在国有和民营企业中均具有显著的债务契约有用性。为了检验两种产权性质的企业中会计信息债务契约有用性的差异，本研究采用余明桂等 (2010) 所使用的 Chow 检验（邹至庄检验）方法。Chow 检验的结果显示，国有企业中盈利能力 (*Factor*2) 的债务契约有用性显著高于民营企业；偿债能力 (*Factor*1) 的债务契约有用性不具有显著差异，这仍然可以从偿债能力是一种硬信息的角度进行解释，说明作为一种硬信息的偿债能力，其有用性不仅不受会计信息透明度的影响，也不受产权性质的影响。

在考虑会计信息透明度的影响后，表 5-10 中的模型 (3) 和模型 (4) 分别列示了国有与民营企业中的回归结果。①在国有企业中，*Trans*×*Factor*2 的回归系数显著为正，说明会计信息透明度 (*Trans*) 对盈利能力 (*Factor*2) 与企业获得的借款增量 (*Loan*) 之间的正相关关系产生了显著的积极影响。②在民营企业中，虽然 *Trans*×*Factor*2 的回归系数显著为正，但统计上不显著，说明民营企业会计信息透明度对会计信息债务契约有用性的影响不显著；而且 Chow 检验的结果表明，在两种产权性质的企业中，会计信息透明度对会计信息债务契约有用性的积极影响存在显著差异。导致这一结果的原因是国有企业的会计信息透明度显著高于民营企业（表 5-6B 组中的检验结果），民营企业整体上较低的信息透明度使得信息透明度对会计信息债务契约有用性的积极影响不显著。检验结果支持了假说 H5-3b。③*Factor*1 和 *Factor*2 的回归系数表示当信息透明度较低时国有及民营企业中会计信息的契约有用性；*Factor*1 和 *Factor*2 的回归系数仍然显著为正，这与表 5-9 中的结果类似；Chow 检验的结果表明，当会计信息透明度较低时，国有与民营企业中的会计信息债务契约有用性不存在显著差异，这进一步支持了假说 H5-3b；国有企业的会计信息债务契约有用性比民营企业高，是由国有企业较高的会计信息透明度导致的，而当两者会计信息透明度都比较差时，国有与民营企业会计信息债务契约有用性的差异消失了。

表 5-10　　假说 H5-3 的检验结果（因变量为 Loan）

	(1) 国有	(2) 民营	Chow 检验 F-statistic	(3) 国有	(4) 民营	Chow 检验 F-statistic
$Factor1$	0.020*** (5.99)	0.023*** (7.53)	0.55	0.021*** (3.51)	0.019*** (4.57)	0.16
$Factor2$	0.028*** (7.82)	0.019*** (6.91)	5.93**	0.015*** (2.82)	0.018*** (5.36)	0.40
$Trans \times Factor1$				-0.001 (-0.06)	0.012 (1.42)	1.48
$Trans \times Factor2$				0.036*** (3.59)	0.008 (0.83)	5.59**
$Trans$				0.014** (2.30)	0.001 (0.16)	1.55
$Size$	0.012*** (7.53)	0.013*** (5.11)		0.012*** (7.45)	0.013*** (5.07)	
Lev	0.186*** (10.86)	0.164*** (8.63)		0.192*** (11.49)	0.169*** (8.68)	
$Growth$	0.009 (1.60)	0.007*** (4.75)		0.009 (1.64)	0.007*** (4.76)	
CFO	-0.409*** (-14.96)	-0.378*** (-12.55)		-0.413*** (-15.41)	-0.380*** (-12.59)	
$Offer$	0.050 (1.64)	0.044 (1.53)		0.050 (1.63)	0.043 (1.51)	
$Constant$	-0.304*** (-8.54)	-0.305*** (-5.54)		-0.311*** (-8.80)	-0.310*** (-5.56)	
Year 及 Ind	控制	控制		控制	控制	
adj. R^2	0.300	0.267		0.310	0.266	
F	31.170	19.622		28.695	17.284	
N	1987	1077		1987	1077	

注：括号内是根据异方差——稳健性标准误计算的 t 值，* $p<0.1$、** $p<0.05$、*** $p<0.01$，双尾检验。

表 5-11 是因变量为 LLoan、SLoan 的回归结果。模型（1）、模型（2）为不考虑会计信息透明度时，会计信息在长期债务契约中的作用，Factor1 和 Factor2 的回归系数均显著为正，说明会计信息在长期债务契约的缔结时发挥了显著作用。从数量上来看，国有企业中 Factor2 的回归系数大于民营企业中的回归系数，但 Chow 检验的结果表明这种差异不具有统计上的显著性，这是由长期借款在总借款中所占比重较低引起的。与模型（4）相比，模型（3）中 Trans × Factor2 的回归系数显著为正，且 Factor2 的回归系数不显著，说明与民营企业相比，会计信息透明度在国

有企业中对会计信息长期债务契约有用性的积极影响更显著。模型（4）中 $Factor2$ 的回归系数显著为正，而 $Trans \times Factor2$ 的回归系数不显著，说明会计信息透明度在民营企业中并没有对会计信息的长期债务契约有用性产生积极影响。模型（3）和模型（4）中的 $Factor1$、$Trans \times Factor1$ 的回归系数差异不大，说明反映偿债能力的硬信息的长期债务契约有用性不受产权性质与会计信息质量的影响。表 5-11 中的模型（5）和模型（6）是国有与民营企业中会计信息的短期债务契约有用性的比较。$Factor1$、$Factor2$ 的回归系数均显著为正，且 Chow 检验的结果表明，在国有企业中 $Factor2$ 的回归系数显著大于民营企业中的回归系数，这与假说 H5-3b 一致，即相对于民营企业，国有企业中会计信息的短期债务契约有用性更大。模型（7）与模型（8）为国有与民营企业中会计信息透明度对会计信息短期债务契约有用性的积极影响比较。结果显示，国有企业中 $Trans \times Factor2$ 的回归系数显著为正，而在民营企业 $Trans \times Factor2$ 的回归系数不显著，说明会计信息透明度对盈利能力的短期债务契约有用性的积极影响在国有企业中更显著。模型（7）与模型（8）中 $Factor2$ 的回归系数显著为正，而 $Trans \times Factor2$ 不显著，说明偿债能力的短期债务契约有用性依然不受产权性质与会计信息质量的影响。

综合表 5-10 和表 5-11 中的结果，可以发现：

表 5-10 中的结果均显著支持假说 H5-3b，这说明，2003 年银行业改革对国有企业预算软约束的硬化产生的积极作用，表现为国有企业的会计信息债务契约有用性显著高于民营企业。研究结果还表明，与民营企业相比，国有企业中会计信息透明度对会计信息债务契约有用性的积极影响更显著，结合表 5-6B 组中的研究结果，可以说这种差异是由国有企业具有较高的会计信息质量导致的。

表 5-11 的结果显示，在区分债务期限后，假说 H5-3b 仅在短期债务契约中成立，这是由于短期债务比重大，而长期债务比重较少导致的。另外，研究结果还表明反映偿债能力的会计信息作为一种硬信息，其债务契约有用性不受产权性质、会计信息质量和债务期限的影响。

（4）假说 H5-4 的检验结果

表 5-12、表 5-13 报告了假说 H5-4 的 OLS 检验结果。

表 5-12 中的模型（1）和模型（2）报告了当因变量为 $Loan$，且不考虑会计信息透明度的影响时的结果。在制度环境好时，盈利能力

表 5-11　　假说 H5-3 的检验结果（因变量为 LLoan、SLoan）

	因变量 LLoan									因变量 SLoan				
	(1)	(2)	Chow检验 F-statistic	(3)	(4)	Chow检验 F-statistic	(5)	(6)	Chow检验 F-statistic	(7)	(8)	Chow检验 F-statistic
	国有	民营		国有	民营		国有	民营		国有	民营	
$Factor1$	0.008*** (4.04)	0.009*** (4.24)	0.02	0.008** (2.56)	0.005 (1.55)	0.68	0.012*** (5.01)	0.014*** (5.34)	0.49	0.013*** (3.21)	0.014*** (3.87)	0.06
$Factor2$	0.009*** (3.11)	0.006*** (3.15)	0.95	0.002 (0.57)	0.005 (1.57)	0.43	0.019*** (7.05)	0.011*** (4.71)	6.61**	0.012*** B (2.71)	0.010*** (3.62)	0.20
$Trans \times Factor1$				0.001 (0.18)	0.010* (1.80)	1.55				-0.001 (-0.23)	0.001 (0.13)	0.08
$Trans \times Factor2$				0.016** (2.01)	0.006 (0.87)	1.50				0.019*** (2.61)	0.006 (0.73)	1.64
$Trans$				0.006 (1.26)	-0.005 (-0.95)	2.23				0.008 (1.50)	0.006 (0.85)	0.03
$Size$	0.005*** (3.92)	0.006*** (3.56)		0.005*** (3.85)	0.006*** (3.89)		0.007*** (5.67)	0.008*** (3.50)		0.007*** (5.60)	0.007*** (3.30)	
Lev	0.083*** (7.26)	0.076*** (5.95)		0.085*** (7.51)	0.077*** (5.85)		0.102*** (7.60)	0.082*** (5.05)		0.105*** (7.85)	0.085*** (5.17)	
$Growth$	0.003 (0.82)	0.002* (1.67)		0.003 (0.84)	0.002 (1.12)		0.008** (2.30)	0.004*** (3.35)		0.008** (2.33)	0.004*** (3.37)	

续表

	(1) 国有	(2) 民营	Chow检验 F-statistic	(3) 国有	(4) 民营	Chow检验 F-statistic	(5) 国有	(6) 民营	Chow检验 F-statistic	(7) 国有	(8) 民营	Chow检验 F-statistic
	因变量 LLoan						因变量 SLoan					
CFO	-0.143*** (-6.70)	-0.158*** (-7.83)		-0.145*** (-6.81)	-0.159*** (-6.53)		-0.249*** (-10.33)	-0.198*** (-7.78)		-0.252*** (-10.51)	-0.200*** (-7.82)	
Offer	0.043* (1.94)	0.010 (0.54)		0.043* (1.91)	0.009 (0.40)		0.020 (0.90)	0.031 (1.28)		0.020 (0.90)	0.031 (1.28)	
Constant	-0.140*** (-5.39)	-0.151*** (-4.07)		-0.143*** (-5.52)	-0.155*** (-4.16)		-0.165*** (-5.70)	-0.169*** (-3.62)		-0.169*** (-5.81)	-0.166*** (-3.52)	
Year 及 Ind	控制	控制		控制	控制		控制	控制		控制	控制	
adj. R^2	0.132	0.156		0.135	0.158		0.192	0.126		0.196	0.124	
F	11.538	10.487		10.257	9.383		15.587	8.359		15.151	7.358	
N	1987	1077		1987	1077		1987	1077		1987	1077	

注：括号内是根据异方差——稳健性标准误计算的 t 值，* p<0.1，** p<0.05，*** p<0.01，双尾检验。

(Factor2) 与企业借款增量 (Loan) 之间的正相关关系显著高于制度环境差时的关系，Chow 检验的 F 值为 6.29，并在 5% 的统计显著性水平上显著；这一结果表明，制度环境越好的地区，会计信息的债务契约有用性越高；而这一结果并不是因为制度环境好的地区的会计信息透明度较高导致的，表 5-6 中 C 组的检验结果显示，会计信息透明度在制度环境好与差的地区并不存在显著的差异；因此，可以说，制度环境好的地区会计信息的债务契约有用性较高，是因为制度环境促进了基于会计信息的债务契约发挥作用，银行在授信决策时更理性，政府干预少，信贷资金配置的市场化程度更高。以上结果支持假说 H5-4a，即支持互补效应假说。

另外，表 5-12 中 Chow 检验的结果表明，偿债能力 (Factor1) 债务契约有用性在两种制度环境中并不存在显著差异；这一结果说明，作为硬信息的偿债能力，其债务契约有用性不仅不受会计信息质量、产权性质的影响，也不受制度环境的影响。

表 5-12　　假说 H5-4 的检验（因变量为 Loan）

	(1) 制度环境好	(2) 制度环境差	Chow 检验 F-statistic	(3) 制度环境好	(4) 制度环境差	Chow 检验 F-statistic
Factor1	0.021*** (5.82)	0.021*** (5.89)	0.03	0.022*** (3.81)	0.016*** (3.21)	1.02
Factor2	0.028*** (8.56)	0.019*** (5.49)	6.29**	0.019*** (4.11)	0.013*** (3.04)	1.13
Trans × Factor1				0.001 (0.13)	0.009 (1.15)	0.73
Trans × Factor2				0.030*** (3.39)	0.022** (2.10)	0.54
Trans				0.018*** (2.64)	0.005 (0.65)	1.78
Size	0.008*** (4.56)	0.019*** (8.63)		0.008*** (4.33)	0.019*** (8.62)	
Lev	0.177*** (9.85)	0.167*** (8.17)		0.189*** (10.49)	0.169*** (8.35)	
Growth	0.015*** (2.70)	0.006*** (3.19)		0.014*** (2.76)	0.006*** (3.21)	
CFO	-0.448*** (-14.57)	-0.330*** (-10.04)		-0.452*** (-14.85)	-0.335*** (-10.14)	
Offer	0.051 (1.52)	0.016 (0.42)		0.050 (1.49)	0.017 (0.45)	
Constant	-0.170*** (-3.93)	-0.465*** (-10.17)		-0.174*** (-4.08)	-0.470*** (-10.22)	

续表

	(1) 制度环境好	(2) 制度环境差	Chow 检验 F – statistic	(3) 制度环境好	(4) 制度环境差	Chow 检验 F – statistic
Year 及 Ind	控制	控制		控制	控制	
adj. R^2	0.338	0.267		0.346	0.271	
F	30.065	22.531		26.858	20.558	
N	1560	1504		1560	1504	

注：括号内是根据异方差——稳健性标准误计算的 t 值，$^*p<0.1$、$^{**}p<0.05$、$^{***}p<0.01$，双尾检验。

表 5 – 12 中的模型（3）和模型（4）是同时考虑会计信息透明度和制度环境后，会计信息与企业获得银行借款增量（Loan）之间关系的检验结果。结果显示，模型（3）中 Factor1、Factor2、Trans × Factor2 以及 Trans 的回归系数均显著，且大于模型（4）中对应变量的回归系数，这说明制度环境好的地区，会计信息的债务契约有用性高，且会计信息透明度对会计信息债务契约有用性的积极影响在制度环境好的地区更强。但 Chow 检验的结果表明，以上差异并不具有统计上的显著性，这可能与样本量较少有关。以上结果一定程度上支持了假说 H5 – 4a，即会计信息的债务契约有用性在制度环境好的地区更大，而且在制度环境好的地区，会计信息透明度对会计信息的债务契约有用性表现出更积极的影响。Trans × Factor2 的回归系数在两种制度环境中均不显著，因为偿债能力（Factor2）作为一种硬信息，其不受会计信息质量与制度环境的影响。

表 5 – 13 是区分不同债务期限后，会计信息的债务契约有用性在不同制度环境中差异的比较。模型（1）和模型（2）为不同制度环境中会计信息的长期债务契约有用性（因变量 LLoan）差异的比较。Chow 检验结果表明，盈利能力（Factor2）在制度环境好的地区的长期债务契约有用性显著高于在制度环境差的地区，这与假说 H5 – 4a 一致。模型（3）与模型（4）是会计信息透明度对会计信息长期债务契约有用性的积极影响在两种制度环境中差异的比较。模型（3）中 Trans × Factor2 的回归系数显著为正，且 Factor2 的回归系数不显著，而模型（4）中 Trans × Factor2 的回归系数不显著，说明在制度环境好的地区会计信息透明度对盈利能力的长期债务契约有用性的积极影响更显著，并且 Chow 检验的结果在 15% 显著水平上说明两者的差异在统计上也是较显著的；以上结果支持假说

H5-4a。

表5-13中模型（5）与模型（6）是会计信息的短期债务契约（因变量 *SLoan*）有用性在不同制度环境中差异的比较。偿债能力（*Factor*1）与盈利能力（*Factor*2）与企业获得的短期借款（*SLoan*）的正相关关系在制度环境好的地区均更大；而且 Chow 检验的结果表明，在制度环境好的地区，盈利能力（*Factor*2）与企业获得的短期借款（*SLoan*）的正相关关系在15%显著水平性上，显著大于在制度环境差的地区，研究结果与假说 H5-4a 一致。模型（7）和模型（8）为会计信息透明度对会计信息债务契约有用性的影响在两种制度环境中差异的比较。在制度环境好的地区，*Factor*1 与 *Factor*2 这两个变量的回归系数略大于在制度环境差的地区的回归系数；而 *Trans* × *Factor*2 的回归系相同，说明对于短期债务契约，两种制度环境中会计信息透明度对会计信息债务契约有用性的积极影响不存在显著差异。

同时，在表5-13各模型中，偿债能力（*Factor*1）的回归系数均显著为正，*Trans* × *Factor*1 回归系数均不显著，且无论对长期债务契约还是短期债务契约，偿债能力（*Factor*1）的回归系数在两种制度环境中均不存在显著差异。

表5-12和表5-13中的研究结果表明：

反映盈利能力的会计信息，其债务契约有用性在制度环境好的地区更显著，且在制度环境好的地区，会计信息透明度对会计信息债务契约有用性的积极影响更显著；而表5-6C结果表明，以上差异并不是由制度环境好的地区会计信息透明度高所导致的，而是好的制度环境直接促进了会计信息发挥更大的债务契约有用性，这与互补效应假说一致，即研究结果支持假说 H5-4a。

在区分了债务期限后，假说 H5-4a 在长期债务契约中得到验证，说明在制度环境越好的地区，银行在长期信贷决策时，为了控制风险，决策的市场化行为越显著，表现为在信贷决策时会更依据会计信息及会计信息质量。虽然在短期债务契约中，这一现象不显著，但也没有证据支持假说 H5-4b。

另外，表5-12和表5-13显示，偿债能力信息作为一种硬信息，制度环境、会计信息质量和债务期限不会影响其债务契约有用性。

第五章 会计信息在债务契约中作用的实证检验

表 5-13 假说 H5-4 的检验（因变量 LLoan、SLoan）

	因变量 LLoan								因变量 SLoan						
	(1) 制度环境好	(2) 制度环境差	Chow检验 F-statistic	(3) 制度环境好	(4) 制度环境差	Chow检验 F-statistic	(5) 制度环境好	(6) 制度环境差	Chow检验 F-statistic	(7) 制度环境好	(8) 制度环境差	Chow检验 F-statistic
---	---	---	---	---	---	---	---	---	---	---	---	---
Factor1	0.008*** (3.91)	0.009*** (3.66)	0.22	0.007*** (2.75)	0.006 (1.59)	0.02	0.013*** (5.08)	0.012*** (4.88)	0.07	0.014*** (3.52)	0.011*** (2.99)	0.65
Factor2	0.010*** (4.70)	0.005** (2.13)	2.61*	0.004 (1.00)	0.004 (1.13)	0.00	0.017*** (4.80)	0.013*** (4.88)	2.03a	0.012** (2.53)	0.009*** (2.59)	0.67
Trans × Factor1				0.003 (0.75)	0.006 (0.96)	0.12				-0.002 (-0.35)	0.003 (0.56)	0.46
Trans × Factor2				0.019*** (2.58)	0.007 (0.85)	2.18a				0.014* (1.73)	0.014** (2.11)	0.00
Trans				0.004 (0.85)	0.001 (0.24)	0.13				0.012** (2.03)	0.004 (0.70)	0.99
Size	0.002 (1.61)	0.010*** (6.84)		0.002 (1.54)	0.010*** (6.79)		0.006*** (3.97)	0.010*** (5.70)		0.006*** (3.78)	0.010*** (5.58)	
Lev	0.063*** (5.79)	0.088*** (6.68)		0.070*** (6.23)	0.088*** (6.72)		0.111*** (7.32)	0.076*** (4.76)		0.118*** (7.67)	0.077*** (4.91)	
Growth	0.006* (1.72)	0.001 (0.89)		0.006* (1.67)	0.001 (0.88)		0.010*** (3.52)	0.004*** (4.05)		0.010*** (3.50)	0.004*** (4.05)	

续表

	因变量 LLoan					因变量 SLoan			
	(1) 制度环境好	(2) 制度环境差	(3) 制度环境好	(4) 制度环境差	Chow检验 F-statistic	(5) 制度环境好	(6) 制度环境差	(7) 制度环境好	(8) 制度环境差	Chow检验 F-statistic
CFO	-0.199*** (-8.55)	-0.093*** (-4.18)	-0.200*** (-8.61)	-0.094*** (-4.24)		-0.230*** (-8.92)	-0.219*** (-7.69)	-0.233*** (-9.04)	-0.222*** (-7.75)	
Offer	0.032 (1.60)	0.005 (0.23)	0.031 (1.57)	0.006 (0.23)		0.028 (1.17)	0.018 (0.66)	0.027 (1.15)	0.019 (0.70)	
Constant	-0.043 (-1.54)	-0.256*** (-8.37)	-0.046 (-1.63)	-0.260*** (-8.41)		-0.136*** (-3.93)	-0.217*** (-5.86)	-0.137*** (-4.00)	-0.218*** (-5.81)	
Year 及 Ind	控制	控制	控制	控制		控制	控制	控制	控制	
adj. R^2	0.177	0.141	0.183	0.140		0.183	0.162	0.186	0.164	
F	11.363	10.965	10.052	9.695		12.293	11.615	11.889	11.096	
N	1560	1504	1560	1504		1560	1504	1560	1504	

注：括号内是根据异方差——稳健性标准误计算的t值，* $p<0.1$，** $p<0.05$，*** $p<0.01$，a 表示是 15% 显著性水平上显著，双尾检验。

五 稳健性检验

为了克服遗漏变量可能导致的研究结果不稳健,本部分采用面板数据的固定效应(fixed effect)或随机效应(random effect)方法对以上结果进行重新估计。

在回归方法的选择时,通过用 F 检验来判断是否存在固定效应模型;通过 Breusch–Pagan 检验(以下简称 BP 检验)来判断是否存在随机效应;通过稳健的 Hausman 检验[①]来判断采用固定效应模型还是随机效应模型。

由于面板数据(非平衡面板数据)至少要求公司有两年数据,在删除只有一年数据的公司后,最终得到 861 家公司的 2754 个观测值。表5–14 至表5–16 报告了面板数据检验结果。

表5–14　　　假说 H5–1 与 H5–2 的面板数据回归结果

	(1) Loan	(2) LLoan	(3) SLoan	(4) Loan	(5) LLoan	(6) SLoan
$Factor1$	0.021*** (7.21)	0.000 (0.11)	0.022*** (8.25)	0.021*** (5.28)	-0.002 (-0.66)	0.023*** (6.45)
$Factor2$	0.019*** (7.86)	0.003 (1.64)	0.014*** (6.55)	0.015*** (4.98)	0.001 (0.39)	0.011*** (4.10)
$Trans \times Factor1$				0.001 (0.18)	0.006 (1.12)	-0.003 (-0.44)
$Trans \times Factor2$				0.015* (1.91)	0.009 (1.43)	0.012* (1.68)
$Trans$				0.023*** (2.80)	0.003 (0.48)	0.017** (2.30)
$Size$	0.020*** (3.40)	0.023*** (4.99)	-0.002 (-0.48)	0.023*** (3.85)	0.023*** (5.13)	-0.000 (-0.06)
Lev	0.331*** (13.08)	0.138*** (7.06)	0.188*** (8.28)	0.335*** (13.26)	0.140*** (7.14)	0.191*** (8.42)
$Growth$	0.008*** (6.23)	0.001 (1.39)	0.007*** (5.69)	0.008*** (6.20)	0.001 (1.32)	0.007*** (5.65)
CFO	-0.417*** (-17.07)	-0.140*** (-7.43)	-0.251*** (-11.45)	-0.411*** (-16.74)	-0.137*** (-7.18)	-0.247*** (-11.17)

[①] 稳健的 Hausman 检验是指基于固定效应和随机效应聚类稳健性标准误进行的 Hausman 检验,提高检验的可靠性。

续表

	(1)	(2)	(3)	(4)	(5)	(6)
	Loan	LLoan	SLoan	Loan	LLoan	SLoan
Offer	0.047*** (2.23)	0.017 (1.03)	0.040** (2.10)	0.046** (2.20)	0.016 (0.99)	0.040** (2.09)
Constant	-0.575*** (-4.61)	-0.545*** (-5.65)	-0.034 (-0.30)	-0.651*** (-5.15)	-0.567*** (-5.79)	-0.091 (-0.80)
R^2(overall)	0.249	0.084	0.113	0.256	0.084	0.130
F	101.147	26.570	48.961	72.259	18.946	35.207
N	2754	2754	2754	2754	2754	2754
固定效应 F 检验	1.587***	1.264***	1.123**	1.553***	1.257**	1.096*
随机效应 BP 检验	46.15***	8.54***	0.03	43.40***	8.30***	0.01
稳健的 Hausman 检验	57.55***	46.58***	37.97***	55.30***	48.01***	32.03***
选择的 估计方法	固定效应	固定效应	固定效应	固定效应	固定效应	固定效应

注：括号内的数字为根据聚类稳健的标准误计算的 t 值，* $p<0.1$、** $p<0.05$、*** $p<0.01$，双尾检验。

表 5-14 是假说 H5-1 和假说 H5-2 的面板数据固定效应回归结果，基本上与表 5-8、表 5-9 中的结果一致。企业偿债能力和盈利能力等会计信息，在债务契约缔结时，具有显著的债务契约有用性，结果进一步支持假说 H5-1。会计信息透明度对盈利能力的债务契约有用性有显著的积极影响，这也支持假说 H5-2。

表 5-15 是假说 H5-3 的面板数据固定效应回归结果，与表 5-10 和表 5-11 中的结果基本一致，研究结果同样支持假说 H5-3b。

表 5-16 中是假说 H5-4 的面板数据固定效应回归结果，与表 5-12 和表 5-13 中的结果基本一致，进一步支持了假说 H5-4a。

面板数据的固定效应回归结果与混合 OLS 的估计结果基本相同，表明研究结果是稳健的。

此外，本部分还执行了如下稳健性检验：一是将计算的操控性应计绝对值之和的负数，按中位数设置哑变量作为会计信息透明度的衡量，结果基本保持不变。二是以樊纲等（2010）中的金融业发展指数为基础来衡

第五章 会计信息在债务契约中作用的实证检验

表 5-15　　假说 H5-3 的面板数据回归结果

	Loan (1) 国有	Loan (2) 民营	Loan (3) 国有	Loan (4) 民营	LLoan (5) 国有	LLoan (6) 民营	LLoan (7) 国有	LLoan (8) 民营	SLoan (9) 国有	SLoan (10) 民营	SLoan (11) 国有	SLoan (12) 民营
Factor1	0.023*** (6.11)	0.017*** (2.63)	0.028*** (4.56)	0.015** (1.99)	0.000 (0.03)	-0.001 (-0.27)	-0.002 (-0.36)	-0.004 (-1.16)	0.024*** (7.18)	0.019*** (3.07)	0.029*** (5.31)	0.021*** (2.72)
Factor2	0.021*** (6.18)	0.019*** (3.89)	0.010** (2.11)	0.019*** (3.29)	0.003 (1.24)	0.002 (0.64)	-0.001 (-0.36)	0.003 (1.02)	0.017*** (5.74)	0.017*** (4.63)	0.011*** (2.61)	0.016*** (3.68)
Trans × Factor1			-0.010 (-0.93)	0.012 (0.91)			0.005 (0.54)	0.014* (1.73)			-0.010 (-1.12)	-0.005 (-0.41)
Trans × Factor2			0.032*** (3.17)	0.002 (0.10)			0.015* (1.77)	-0.007 (-0.61)			0.018** (2.00)	0.007 (0.50)
Trans			0.016 (1.57)	0.022 (1.23)			0.001 (0.12)	-0.002 (-0.16)			0.014 (1.53)	0.023 (1.59)
Size	0.008 (1.15)	0.029* (1.70)	0.011 (1.49)	0.033* (1.85)	0.018*** (2.98)	0.017 (1.49)	0.019*** (3.15)	0.016 (1.37)	-0.008 (-1.17)	0.009 (0.81)	-0.006 (-0.93)	0.014 (1.19)
Lev	0.296*** (9.29)	0.415*** (6.72)	0.304*** (9.56)	0.415*** (6.67)	0.122*** (4.70)	0.175*** (4.27)	0.125*** (4.78)	0.176*** (4.28)	0.174*** (6.20)	0.227*** (4.08)	0.180*** (6.39)	0.225*** (4.07)
Growth	0.019*** (6.37)	0.005*** (3.41)	0.019*** (6.17)	0.005*** (3.53)	0.004* (1.76)	0.001 (0.52)	0.004 (1.59)	0.001 (0.58)	0.018*** (6.98)	0.004*** (3.96)	0.018*** (6.87)	0.004*** (4.08)
CFO	-0.465*** (-15.23)	-0.399*** (-7.60)	-0.451*** (-14.70)	-0.401*** (-7.72)	-0.148*** (-5.93)	-0.167*** (-3.99)	-0.142*** (-5.63)	-0.172*** (-4.05)	-0.296*** (-10.99)	-0.194*** (-4.00)	-0.288*** (-10.61)	-0.191*** (-3.92)
Offer	0.026 (0.97)	0.053 (1.28)	0.027 (1.00)	0.052 (1.29)	0.010 (0.44)	0.018 (0.71)	0.010 (0.46)	0.016 (0.67)	0.031 (1.29)	0.030 (0.93)	0.031 (1.29)	0.031 (0.98)

续表

	Loan (1) 国有	Loan (2) 民营	Loan (3) 国有	Loan (4) 民营	LLoan (5) 国有	LLoan (6) 民营	LLoan (7) 国有	LLoan (8) 民营	SLoan (9) 国有	SLoan (10) 民营	SLoan (11) 国有	SLoan (12) 民营
Constant	-0.304* (-1.92)	-0.828** (-2.27)	-0.375** (-2.35)	-0.912** (-2.41)	-0.439*** (-3.39)	-0.442* (-1.82)	-0.466*** (-3.56)	-0.414* (-1.68)	0.091 (0.65)	-0.324 (-1.29)	0.047 (0.33)	-0.434* (-1.70)
R^2 (overall)	0.270	0.194	0.291	0.198	0.085	0.090	0.087	0.098	0.128	0.088	0.147	0.093
F	66.239	26.516	48.151	19.778	13.566	5.785	9.836	4.507	39.991	10.847	28.910	7.943
N	1825	929	1825	929	1825	929	1825	929	1825	929	1825	929
固定效应 F 检验	1.62***	1.46***	1.57***	1.46***	1.27***	1.01	1.26***	0.99	1.21***	1.03	1.18***	1.02
随机效应 BP 检验	37.65***	8.31***	34.02***	8.48***	10.65***	0.00	9.30***	0.00	0.74	0.00	0.61	0.00
稳健的 Hausman 检验	28.62***	41.86***	24.83***	46.18***	23.92***	25.88***	26.18***	31.20***	26.38	20.22***	24.72***	21.12**
选择的估计方法	固定效应	固定效应	固定效应	固定效应	固定效应	固定效应	固定效应	固定效应	固定效应	固定效应	固定效应	固定效应

注：括号内的数字为根据聚类稳健的标准误计算的 t 值，* $p<0.1$，** $p<0.05$，*** $p<0.01$，双尾检验。

第五章 会计信息在债务契约中作用的实证检验

表 5-16　假说 H5-4 的面板数据回归结果

	Loan (1) 制度环境好	Loan (2) 制度环境差	Loan (3) 制度环境好	Loan (4) 制度环境差	LLoan (5) 制度环境好	LLoan (6) 制度环境差	LLoan (7) 制度环境好	LLoan (8) 制度环境差	SLoan (9) 制度环境好	SLoan (10) 制度环境差	SLoan (11) 制度环境好	SLoan (12) 制度环境差
Factor1	0.029*** (6.79)	0.014** (2.31)	0.034*** (6.14)	0.008 (1.08)	0.004 (1.14)	-0.004 (-1.05)	0.003 (0.65)	-0.006 (-1.15)	0.026*** (6.73)	0.019*** (2.88)	0.031*** (6.15)	0.015** (2.18)
Factor2	0.021*** (5.56)	0.017*** (4.42)	0.015*** (2.90)	0.013*** (2.59)	0.006** (2.00)	0.002 (0.57)	-0.001 (-0.30)	0.002 (0.74)	0.013*** (3.61)	0.014*** (4.51)	0.009** (2.02)	0.011** (2.50)
Trans × Factor1			-0.012 (-1.18)	0.016 (1.32)			0.005 (0.59)	0.006 (0.80)			-0.013 (-1.42)	0.009 (0.76)
Trans × Factor2			0.022* (1.87)	0.013 (1.15)			0.024*** (2.72)	-0.003 (-0.42)			0.011 (0.98)	0.017* (1.76)
Trans			0.041*** (3.60)	-0.000 (-0.01)			0.014 (1.58)	-0.008 (-0.90)			0.022** (2.07)	0.008 (0.81)
Size	0.015* (1.72)	0.023** (2.05)	0.021** (2.37)	0.024** (2.16)	0.015** (2.37)	0.030*** (3.64)	0.019*** (2.83)	0.029*** (3.51)	0.000 (0.04)	-0.007 (-0.87)	0.003 (0.41)	-0.005 (-0.64)
Lev	0.401*** (10.70)	0.272*** (5.59)	0.401*** (10.72)	0.272*** (5.61)	0.116*** (4.11)	0.157*** (4.30)	0.122*** (4.30)	0.154*** (4.22)	0.269*** (7.89)	0.121*** (3.08)	0.267*** (7.83)	0.124*** (3.17)
Growth	0.014*** (4.60)	0.007*** (3.59)	0.013*** (4.26)	0.007*** (3.54)	0.005** (2.19)	0.001 (0.39)	0.004* (1.88)	0.001 (0.37)	0.011*** (3.96)	0.006*** (3.93)	0.010*** (3.76)	0.006*** (3.87)
CFO	-0.488*** (-15.02)	-0.333*** (-7.79)	-0.473*** (-14.40)	-0.327*** (-7.56)	-0.186*** (-7.57)	-0.090*** (-3.31)	-0.172*** (-6.93)	-0.089*** (-3.27)	-0.273*** (-9.25)	-0.228*** (-5.97)	-0.265*** (-8.86)	-0.223*** (-5.75)

续表

	Loan (1) 制度环境好	Loan (2) 制度环境差	Loan (3) 制度环境好	Loan (4) 制度环境差	LLoan (5) 制度环境好	LLoan (6) 制度环境差	LLoan (7) 制度环境好	LLoan (8) 制度环境差	SLoan (9) 制度环境好	SLoan (10) 制度环境差	SLoan (11) 制度环境好	SLoan (12) 制度环境差
Offer	0.057** (2.10)	0.020 (0.47)	0.054** (2.01)	0.018 (0.43)	0.027 (1.31)	−0.002 (−0.08)	0.025 (1.21)	−0.004 (−0.16)	0.035 (1.42)	0.038 (1.14)	0.034 (1.37)	0.038 (1.15)
Constant	−0.509*** (−2.77)	−0.600** (−2.54)	−0.656*** (−3.53)	−0.624*** (−2.64)	−0.379*** (−2.74)	−0.713*** (−4.05)	−0.460*** (−3.27)	−0.692*** (−3.86)	−0.141 (−0.85)	0.101 (0.60)	−0.217 (−1.28)	0.055 (0.33)
R^2 (overall)	0.277	0.235	0.286	0.241	0.105	0.095	0.095	0.095	0.130	0.078	0.149	0.093
F	71.487	19.526	52.505	14.772	16.014	8.626	12.316	6.256	33.593	11.289	24.315	8.617
N	1377	1377	1377	1377	1377	1377	1377	1377	1377	1377	1377	1377
固定效应 F 检验	1.51***	1.59***	1.49***	1.56***	1.04	1.37***	1.05	1.37***	1.22***	1.04	1.18***	1.03
随机效应 BP 检验	9.24***	30.95***	9.28***	29.29***	0.00	8.67***	0.00	8.40***	0.21	0.45	0.14	0.46
稳健的 Hausman 检验	73.10***	12.29*	67.82***	16.84*	27.90***	30.70***	32.38***	37.76***	56.32***	13.10*	49.62***	12.92
选择的估计方法	固定效应	固定效应	固定效应	固定效应	固定效应	固定效应	固定效应	固定效应	固定效应	固定效应	固定效应	固定效应

注：括号内的数字为根据聚类稳健的标准误计算的 t 值，* $p<0.1$，** $p<0.05$，*** $p<0.01$，双尾检验。

量制度环境,结果基本保持不变。

六 研究小结

在 2003 年银行业改革的制度背景下,本部分实证检验了会计信息在债务契约缔结时的作用,研究发现:

(1) 会计信息具有显著的债务契约有用性,表现为企业盈利能力和偿债能力越高时,企业获得的银行借款增量就越多。

(2) 银行业改革后,国有企业会计信息的债务契约有用性显著高于民营企业,并且会计信息质量对会计信息债务契约有用性的影响也在国有企业中更显著,这一现象是由国有企业具有较高的会计信息质量导致的。

(3) 在区分了企业借款期限后,相对于民营企业,国有企业会计信息的债务契约有用性,以及会计信息质量对会计信息债务契约有用性的积极影响在长期债务契约中更显著;当会计信息质量较差时,银行能够找到其他替代性的机制来替代会计信息在长期债务契约中的作用。

(4) 在制度环境越好的地区,会计信息的债务契约有用性更大,会计信息质量对会计信息债务契约有用性的积极影响也更大。这一现象并不是由制度环境好的地区具有较高的会计信息质量导致的,而是好的制度环境直接提升了会计信息的债务契约有用性。

以上结果说明,2003 年的银行业改革,提高了银行信贷资金分配的市场化程度,也对国有企业预算软约束产生了积极的硬化作用;研究结果支持了宏观制度环境与企业微观机制之间的互补效应假说。

第二节 会计信息在债务契约履行中作用的实证检验

一 引言

在债务契约的履行过程中,由于会计信息作为契约双方的共同知识,能够降低契约双方的信息不对称,降低债权人直接监督的成本,因此会计信息能够发挥治理作用。本书第一章指出,会计信息作为债务契约的输入变量,形成以会计信息为基础的债务契约条款(accounting-based covenants),从而发挥会计信息的履约作用。因此,可以通过检验基于会计信息的债务契约条款是否发挥作用来检验会计信息在债务契约履行中的作用。

鲍尔等（2008）研究发现，会计信息中的债务契约价值越高，则在债务契约中使用基于会计信息的业绩定价条款的可能性越大。科斯特洛和维滕贝格-莫曼（2011）研究发现，当公司内部控制有效性较弱时，这些公司的财务报告质量可能较差，银行减少了对财务契约条款和基于财务比率的业绩定价条款的依赖。尼古拉耶夫（2010）从会计稳健性的角度，研究了基于会计信息的债务契约条款在债务契约的履行中是否发挥了作用，作者研究发现，基于会计信息的债务契约条款增加了会计稳健性。

由于在中国很难得到关于债务契约条款的具体信息，所以很难直接研究基于会计信息的债务契约条款是否发挥了作用。但从国内部分研究债务契约对会计稳健性的影响文献中，可以推测出国内债务契约中是否存在基于会计信息的契约条款，以及这些条款的作用如何。比如，孙铮等（2005）研究发现，债务比重越高的公司会计政策越稳健，并且这一现象在盈利能力差的公司、非国家控股的公司中更显著；朱茶芬和李志文（2008）也有类似发现。魏明海和陶晓慧（2007）研究发现，当债务契约双方冲突越大时，借款公司的会计处理越稳健。刘运国等（2010）研究发现，银行要求短期借款比例高和长期借款比例低的公司采取更加稳健的会计政策，并且银行对终极控制人为私有产权控股的公司有更加稳健的要求。从这些研究中可以推测：在民营企业、盈利能力低的企业、债权人与股东冲突大的企业的债务契约中，越可能使用基于会计信息的债务契约条款，并且这些条款发挥了治理作用。

综合以上分析，本书通过研究债务契约缔结后会计稳健性的变化来检验基于会计信息的债务契约条款是否发挥了作用。目前的研究，基本上都是研究当期债务对当期会计稳健性的影响；但会计稳健性既是债务契约的需求也具有经济后果（魏明海和陶晓慧，2007；杨华军，2007；Zhang，2008；饶品贵和姜国华，2011；陈圣飞等，2011；张敦力和李琳，2011）[①]，因此，研究当期债务对当期会计稳健性的影响很难说是债

[①] 张（2008）证明了会计稳健性通过事前降低借款利率而保护借款人的利益，通过事后及时提示借款企业的违约风险而保护贷款人的利益；因此张（2008）是从会计稳健性的经济后果和债务契约需求两个方面研究了会计稳健性的作用。饶品贵和姜国华（2011）也对会计稳健性这两个方面的作用进行了同时研究。陈圣飞等（2011）对会计稳健性的债务契约需求进行了详细综述。张敦力和李琳（2011）从会计稳健性的融资效应和投资效应两个方面综述了会计稳健性经济后果的研究。

务契约导致对会计稳健性的需求，也可能是会计稳健性的经济后果，具有内生性。本研究采用事件研究法，通过研究借款后企业会计稳健性的变化，来检验会计信息在债务契约履行中的作用，同时也考察借款前会计稳健性的情况，以此检验会计稳健性是否具有经济后果。

二 假说发展

1. 会计信息在债务契约履行中作用的基本假说

依据本书第一章提出的会计信息契约有用性的命题Ⅱ，会计信息能够降低债务契约履行中各方之间的信息不对称，降低债权人直接监督的成本，因而会计信息在债务契约履行中发挥了显著治理作用。具体来说，会计信息的上述作用，是通过在债务契约中形成以会计信息为基础的债务契约条款来实现的。中国银行业监督委员会在2009年和2010年发布的《固定资产贷款管理暂行办法》和《流动资产贷款管理暂行办法》中均要求在贷款合同中要明确借款人资金使用的限制和禁止行为，以及当借款人突破约定的财务指标时贷款人（银行）应采取的措施。陈等（2010）调查了我国四大国有商业银行、国有控股银行以及民营与外资银行关于债务契约中基于会计信息的条款对于国有企业与民营企业有什么不同。以上分析表明，在我国上市公司的银行借款契约中，的确存在以会计信息为基础的债务契约条款。

同时，我国的《公司法》规定：当公司资不抵债时，要优先偿还公司债务，因此，借款银行为了自身权益，会十分关注借款公司净资产是否大于企业负债这一状况。因此，银行为了降低借款企业的违约风险，会要求借款企业采用稳健的会计政策，不高估净资产，即相对于好消息的会计确认，更应及时确认坏消息。以上分析表明，会计稳健性是债务契约的重要需求[①]；会计稳健性降低了借款企业盈余或净资产被高估的风险，提高了基于会计信息的债务契约条款的监督效率，从而更好地在事前保护债务人的利益。

综上所述，银行通过在债务契约中设计以会计信息为基础的债务契约条款，来缓解与借款企业之间的信息不对称，保障自身的权益；借款企业的会计稳健性越高，则借款银行的权益越能够得到保障。因此，若基于会计信息的债务契约条款发挥了显著作用，则表现为借款企业提高了会计稳健性。

---

① 可以将其称为"会计稳健性的债务契约需求假说"。

基于以上分析，提出以下待检验假说：

假说 H5-5：会计信息在债务契约的履行中发挥了显著作用，表现为借款后企业的会计稳健性提高了。

2. 不同产权性质企业的会计信息在债务契约履行中作用的差异

本章第一部分已经验证，国有与民营企业的会计信息在债务契约缔结时的作用是不同的。由此可以推测，不同产权性质企业的会计信息在债务契约的履行过程中作用也可能是不同的。具体有以下两个方面的原因：一是相对于民营企业，国有企业的债务有政府隐性担保；二是国有与民营企业的信息不对称程度（或信息风险）不同。

陈等（2010）认为，中国政府对国有企业债务的隐性担保主要体现在以下几个方面：减少税收负担，注入资金偿还部分债务，允许债转股（债务重组），以及成立国有资产管理公司来转移国企的债务负担。政府实际是国企的担保者，这使得银行减少了对借款国企净资产是否大于负债的关注，从而减少了对国有企业会计稳健性的需求，弱化了会计信息在国有企业债务契约履行中的作用。由于民营企业没有政府隐性担保，银行会要求民营企业采用更加稳健的会计政策，从而最大限度地减少借款的民营企业净资产小于其负债时给其带来的损失。以上分析表明，相对于借款的国有企业，借款的民营企业的会计稳健性可能更高，会计信息在债务契约履行中的作用更大。陈等（2010）发现民营企业的会计稳健性高于国有企业。孙铮等（2005）、朱茶芬和李志文（2008）以及刘运国等（2010）发现债务对民营企业会计稳健性的提升作用大于国有企业[①]。但值得说明的是，由于没有直接研究政府隐性担保对借款国有企业会计稳健性的影响[②]，因此还不能说，是政府隐性担保降低了借款国有企业的会计稳健

---

① 这些文献均是研究当期债务余额的大小对当期会计稳健性的影响，但要提高研究的说服力必须检验借款后的会计稳健性是否有了提高，但就笔者目前掌握的文献来看，尚未发现这方面的研究。

② 陈等（2010）和孙铮等（2006）是从研究国有与民营企业借款违约率的角度来验证政府的隐性担保作用。这两篇文献均研究发现，国企的债务违约率低于民营企业，并说明是政府隐性担保降低了国企的债务违约风险。

性,因为会计稳健性还受信息不对称程度的影响①。

拉丰和瓦茨(LaFond 和 Watts,2008)研究发现,信息不对称程度越高,则会计稳健性越高,会计稳健性提高了公司的价值;卡汗和瓦茨(Khan 和 Watts,2009)也有类似的发现②。因此,研究国有企业与民营企业中会计稳健性的债务契约需求的差异,还必须考虑这两类企业信息不对称程度的差别。王冲和谢雅璐(2010)实证研究发现,实施新《企业会计准则》后,民营企业的信息风险显著高于国有企业,这与陈等(2010)理论分析的结果一致;本章第一部分证实了国有企业的信息透明度高于民营企业,孙铮等(2006)也发现国有企业的会计信息质量高于民营企业。以上分析说明,民营企业的信息不对称程度更高,银行为了降低风险,会在债务契约的履行中更关注民营企业会计盈余及净资产的稳健性,这导致债务契约对民营企业会计稳健性有更高的需求;为了达到这一目标,银行会在借款契约中规定更苛刻的会计指标,并会更密切关注这些基于会计指标的契约条款的履行情况。陈等(2010)列示了无论是国有银行还是非国有银行,对借款的国有企业和民营企业的契约条款是不同的,民营企业的债务契约条款更严格。因此,相对于国有企业,民营企业的会计信息在债务契约履行中的作用更大,导致更高的会计稳健性,银行对民营企业更高的会计稳健性需求,是由于民营企业信息不对称更严重而要求的补偿。

综合政府隐性担保以及信息不对称对债务契约的会计稳健性需求的影响,本研究认为,由于民营企业缺乏政府担保以及信息不对称程度更严重,因此,相对于国有企业,在债务契约履行过程中,对民营企业会计稳健性的需求更高。

由于很难直接研究不同产权性质企业的会计稳健性是否由政府隐性担保不同导致的,本书从信息不对称程度的角度来研究不同产权性质企业的债务契约对会计稳健性需求的差异,并提出以下待检验假说:

H5-6:会计信息在民营企业债务契约履行中的作用大于国有企

---

① 由于会计稳健性同时受政府隐性担保和信息不对称程度的影响,只有在国有企业与民营企业的信息不对称程度相同的情况下,若国有企业的会计稳健性低,才可以说是政府隐性担保导致的。

② 与 FASB 所认为的会计稳健性导致信息不对称不同,拉丰和瓦茨(2008)、卡汗和瓦茨(2009)发现了因为信息不对称,所以才更需要会计稳健性的经验证据。

业，表现为借款后的民营企业比国有企业有更高的会计稳健性。

3. 借款额度与会计信息在债务契约履行中的作用

企业从银行借款的额度越大，则企业负债比重越高，企业面临的破产风险就越大，为了避免违反基于会计信息的债务契约条款，债务人有采取激进的会计政策的动机，从而高估盈余和净资产。即借款额度越高的企业，为了避免债权人（银行）的处罚，企业就越有动机高估盈余。债权人（银行）为了避免损失，对债务比重大的借款企业的约束和监督就会越强，具体是通过监督以会计信息为基础的债务契约条款的履行情况来降低风险。而这些基于会计信息的债务契约条款会显著受到会计政策的影响，为了最大限度地降低风险，银行会要求借款额度越大的企业采取越稳健的会计政策。

孙铮等（2005）、朱茶芬和李志文（2008）以及刘运国等（2010）研究发现，债务比重或借款比重越高的企业，会计稳健性越高；并且发现相对于国有企业，银行对借款比重或负债比重越高的民营企业，会计稳健性的需求越高。但这些研究均有一个特点，即均是研究当期期末债务比重或借款比重对当期期末会计稳健性的影响。为了检验会计信息在债务契约的履行中是否发挥作用，就必须检验借款后会计稳健性的变化。

综合以上分析，提出以下待检验假说：

H5-7a：借款额度越高的企业，会计信息在债务契约履行中的作用越大，表现为借款后这些企业的会计稳健性更高。

由于现有研究均是研究当期债务比重或各类债务比重对会计稳健性的影响，而这些样本公司可能在当年并没有发生借款。作为对这些文献的补充，本研究以发生借款公司为样本，提出以下待检验假说：

H5-7b：借款越多的企业，借款当年银行要求这些企业的会计稳健性越高。

三 研究设计

本研究采用事件研究法，以发生 2007—2010 年长期借款的公司为研究样本，通过研究借款后这些公司会计稳健性的变化，来检验会计信息在债务契约履行中的作用。作为比较，本研究也对发生借款当年及以前年度的会计稳健性进行了分析。

1. 样本形成过程

本研究以某年"长期借款+一年内到期长期负债"[①] 相对于上一年度的变化是否大于零，作为当年是否发生长期借款的判断标准。本研究把事件研究的窗口定为 [-2, 2]，即发生借款之前2年至之后2年。

首先，选出2007—2010年度仅发生一次长期借款的公司。(1) 在这一样本期间，某公司也可能发生多次长期借款，为了避免发生多次长期借款对研究结果的影响，本研究选择在这一期间仅发生一次长期借款的公司作为研究对象，在删除研究所需数据缺失的记录后，共得到985个观测值。(2) 本研究采用某年"长期借款+一年内到期长期负债"的变化是否大于零作为发生长期借款的判断标准；但由于我国会计准则规定，到期还本付息的长期借款的利息也计入"长期借款"账户；因此，2007年"长期借款+一年内到期长期负债"的变化大于零，也可能是因为2007年并没发生长期借款，而是以前年度发生长期借款，2007年确认利息导致长期借款账户的增加；为了避免这一问题的影响，本研究删除了2007年"长期借款+一年内到期长期负债"的变化大于零的样本，然后得到819个观测值。

表5-17报告了最终样本分布情况。在删除了2007年发生长期借款事件的样本后，2008—2010年发生长期借款事件（$t=0$）样本数分别为59、83和106。

表5-17   研究样本的事件年度与自然年度分布

自然年度	事件年度（t）					合计
	-2	-1	0	1	2	
2007	74	48	0	0	0	122
2008	67	76	59	11	0	213
2009	0	81	83	52	20	236
2010	0	0	106	78	64	248
合计	141	205	248	141	84	819

注：样本数均为删除研究所需数据缺失记录后的样本数。

---

① 由于我国发行债券的公司不多，因此"一年内到期的长期负债"基本上都是"一年内到期的长期借款"。

其次,衡量"会计稳健性"以及"信息不对称程度"研究样本的获得。本研究以2007—2010年上市公司为原始样本,在删除金融业及数据不全的公司后,衡量"会计稳健性"的样本共5896个观测值,衡量"信息不对称程度"的样本共5865个观测值。分别在这两个样本的基础上计算出"会计稳健性"和"会计信息不对称程度"变量,然后再与发生长期借款事件的样本进行合并。

2. 变量衡量

(1) 会计稳健性(C_Score)

会计稳健性的衡量有多种方法,比较经典的方法有:巴素(Basu,1997)提出的盈余与股票回报酬之间关系的逆回归模型(reverse regression),鲍尔和施尔库玛尔(Ball和Shivakumar,2005)提出的应计与现金流关系回归模型,费尔特姆和奥尔森(Feltham和Ohlson,1995,1996)提出的净资产度量法,以及卡汗和瓦茨(2009)提出的会计稳健性指数衡量方法[①]。

由于卡汗和瓦茨(2009)度量的会计稳健性指数比较适合事件研究,因此,本研究采用该方法来衡量会计稳健性。

由于卡汗和瓦茨(2009)构建如下模型来计算会计稳健性指数(C_Score):

$$C\_Score = \lambda_1 + \lambda_2 Size_i + \lambda_3 MB_i + \lambda_4 Lev_i$$

(模型5-5)

$$G\_Score = \mu_1 + \mu_2 Size_i + \mu_3 MB_i + \mu_4 Lev_i$$

(模型5-6)

其中C_Score即为会计稳健性指数,是指会计盈余对坏消息和好消息的反映速度之差,即坏消息的非对称及时性。G_Score为会计盈余对好消息的反应速度。计算C_Score的参数λ_1、λ_2、λ_3和λ_4由以下模型的按年度截面回归得到:

$$X_i = \beta_1 + \beta_2 D_i + Ret_i(\mu_1 + \mu_2 Size_i + \mu_3 MB_i + \mu_4 Lev_i)$$
$$Ret_i \times D_i(\lambda_1 + \lambda_2 Size_i + \lambda_3 MB_i + \lambda_4 Lev_i) +$$

[①] 各种衡量会计稳健性的方法可分别参考巴素(1997)、鲍尔和施尔库玛尔(2005)、费尔特姆和奥尔森(1995,1996)、卡汗和瓦茨(2009);还可以参考相关综述,如瓦茨(2003)和杨华军(2007)。

$$(\delta_1 Size_i + \delta_2 MB_i + \delta_3 Lev_i + \delta_4 D_i \times Size_i + \delta_5 D_i \times MB_i + \delta_6 D_i \times Lev_i) + \varepsilon_i \quad \text{（模型 5-7）}$$

由于模型 5-7 中对低阶的交叉项也进行了控制，容易引起共线性，因此，本研究参考魏明海和陶晓慧（2007）以及邱月华和曲晓辉（2009）的做法，对模型 5-7 中最后的 6 个变量不进行控制，即以模型 5-8 来估计计算 C_Score 所需要的参数 λ_1、λ_2、λ_3 和 λ_4：

$$X_i = \beta_1 + \beta_2 D_i + Ret_i(\mu_1 + \mu_2 Size_i + \mu_3 MB_i + \mu_4 Lev_i) + Ret_i \times D_i(\lambda_1 + \lambda_2 Size_i + \lambda_3 MB_i + \lambda_4 Lev_i) + \varepsilon_i$$

（模型 5-8）

模型 5-8 中的 X 为年末每股收益，并用年初股票价格标准化；D 为哑变量，年度股票回报率 Ret 小于 0 时为 1，否则为 0；Ret 是以当年 5 月至第二年 4 月股票回报率计算的年度股票回报率，具体计算方法为 $Ret_i = \prod_{m=-8}^{4}(1+R_{i,m})-1$，$R$ 为股票月度回报率；$Size$ 为公司规模，用期末总资产的自然对数来衡量；MB 为市价与账面价值比率，Lev 为资产负债率。

卡汗和瓦茨（2009）指出按年度回归模型 5-8，得到的参数 λ_1、λ_2、λ_3 和 λ_4 代入模型 5-3 即可计算得到年度截面的会计稳健性指数（C_Score）。C_Score 的值越大，说明会计稳健性越高。

表 5-18 报告了模型 5-8 的年度截面的 OLS 回归结果。样本期间为 2007—2010 年度，删除金融业及数据不全的公司后，共得到 5896 个观测值，年度观测值分别为 1238、1451、1570 和 1637。

表 5-18　　　　　　卡汗和瓦茨（2009）模型的回归结果

	预期符号	2007 年	2008 年	2009 年	2010 年
D		-0.005 (-0.61)	-0.000 (-0.01)	0.010 (0.86)	-0.009** (-2.28)
Ret		-0.437*** (-2.92)	-0.463*** (-3.84)	-0.921*** (-12.60)	-0.506*** (-4.41)
$Ret \times Size$		0.020*** (3.05)	0.026*** (4.12)	0.047*** (13.32)	0.024*** (4.40)
$Ret \times MB$		-0.003 (-1.15)	-0.015** (-1.97)	-0.001 (-0.81)	0.001 (0.81)
$Ret \times Lev$		0.032 (0.95)	-0.138*** (-3.21)	-0.104*** (-5.49)	0.000 (0.01)
$Ret \times D(\lambda_1)$	+	1.495*** (6.60)	0.841*** (6.11)	3.099*** (4.42)	1.746*** (6.03)

续表

	预期符号	2007年	2008年	2009年	2010年
$Ret \times D \times Size(\lambda_2)$	-	-0.066 *** (-6.59)	-0.046 *** (-6.47)	-0.150 *** (-4.75)	-0.083 *** (-6.03)
$Ret \times D \times MB(\lambda_3)$	+	-0.014 (-0.59)	0.010 (1.10)	0.020 (0.72)	0.001 (0.26)
$Ret \times D \times Lev(\lambda_4)$	+	0.166 ** (2.57)	0.265 *** (5.02)	0.341 (1.59)	0.156 *** (2.65)
Constant		0.076 *** (12.56)	0.013 *** (6.57)	0.026 *** (6.98)	0.030 *** (12.37)
adj. R^2		0.135	0.041	0.139	0.073
F		20.679	8.057	24.935	12.593
N		1238	1451	1570	1637

注：括号内的数据为依据异方差——稳健性标准误计算的 t 值；* $p<0.1$、** $p<0.05$、*** $p<0.01$，双尾检验。

表5-19在发生长期借款公司在事件窗口 [-2, 2] 内会计稳健性（C_Score）的描述性统计。在发生长期借款事件之前和之后的时间窗口内（$t = -2、-1、1、2$），会计稳健性的均值和中位数均比发生借款事件时（$t = 0$）要大。这一结果说明会计稳健性是债务契约的需求，借款后（$t = 1、2$）会计稳健性提高了，说明基于会计信息的债务契约条款发挥了作用，研究结果初步支持假说 H5-5。

表5-19　　　发生长期借款公司会计稳健性的描述性统计

事件年度（t）	样本量	均值	标准差	中位数	最小值	最大值
-2	141	0.065	0.0975	0.0751	-0.263	0.258
-1	205	0.054	0.138	0.0476	-0.804	0.572
0	248	0.026	0.118	0.0291	-0.535	0.395
1	141	0.041	0.131	0.0370	-0.529	0.404
2	84	0.058	0.124	0.0441	-0.182	0.510

（2）信息不对称程度（或信息风险）的衡量

信息不对称程度越大，信息风险就越高，本研究采取王冲和谢雅璐（2010）的做法，以根据基本琼斯模型（Jones, 1991）和修正琼斯模型

(Dechow 等，1995) 计算的操控性应计 (DA) 来衡量信息风险，作为信息不对称程度的替代变量。张兴亮和欧理平 (2010) 也曾用该方法来衡量会计信息可靠性。DA 偏离 0 越大，表明信息风险越高，信息不对称越严重。

本研究用操控性应计来衡量信息风险，还有另外两个原因：

其一，假说 H5-6 中提出的民营企业会计稳健性比国有企业高，这也可能是因为民营企业负向盈余管理更大导致的。李远鹏和李若山 (2005)、邱月华和曲晓辉 (2009) 分别以 1998—2003 年、2002—2005 年上市公司为研究样本，均发现我国上市公司会计稳健性可能是公司进行"洗大澡"盈余管理的表象。但毛新述和戴德明 (2009)、肖成民和吕长江 (2010) 分别以 1994—2007 年、2002—2006 年为研究样本，均发现我国上市公司报告的会计盈余具有实质性的稳健性，而不是利润操纵的结果。以上文献说明，公司盈余管理行为可能会对会计稳健性产生影响，本研究以操控性应计来衡量信息风险，还可以依据其观察发生长期借款的上市公司的会计稳健性是否是由盈余管理导致的。若盈余管理并没有影响民营企业的会计稳健性，那么这将会进一步提高假说 H5-6 检验结果的可靠性。

其二，瓦茨和齐默尔曼 (1986) 认为，由于债务契约中有基于会计信息的债务契约条款，当借款企业有可能违反债务契约条款时，会选择增加盈余的会计政策，即进行正向的盈余管理，这一假说也被称为债务契约假说。张玲和刘启亮 (2009) 从借款数量与操控性应计绝对值的关系角度证实了债务契约假说[①]。本研究以操控性应计来衡量信息风险，还有助于检验债务契约假说是否成立。

本研究以 2007—2010 年所有上市公司为估计 DA 的样本，在删除金融类上市公司和数据不全的公司后，共得到 5865 个观测值。根据基本琼斯模型分年度和分行业[②] OLS 估计的计算 DA 所需参数 λ_0、λ_1、λ_2 的结果如表 5-20 中 A 组所示。

---

① 如果要检验债务契约假说是否成立，应当观察借款后操控性应计是否是正向的、递增的；但通过观察当期借款数量对当期操控性应计的绝对值影响来检验债务契约假说是否成立，检验的效果并不强。

② 行业分类依据中国证监会 2001 年颁布的《上市公司行业分类指引》，对制造业按二级代码进行了再分类，然后对基本琼斯模型进行分年度和分行业回归。

表 5-20　计算 DA 所需参数的估计结果及发生长期借款公司 DA 的描述性统计

A 组：计算 DA 所需参数的估计结果

参数	预期符号	均值	标准差	1/4 分位数	中位数	3/4 分位数
λ_0	?	6.422e+06	2.660e+07	-4.683e+06	5.924e+06	1.870e+07
λ_1	+	0.007	0.326	-0.028	-0.000	0.022
λ_2	-	-0.058	0.137	-0.101	-0.066	-0.030

B 组：发生长期借款公司 DA 的描述性统计

事件年度（t）	样本量	均值	标准差	中位数	最小值	最大值
-2	141	0.011	0.113	-0.002	-0.308	0.576
-1	205	0.009	0.148	0.002	-0.449	0.705
0	248	0.016	0.158	0.003	-0.449	0.705
1	141	0.011	0.167	-0.004	-0.449	0.705
2	84	0.008	0.138	0.008	-0.449	0.705

表 5-20 中 B 组报告了发生长期借款事件公司的信息不对称程度（信息风险）DA 的描述性统计结果。DA 的均值和中位数均比较小，说明发生长期借款公司在事件窗口 [-2, 2] 内的信息不对称程度不严重。从 DA 的均值和中位数的符号来看，发生长期借款的公司在事件窗口 [-2, 2] 内大多是正向的操控性应计，这说明如果样本公司的会计稳健性较高，这可能并不是"洗大澡"进行盈余操纵的结果，而是具有实际意义的会计稳健性。上市公司从 2007 年开始执行新《企业会计准则》，长期资产的减值不能转回，因此上市公司进行"洗大澡"的机会减少，表 5-20 中的结果与这一背景相符。

四　事件研究结果及分析

1. 假说 H5-5 的检验结果及分析

图 5-1 列示了假说 H5-5 的事件研究结果。

研究结果表明，在长期借款事件（t=0）之前和之后年度的会计稳健性（C_Score）均比长期借款事件发生年度的会计稳健性要高，这说明会

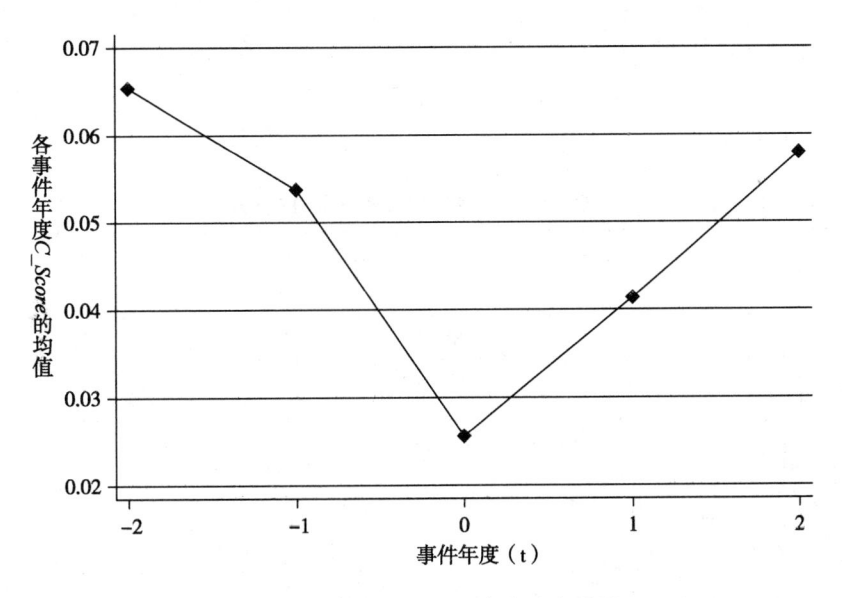

图 5 - 1　假说 H5 - 5 的事件研究结果

计稳健性是债务契约的需求①。长期借款事件之后年度会计稳健性的提高，说明基于会计信息的债务契约条款在债务契约的履行中发挥了重要作用，图 5 - 1 的结果初步支持了假说 H5 - 5。

本研究采用模型 5 - 9 对假说 H5 - 5 的事件研究结果进行显著性检验。

$$C\_Score = \alpha_0 + \alpha_1 D(t-2) + \alpha_2 D(t-1) + \alpha_3 D(t+1) + \alpha_4 D(t+2) + \mu \quad (模型 5 - 9)$$

其中 $D(t-2)$、$D(t-1)$、$D(t+1)$ 和 $D(t+2)$ 均为哑变量，分别表示当事件年度为 -2、-1、1 和 2 时取值 1，否则为 0。

表 5 - 21 报告了模型 5 - 9 的回归结果。$D(t-2)$、$D(t-1)$ 的回归系数的符号为正，并显著大于 0，说明发生长期借款事件之前的会计稳健性，显著高于发生长期借款事件当年（$t=0$）的会计稳健性，表明银行债务契约对会计稳健性的需求的确存在。$D(t+1)$ 和 $D(t+2)$ 的回归系数的符号为正，且 $D(t+2)$ 的回归系数显著大于 0，即借款后的会计稳健性显著提高了，说明基于会计信息的债务契约条款在债务契约的履行中发挥了显著

---

① 长期借款事件之前年度会计稳健性较高，并不能说明会计稳健性具有经济后果。要证明会计稳健性具有经济后果还必须将发生借款事件与没发生借款事件公司以前年度的会计稳健性进行比较，才能得到相应结果。

作用；研究结果支持了假说 H5-5。常数项（Constant）的回归系数显著为正，即发生长期借款当年的会计稳健性显著大于 0，这与图 5-1 及表 5-19 中的结果一致。

表 5-21　　　　　　假说 H5-5 事件研究的显著性检验

	预期符号	回归系数	t 值	p 值
$D(t-2)$	+	0.040 ***	3.58	0.00
$D(t-1)$	+	0.028 **	2.30	0.02
$D(t+1)$	+	0.016	1.18	0.24
$D(t+2)$	+	0.032 **	2.10	0.04
Constant	+	0.026 ***	3.41	0.00
adj. R^2		0.010		
F		3.639		
N		819		

注：括号内的数据为依据异方差——稳健性标准误计算的 t 值；* $p<0.1$、** $p<0.05$、*** $p<0.01$，双尾检验。

2. 假说 H5-6 的检验结果及分析

图 5-2 列示了假说 H5-6 的事件研究结果。

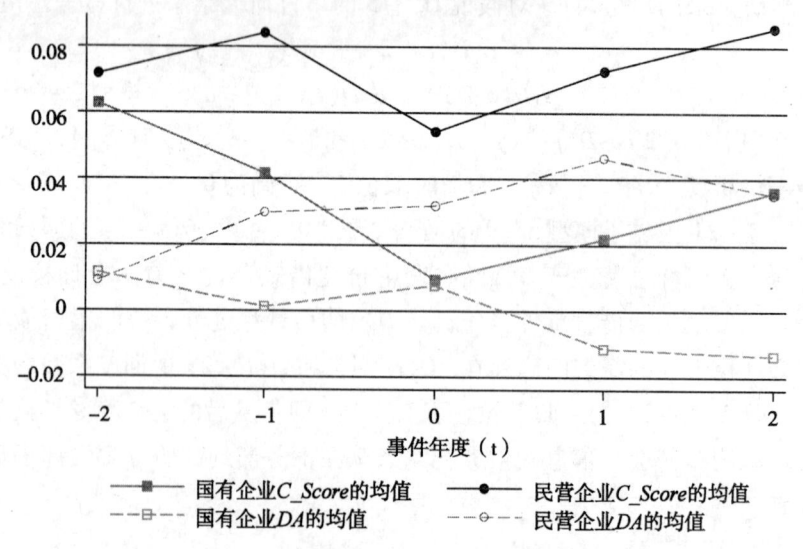

图 5-2　假说 H5-6 的事件研究结果

（1）与假说 H5-6 一致，在各事件年度内，民营企业的会计稳健性

(C_Score)均高于国有企业。与长期借款事件发生年度($t=0$)的会计稳健性相比,长期借款发生之前与之后年度的会计稳健性都有所提高。这与假说H5-5一致,说明不同产权性质企业的会计信息在债务契约的履行中都发挥了作用。与预期结果一致,民营企业的 DA 偏离零的程度也高于国有企业,说明民营企业的信息不对称程度更严重,信息风险更大。民营企业会计稳健性比国有企业高,这是由民营企业的信息风险更大导致的。银行对民营企业会计稳健性有更高的要求,是因为民营企业有更高信息风险而要求的补偿。研究结果初步支持了假说H5-6。

(2)在事件窗口[-2,2]内,民营企业的 DA 均为正,而且呈上升趋势,说明民营企业的会计稳健性并不是由企业进行负向的盈余管理导致的,而是具有实际意义的会计稳健性。国有企业的 DA 在事件窗口[-2,0]内为正,在事件窗口[1,2]内为负,说明长期借款发生时及发生之前,国有企业的会计稳健性为真实的会计稳健性,并不是企业进行负向的盈余操纵的结果。在借款发生之后的 DA 虽然为负,但其值较小,并且在 $t=1$ 与 $t=2$ 时的 DA 并没有发生显著变化,然而在这一期间国有企业的会计稳健性却提高了,这仍然说明国有企业在借款之后的会计稳健性也不是盈余管理的结果,表现为真实意义的会计稳健性。以上分析表明,国有及民营企业的会计稳健性均为真实的会计稳健性,并不是盈余管理的结果;民营企业会计稳健性比国有企业高,这的确是银行因民营企业信息风险较高而要求的补偿;这进一步支持了假说H5-6。

(3)从长期借款发生后 DA 的变化趋势来看,民营企业的 DA 呈上升趋势且是正向的,而国有企业的 DA 呈下降趋势且是负向的,说明债务契约假说在民营企业中成立,而在国有企业中不成立。即民营企业为了避免违反债务契约条款,可能采取增加会计盈余的会计政策。这一研究结果表明,在民营企业长期借款发生后,会计稳健性的债务契约需求假说与债务契约假说均成立。

表5-22中的A组是有关会计稳健性(C_Score)的检验,结果表明,民营企业会计稳健性的均值和中位数均大于国有企业,并且在大多数事件年度,这种差异在统计上都是显著的。表5-22中的B组是有关信息不对称程度或信息风险(DA)的检验,结果显示,除个别事件年度外,民营企业的信息不对称程度(信息风险)均高于国有企业,特别是在借款发生之后,这种差异在统计上是显著的。

表 5-22　　　假说 H5-6 事件研究的显著性检验

事件年度	样本量 民营	样本量 国有	均值 民营	均值 国有	民营—国有 t 检验	中位数 民营	中位数 国有	民营—国有 Wilcoxon 秩和检验
\multicolumn{9}{c}{A 组：民营与国有企业的 C_ Score 及比较}
-2	40	101	0.072	0.063	0.50	0.062	0.078	0.28
-1	58	147	0.084	0.042	2.00**	0.075	0.040	1.50
0	89	159	0.054	0.010	2.90**	0.046	0.012	2.70***
1	54	87	0.073	0.022	2.29**	0.065	0.027	2.46**
2	37	47	0.086	0.036	1.86*	0.083	0.004	2.21**
\multicolumn{9}{c}{B 组：民营与国有企业的 DA 及比较}
-2	40	101	0.009	0.012	-0.11	0.006	-0.012	0.49
-1	58	147	0.030	0.001	1.24	0.001	0.004	0.53
0	89	159	0.032	0.008	1.15	0.003	0.001	0.77
1	54	87	0.046	-0.011	2.02**	0.029	-0.013	2.45**
2	37	47	0.035	-0.014	1.62	0.029	-0.017	2.42**

注：由于国有企业中部分事件年度 DA 的均值为负值，为了检验国有与民营企业信息风险的差异，应当对 DA 取绝对值，但本研究中的 DA 还有检验会计稳健性是否是由负向盈余管理引起的，以及债务契约假说是否成立这两种作用，因此，与图 5-2 中的一致，此处并没有对 DA 取绝对值。* $p<0.1$、** $p<0.05$、*** $p<0.01$，双尾检验。

表 5-22 中的结果进一步支持了假说 H5-6，说明民营企业发生长期借款前后的会计稳健性总体上显著大于国有企业，而这种差异是由于民营企业的信息不对称程度高于国有企业而导致银行要求的补偿。

3. 假说 H5-7 的检验结果及分析

图 5-3 是假说 H5-7 的事件研究结果。

结果显示：（1）当 $t \leqslant 1$ 时，借款多的企业会计稳健性（C_Score）均比借款少的企业会计稳健性高；而当 $t=2$ 时则不存在上述结果。从 $t=1$ 时的结果来看，假说 H5-7a 得到验证，即在借款越多的企业中，会计信息在债务契约履行中的作用更大，表现为更高的会计稳健性；从整体上看（包括 $t=2$ 时）假说 H5-7a 仅从较弱程度上得到验证，这可能主要是样本量比较少导致的。但从假说 H5-5 以及假说 H5-6 的检验结果来解释假说 H5-7a：可以说银行对借款后企业的会计稳健性都比较重视，不会因为借款数量的多少而对稳健性的需求有所差异。（2）当 $t=0$ 时，借款多的企业的会计稳健性要高于借款少的企业的会计稳健性，结果初步支

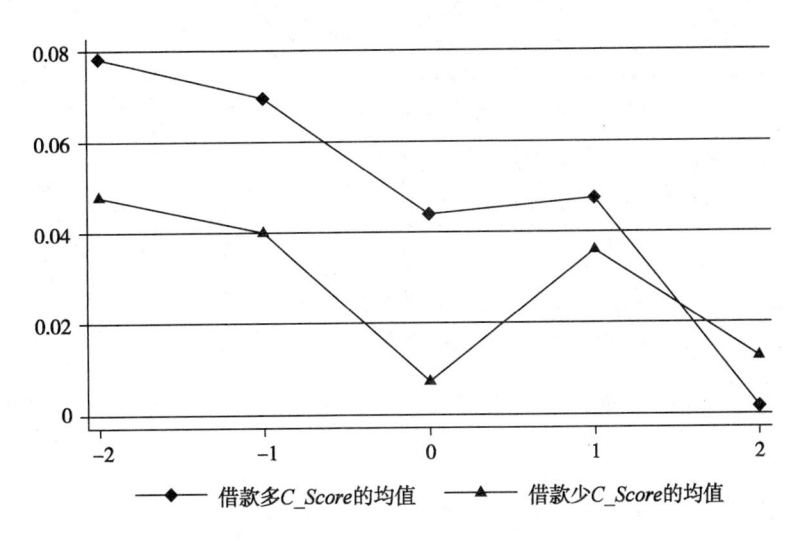

图 5-3 假说 H5-7 的事件研究结果

持假说 H5-7b。

表 5-23 是假说 H5-7 事件研究的显著性检验结果。(1) 在借款发生以后年度，借款多的公司与借款少的公司的会计稳健性不存在显著差异，说明银行对不同借款数量公司的会计稳健性需求的差异主要存在于借款发生时及之前，即银行主要通过事前或借款当期更高的会计稳健性需求来控制借款较多企业给银行带来的风险。当 $t=1$ 时，t 检验及 Wilcoxon 秩和检验的符号为正，但不显著，因此，仅有较弱证据支持假说 H5-7a。(2) 在长期借款事件发生当年和以前年度，借款较多公司的会计稳健性显著高于借款较少公司的会计稳健性。特别是长期借款发生当年 ($t=0$)，这一差异的显著性更高，这也与孙铮等 (2005)、朱茶芬和李志文 (2008)、刘运国等 (2010) 等研究结果一致，假说 H5-7b 得到验证，即由于银行对借款企业会计稳健性的需求，借款越多的企业，会计稳健性越高。

表 5-23　　假说 H5-7 事件研究的显著性检验

事件年度	样本量		C_Score 均值		t 检验	C_Score 中位数		Wilcoxon 秩和检验
	借款多	借款少	借款多	借款少		借款多	借款少	
-2	68	68	0.078	0.048	1.85**	0.079	0.057	1.58
-1	97	101	0.070	0.040	1.49	0.076	0.025	1.86*

续表

事件年度	样本量 借款多	样本量 借款少	C_Score均值 借款多	C_Score均值 借款少	t检验	C_Score中位数 借款多	C_Score中位数 借款少	Wilcoxon秩和检验
0	124	124	0.044	0.007	2.47**	0.037	0.007	2.6***
1	62	55	0.047	0.036	0.49	0.055	0.023	1.15
2	24	24	0.002	0.013	−0.43	−0.010	−0.001	−0.41

注：* $p<0.1$、** $p<0.05$、*** $p<0.01$，双尾检验。

图 5-4 是按企业产权性质分类后，对假说 H5-7 的事件研究结果。

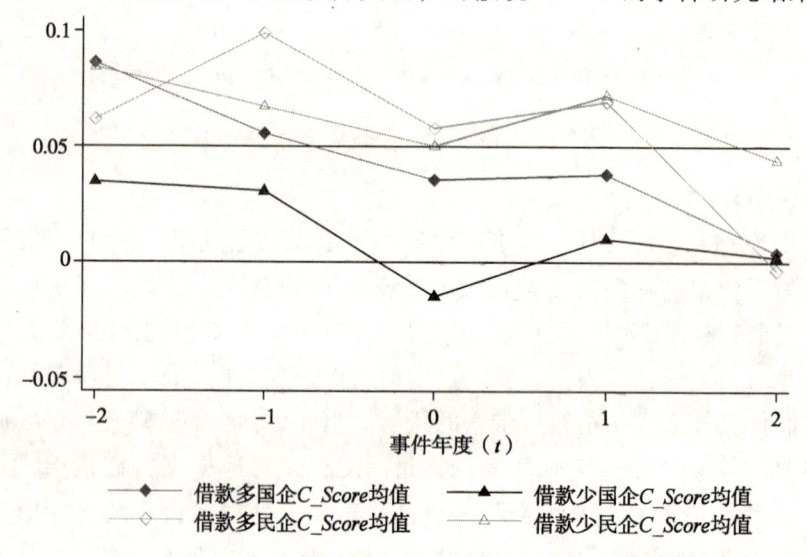

图 5-4 按产权性质分类的假说 H5-7 事件研究结果

图 5-4 的结果显示：(1) 从整体上来看，民营企业的会计稳健性均值高于国有企业，这与假说 H5-6 一致（图 5-2）；在长期借款发生年度 ($t=0$)，无论是国有企业还是民营企业，借款越多的企业，会计稳健性越高，这与假说 H5-7b 一致。(2) 在借款发生之后年度，当 $t=1$ 时，借款数额多的国有企业比借款数额低的国有企业有更高的会计稳健性，这与假说 H5-7a 一致；而民营企业中却不存在这一现象，原因是银行对民营企业有更高的稳健性需求，而且通过事前提高这种需求来控制事后风险；结合假说 H5-5 以及假说 H5-6 的检验结果，上述结果还可以解释为，银行对民营企业借款后的会计稳健性需求比较高，不会因为借款数量的大小而有所差异；同理可以解释在 $t=2$ 时无论是国有企业还是民营企业，借

款数额的差异并没有导致会计稳健性的差异。

表 5-24 是按产权性质分类对假说 H5-7 事件研究结果的显著性检验。在国有企业中，不同借款数量国有企业的会计稳健性差异具有较高的显著性，而不同借款数量民营企业会计稳健性则不存在统计上的显著性差异。

表 5-24 按产权性质分类对假说 H5-7 事件研究结果的显著性检验

事件年度	样本量 借款多	样本量 借款少	C_Score 均值 借款多	C_Score 均值 借款少	t 检验	C_Score 中位数 借款多	C_Score 中位数 借款少	Wilcoxon 秩和检验
A 组：不同借款数量的国有企业 C_Score 的比较							
-2	46	50	0.086	0.035	2.63 ***	0.097	0.027	2.39 **
-1	66	75	0.056	0.031	1.01	0.053	0.025	0.99
0	77	82	0.035	-0.015	2.47 **	0.036	-0.010	2.87 ***
1	43	32	0.038	0.010	0.90	0.046	-0.002	1.53
2	16	18	0.004	0.002	0.07	-0.018	-0.011	0.07
B 组：不同借款数量的民营企业 C_Score 的比较							
-2	22	18	0.062	0.084	-0.75	0.047	0.103	-0.57
-1	31	26	0.099	0.067	1.03	0.126	0.018	1.54
0	47	42	0.058	0.050	0.42	0.044	0.051	0.28
1	19	23	0.069	0.072	-0.07	0.066	0.046	0.37
2	8	6	-0.003	0.044	-0.90	-0.001	0.023	-0.90

注：* $p<0.1$、** $p<0.05$、*** $p<0.01$，双尾检验。

图 5-3、图 5-4 以及表 5-23、表 5-24 的结果表明：

（1）有较弱证据支持假说 H5-7a，而且，银行通过事前提高对借款企业会计稳健性的需求来控制事后风险；结合假说 H5-5、H5-6 的检验结果（图 5-1、图 5-2、表 5-21、表 5-22），假说 H5-7a 的检验结果也可以解释为：银行对借款后企业的会计稳健性都很重视，并没有因为有的企业借款金额少而减少对其稳健性的要求。

（2）从整体上说，假说 H5-7b 得到验证，但当区分了借款企业的产权性质后，仅在国有企业中支持假说 H5-7b。

五 研究小结

本研究采用事件研究法，通过检验企业借款后会计稳健性的变化，来检验会计信息在债务契约履行中的作用。研究结果表明：

（1）无论是借款前和借款后，会计稳健性均比借款发生时的会计稳健性高，说明会计稳健性是债务契约的重要需求。在借款发生后会计稳健性提高了，说明基于会计信息的债务契约条款发挥了重要作用。

（2）借款后民营企业的会计稳健性更高，说明会计信息在民营企业债务契约履行中发挥了更大作用。民营企业比国有企业的会计稳健性更高（包括借款前和借款后），这是银行因民营企业的信息风险更大，信息不对称程度更严重而要求的补偿。在研究了借款前后国有与民营企业操控性应计的变化后，没有证据表明会计稳健性是企业"洗大澡"进行盈余管理的结果，而是具有实际意义的会计稳健性。另外，民营企业的操控性应计在借款发生后呈上升趋势，而且都是正向的，说明债务契约假说在民营企业中成立，但在国有企业中没有证据支持债务契约假说。

（3）有较弱证据支持借款额度越高的企业，会计信息在债务契约履行中的作用越大，即借款后这些企业的会计稳健性更高；由于在此之前已经证实借款后企业会计稳健性提高了，因此这一结果说明，在企业借款后，银行对于不同借款数额的企业的会计稳健性都十分重视，基于会计信息的债务契约条款发挥了重要作用，而这种作用并没有因为借款数额的不同而有所差异。在借款发生当年，借款越多的企业，其会计稳健性越大；在区分了企业的产权性质后，这一现象仅在国有企业中具有统计上的显著性。

第六章

会计信息契约有用性的研究启示与政策建议

会计信息能够降低契约缔结时的信息成本和衡量成本（命题Ⅰ），降低契约履行过程中的信息不对称，从而降低了监督成本（命题Ⅱ），因此，会计信息在契约缔结与履行过程中发挥了重要作用。会计信息在契约中的作用可以从企业组织的变迁与会计程序及方法的发展，以及会计准则产生与发展的契约动因的历史考察中得到证实。制度环境与会计信息质量是显著影响会计信息契约有用性的两大因素，本书结合会计信息契约有用性的这两个影响因素，通过实证研究，验证了会计信息在高管薪酬契约及债务契约的缔结与履行中的作用。

理论研究与实证检验会计信息契约有用性的根本目的在于如何有效提高会计信息契约有用性。以下结合之前的理论分析与实证研究证据，从会计准则的建设与执行、公司治理机制的完善以及宏观制度建设等方面，总结会计信息契约有用性的研究启示，并提出保障会计信息契约有用性的若干政策建议。

第一节 会计准则建设

会计信息是在公共会计规则——会计准则下产生的，因此要有效提高会计信息契约有用性，必须完善会计准则建设，这是会计信息契约有用性的基本保障机制。

一 提高会计信息的可靠性

可靠性是保证会计信息契约有用性最根本的质量特征，这一认识已得到本书第五章实证研究的支持。本书对会计信息在债务契约缔结中的实证研究表明，透明度越高的会计信息，在债务契约缔结中的作用越大，表现为会计信息透明度提高了银行授信额度与反映企业盈利能力会计信息之间的正相关关系。本书采用的是过去三年的操控性应计来衡量会计信息的透明度，这实质也是衡量会计信息的可靠性。同样，在债务契约的履行中，会计信息风险越高（可靠性越差），则借款银行要求借款企业的会计稳健性越高，这也说明会计信息可靠性在债务契约履行中的重要性。因此，在会计准则建设中，必须考虑企业契约对会计信息可靠性的基本需求，具体应做到以下两点。

其一，要保证计量属性的可获得性。2006年财政部颁布的《企业会计准则——基本准则》规定，"企业对会计要素进行计量时，一般应当采用历史成本"，并要求采用其他计量属性时，要保证所确定的会计要素金额能够取得并可靠计量。历史成本固然可以保证会计信息的可靠性，但会计准则国际趋同导致多种计量属性在财务报告中的运用是不可逆转的潮流，因此类似于"木桶原理"，要提高会计信息整体的可靠性，必须制定容易导致会计信息不可靠的计量属性的详细运用指南。

其二，采用规则导向与原则导向相结合的准则制定模式。过去一段时间，学术界对于会计准则的这两种制定模式进行了广泛深入的讨论。本书认为，要保证会计信息的可靠性，满足企业契约的要求，应将这两种会计准则制定模式的优点结合起来，形成以原则导向制定会计准则，以规则导向制定会计准则指南以及会计准则解释的制定模式。特别是在会计准则指南和会计准则解释中将会计政策选择的标准具体化，减少企业为了满足债务契约条款或企业高管为了满足薪酬契约条款而选择会计政策的行为。目前，财政部已在这方面做了很好的探索，从2007年到2011年年底，财政部已发布了5个企业会计准则解释公告。但会计准则解释公告体系还不完善，今后要进一步广泛征求会计师事务所、证券监管部门以及银行的有关意见，特别是针对契约需求，形成完整的会计准则解释体系。

二 重新认识会计信息契约有用性与价值相关性之间的关系

本书第四章证实，会计盈余的价值相关性越高，则会计盈余在高管薪酬契约缔结时的作用越大，表现为高管现金报酬与会计盈余之间的敏感性越大，表明高管薪酬契约中广泛使用了基于会计盈余的契约条款。会计信息契约有用性与价值相关性这两种作用对会计信息质量的首要要求分别是可靠性与相关性。本书的上述发现在一定程度上说明，长期以来，会计准则建设中对会计信息的可靠性与相关性进行的权衡与取舍，在今后应当重新认识。

认识会计信息的价值相关性对契约有用性的促进作用时，不可避免地要提到公允价值计量，因为目前采用公允价值计量的最充分理由是公允价值能够提高相关性。但本书第四章的实证研究证明，虽然会计盈余的价值相关性有助于其在契约中发挥作用，但按公允价值计量的公允价值变动损益在高管薪酬契约中不具有显著的有用性；这不仅说明股东在与高管缔结高管薪酬契约时，能够认识到用公允价值变动损益等非经常性损益来衡量高管努力程度的不可靠性；而且也间接证明公允价值目前确实不具有价值相关性，采用公允价值计量未必就会提高会计信息的相关性[①]。

会计作为一种商业语言，在国际经济全球化的背景下，会计准则国际趋同是一种必然趋势。目前，我国对公允价值使用采用比较谨慎的做法，在会计准则的国际趋同中力求等效，这一点是十分可取的。而且中国证监会在2008年10月颁布的《公开发行证券的公司信息披露解释性公告第1号——非经常性损益（2008）》中，将公允价值变动损益作为非经常性损益；这也有利于契约方在企业契约缔结与履行中能够甄别不同盈余的质量。但目前会计准则将公允价值变动损益作为线上项目，反映在营业利润中，这与证监会的信息披露规定是不一致的，有可能造成混乱。因此，本书建议，关于公允价值变动损益的处理，会计准则与证监会的信息披露规范保持一致或趋同，以最大限度地减少其对会计信息契约有用性造成的不利影响。

三 注重会计信息的稳健性

FASB和IASB在2010年制定并颁布的联合概念框架中，并没有将稳健性作为一个单独的质量特征，甚至通篇没有提到会计稳健性。FASB认为会计稳健性加剧了信息不对称，但拉丰和瓦茨（2008）以及卡汗和瓦茨（2009）却提供了信息不对称越严重，则越需要会计稳健性的经验证据。本书在第五章也证明，信息不对称越严重，则银行对借款企业的会计

[①] 朱凯等（2009）也曾发现，尽管我国新会计准则较广泛地采用了公允价值计量属性，但实施新会计准则后，会计盈余的价值相关性并没有显著提高。

稳健性的要求越高，会计稳健性需求的提高是银行针对信息不对称借款企业而要求的额外补偿。而且本书还发现，无论国有企业还是民营企业，基于会计信息的债务契约条款均导致借款后会计稳健性显著提高，而且均表现为真实会计稳健性，并不是上市公司"洗大澡"操纵盈余的结果。

本书是以 2007 年开始采用新企业会计准则之后的上市公司数据得到上述结果的，说明 2007 年启用的新企业会计准则满足了债务契约对会计信息的需求，提高了会计稳健性。最明显的表现是 2007 年增加了《资产减值》会计准则，并规定长期资产的减值不可转回，这在一定程度抑制了上市公司通过"洗大澡"使其会计稳健性表现为一种假象的发生概率[①]。

但值得关注的是，《资产减值》准则中，对于资产组的认定以及可收回金额的确定比较复杂。本书建议：（1）简化资产组的认定，或直接取消资产组的认定，防止企业利用资产组认定的模糊性进行操纵盈余的行为。（2）简化可收回金额的计算，并制定相对刚性的、可操作性的标准。（3）由于长期资产的减值不可转回，可能导致企业利用流动资产减值操纵盈余的行为，这也可能导致上市公司的会计稳健性是一种操纵盈余的假象；银行在与借款企业缔结债务契约时，要考虑这一因素，并通过多种方法来衡量借款企业会计稳健性的变化，从而减少借款企业通过流动资产减值操纵盈余以满足债务契约条款，提高基于会计信息的债务契约条款在债务契约履行中的治理作用。

四 保持会计准则的相对稳定

本书论证了企业组织形式的变迁导致企业契约的变化，进而导致了会计准则的产生与发展，并将其称为会计准则产生与发展的契约动因，会计准则随企业契约变化的根本目的是降低交易成本。经济全球化也使企业契约主体国际化，因此，会计准则国际趋同也是"企业组织变迁，导致会计准则产生与发展"这一规律的具体体现，目的也是为了降低交易成本。

可以预见，未来中国会计准则国际趋同的步伐将进一步加快，会计准则还会变化。但这些变化更多是经济全球化而导致契约主体国际化引起

[①] 步丹璐和叶建明（2009）也发现，《资产减值》准则实施后，一定程度上减少了利用资产减值操纵盈余的空间。

的，高管薪酬契约和债务契约（特别是银行借款契约）并不是会计准则国际趋同的直接或主要动因，这就需要根据会计准则的变化，适时调整基于会计信息的高管薪酬契约和债务契约结构，但这会增加调整成本。因此，从会计信息契约有用性的角度，本书建议，要适当保证会计准则的稳定，减少调整成本；在会计准则的国际趋同中，增加等效内容的比重，从而使国家利益最大化。

第二节 会计准则执行

刘玉廷（2004）指出，准则的实施比准则的制定更有难度。诺斯（2008）甚至强调，一个社会不能发展出有效的、低成本的契约实施机制，是导致社会发展的停滞及当今第三世界不发达的重要原因[①]。因此，高质量的会计准则并不必然带来高质量的会计信息，契约方为了自身的利益可能会不公允地执行会计准则，影响了会计信息质量。要提高会计信息契约有用性，在完善会计准则建设的同时，还应探索会计准则的执行机制。

新制度经济学家认为，一项制度要实施必须有三个方面的机制，即自我执行机制、强制执行机制以及弥补正式制度"空白地带"的非正式制度。本书建议，从加强会计伦理建设、提高注册会计师审计效果，以及形成良好的媒体监督氛围三个方面，分别构建会计准则执行的自我执行机制、强制执行机制以及非正式制度。

一 构建会计准则的自我执行机制：会计伦理[②]

会计伦理，是指会计从业人员应具有的行为准则和道德规范。这里的会计从业人员，不仅包括企业会计人员，还包括对会计信息负责的企业负责人和高管人员，以及会计准则制定人员、会计教育工作者等。对会计从业人员进行会计从业的职业道德教育，加强会计伦理建设，有利于公正地

[①] 诺斯：《制度、制度变迁与经济绩效》，格致出版社、上海三联书店、上海人民出版社2008年版，第77页。

[②] 与"会计伦理"类似的概念是"会计价值观"，汤湘希和谭艳艳（2009）对研究会计价值的有关文献进行了评述。

制定、执行企业会计准则，公平地对待企业契约的各个主体，有利于发挥会计信息作为共同知识功能，减少缔约成本。会计伦理建设是会计准则执行中的一项自我执行机制。

目前，我国对企业会计人员取得从业资格时，都进行了职业道德教育，而企业会计人员又是执行会计准则的最直接主体，这会提高会计准则的履行效果。但仅对会计人员进行会计伦理教育还是不够的，会计准则的自我执行需要在整个会计行业内推行会计伦理机制。本书建议，从个体层次（会计人员）、组织层次（企业负责人和高管人员）以及行业层次（整个会计行业，包括会计准则制定者和会计教育工作者）构建立体的会计伦理体系，使会计伦理机制在会计准则的执行中发挥重要作用。

二 构建会计准则的强制执行机制：注册会计师审计

注册会计师作为公正的第三方，对上市公司财务报表进行审计，对内部控制的有效性进行鉴证，是监督上市公司公允执行会计准则的一个重要的强制性机制。注册会计师的审计效果在于其是否能保持独立性。目前，注册会计师可以同时向上市公司提供鉴证和非鉴证业务，这会影响注册会计师的独立性。财政部于2010年修订颁布了38项中国注册会计师审计准则（财会〔2010〕21号），其中《质量控制准则第5101号——会计师事务所对执行财务报表审计和审阅、其他鉴证和相关服务业务实施的质量控制》对注册会计师的独立性进行了严格规定，这在一定程度上能够提高注册会计师的独立性，提高注册会计师审计效果。但提高注册会师审计效果并不能单方面依赖严格的审计准则，还需要与被审计单位的内部治理相结合。本书建议，要充分发挥上市公司审计委员会的专业优势，确保其在注册会计师聘任与解聘提议上的独立性；如此，可以更有效防止注册会计师与公司高管合谋，更好地发挥外部监督作用，从而更好地满足企业契约对会计信息可靠性、稳健性以及相关性等质量特征的需求。

企业内部控制是企业内防止舞弊产生，保证公允执行会计准则的最直接制度安排。财政部等五部委于2008年联合发布了《企业内部控制基本规范》，并自2009年7月1日起在上市公司中施行，鼓励但不强制上市公司聘请注册会计师对内部控制的有效性进行鉴证。张龙平等（2010）研究发现，注册会计师对上市公司内部控制的鉴证提高了会计盈余的质量。

因此，本书支持张龙平等（2010）的观点，建议将上市公司的内部控制鉴证由自愿性行为转变为强制性的要求，提高会计盈余质量，提高其在高管薪酬契约及债务契约中发挥的作用，降低交易成本。

三　构建会计准则执行中的非正式制度：媒体监督

非正式制度能够弥补正式制度的空白，是会计准则执行中一个不可或缺的组成部分。由于独立媒体不是财务报告披露主体的利益相关者，所以对上市公司执行会计准则的监督通常更直接、更客观、更公正，因此，媒体监督作为一种非正式制度，有助于企业契约方掌握企业执行会计准则的状况，从而强化会计信息在契约中的作用①。

本书建议，要充分发挥媒体在会计准则执行中的监督作用，除了传统的纸质媒体，更要利用互联网便捷、快速的优势，提高会计准则执行的监督效率，其中最重要的是要完善相关法规，保证媒体披露信息的真实性，保护好媒体及从业人员的利益。

第三节　公司治理机制的完善：高管权力治理

本书第四章研究发现：高管权力越高，会计信息在高管薪酬契约缔结中的作用越小，表现为高管权力降低了高管薪酬与会计业绩之间的敏感性；而较高的高管薪酬业绩敏感度能够提高会计信息在高管变更中的作用，因此，高管权力也会降低会计信息在高管薪酬契约履行中的作用。经验研究结果表明，提高会计信息契约有用性必须对高管权力进行治理，具体涉及董事长与总经理两职合一的治理、高管持股的治理等。

本书建议，从构建高管行为准则，完善高管信息披露制度，以及有效发挥独立董事监督职能等方面，形成上市公司高管权力治理的有效机制。

一　完善高管信息披露体系

提高有关高管信息披露的透明度，是对高管权力进行约束的最有效手

---

① 柳木华（2010）分析了大众媒体对会计舞弊的监督，并实证研究了一些由于媒体率先曝光上市公司会计舞弊而导致上市公司停牌等事件。上市公司会计舞弊说明上市公司没能公允地执行会计准则，而媒体的确能够发现这一现象，说明媒体能够在会计准则的执行中发挥作用。

段。目前，监管部门已出台部分高管信息披露法规。这些法规具体可以分为三个层次，其中，法律层面的有《中华人民共和国公司法》（2005年修订）①、《中华人民共和国证券法》（2005年修订）②；行政法规和部门规章层面的有《上市公司信息披露管理办法》（中国证券监督管理委员会令第40号）③、《上市公司治理准则》（证监发〔2002〕1号）④；自律规则层面的有《深圳证券交易所上市公司信息披露工作考核办法》（2011年修订）⑤等；专门针对高管人员信息的相关规定有《上市公司董事、监事和高级管理人员所持本公司股份及其变动管理规则》（证监公司字〔2007〕56号）等，但这方面的法规还比较少。

虽然存在较多的与高管信息披露有关的法律，但披露形式不统一、系统性不强；虽然披露内容多样，但投资者查阅不便。这些问题的存在弱化了信息披露对高管权力制约的效果。

本书建议，应进一步完善高管信息披露体系，建立统一高管信息披露平台⑥，重点披露高管持股变动情况、董事长与总经理两职合一情况、高管个人信息情况（如年龄、政治关系、薪酬总额等）、高管职责履行情况、违规受处罚情况、离职原因及离职后的去向、与大股东或实际控制人的关系等。如此，投资者和监管部门能够准确、及时、方便地掌握高管信息，对高管的权力进行监督，使基于会计信息的契约结构能够发挥有效的治理作用。

---

① 《公司法》第一百一十六条规定，公司应定期向股东披露董事、监事、高级管理人员从公司获得报酬的情况。

② 《证券法》第六十六条规定，上市公司披露的年度报告的主要内容应包括董事、监事、高级管理人员简介及持股情况。

③ 《上市公司信息披露管理办法》第二十一条规定，上市公司年度报告应披露董事、监事、高级管理人员的任职情况、持股变动情况、年度报酬情况。

④ 该法规第九十一条，要求上市公司按相关法律披露公司治理信息，如董事会和监事会人员构成、工作评价、独立董事工作情况及评价等。

⑤ 该文第十六条规定，在对上市公司信息披露工作考核时，要关注上市公司董事、监事和高级管理人员履行职责情况、上市公司董事、监事、高级管理人员买卖本公司股份合法、合规及信息披露情况。

⑥ 目前关于高管信息披露大多散落在上市公司定期报告（如年度报告）和临时公告中，不便于投资者查阅和监管部门的监管。

二　构建高管行为准则

高管权力太大有可能导致高管自定薪酬，或即使业绩太差依然能保住职位，不被更换；从而降低了会计信息在高管薪酬契约中应发挥的作用。本书第四章的实证研究证实了以上假说。为了对权力过高的高管进行监督，股东可能采取其他替代性的监督机制来替代基于会计信息的薪酬契约结构，这势必增加交易成本。

因此，本书建议，由政府监管部门出台上市公司高管行为准则，对高管的行为进行直接约束。上市公司高管行为准则作为一种公共规则，不仅能够降低每个上市公司为监督高管行为而各自采取相应替代性机制的制定和实施成本，也有利于提高基于会计信息的契约结构在公司治理中发挥更大作用，降低契约缔结时的信息成本、衡量成本和契约履行中的监督成本。也就是说，由政府监管部门制定上市公司高管行为准则能够降低交易成本。高管行为准则应对高管的职责、任职资格等进行规定，特别是要设置禁止高管对公司内部高管监督部门的工作进行干涉的限制性条款。同时，还应规定上市公司高管违反高管行为准则的法律责任，以此引导公司高管行为规范化，对公司高管形成威慑，防止权力滥用。

三　有效发挥独立董事的监督职能

独立董事制度是一项重要的公司治理机制，其目的是降低因控制权与所有权分离而引起的代理成本，因此监督职能是独立董事的基本职能[①]，而且监督的主要对象是公司高管。正如法玛和詹森（1983）所说，独立董事具有选择、监督、考核、奖励和惩罚企业管理层的资格，其职责是通过减少企业高管和股东之间的冲突，提高企业的绩效。中国证监会于2001年颁布了《关于在上市公司建立独立董事制度的指导意见》（证监发[2001] 102号）（以下简称《指导意见》），对独立董事的任职资格、独立性、职责以及董事会成员中独立董事的比例等作了详细规定。《指导意见》规定独立董事具有对以下事项发表独立意见的职责：提名、任免董

---

① 关于独立董事职能有三种观点，其中最主要的是法玛和詹森（1983）所认为的监督职能。其他观点，如布鲁克利等（Brickly 等，1994）认为独立董事具有战略职能；阿格拉尔和克努伯（Agrawal and Knoeber，1998）认为独立董事具有政治职能。

事，聘任或解聘高级管理人员，公司董事、高级管理人员的薪酬；同时还规定，独立董事应当在上市公司董事会下设的薪酬、审计、提名等委员会成员中占有1/2以上的比例。以上分析表明，《指导意见》赋予独立董事监督上市公司高管薪酬的职责，因此，独立董事能够对高管利用过高权力干预高管薪酬契约缔结与履行的不合理行为进行监督[1]。另外，《指导意见》还规定，上市公司聘任的独立董事中至少应包括一名会计专业人士。这一规定是为了有效提高上市公司会计信息质量（许家林，2003）。而本书第三章的理论分析及第四章、第五章的实证检验结果表明，会计信息质量会显著影响会计信息契约有用性，因此独立董事制度有助于提高会计信息契约有用性。

鉴于以上分析，本书建议，应充分发挥独立董事监督职能，对高管权力进行监督，提高会计信息契约有用性。独立董事也是代理问题的一部分，要解决好独立董事与股东之间的代理问题，选择有经营才能的独立董事并给予恰当的激励。因此，本研究建议，从独立董事的选聘机制和激励机制两方面来提高独立董事的监督作用。

第一，独立董事的选聘机制。首先，要解决由谁来选聘独立董事的问题。《指导意见》规定由股东大会决定，但股东大会可能被大股东或控股股东所控制，而公司高管也可能来自大股东或控股股东单位，因此独立董事的选聘极有可能被公司高管所控制，那么通过这种机制选出来的独立董事很难对公司高管权力进行监督。因此，本书建议，由社会公众股东分类表决来决定独立董事的选聘，从而摆脱被大股东或公司高管操纵。其次，是独立董事任职资格问题。《指导意见》虽然规定了独立董事的任职条件，但这种规定是比较宽泛的。许家林（2003）认为独立董事要发挥作用，必须具备四个方面的任职条件：一是职业综合能力，二是专业知识结构，三是个人品质和诚信度，四是独立性。除此之外，本书认为，独立董事不仅必须具备专业知识，还必须具备相关经营才能，要选聘具有上市公司监管经历，以及企业管理经历的人士从事独立董事工作。这样才能符合指导意见所规定的"具备上市公司运作的基本知识，熟悉相关法律、行政

---

[1] 方军雄（2009）研究发现，董事会中独立董事比例的提高有助于降低高管薪酬粘性；说明独立董事有助于提高高管薪酬契约的治理效果，降低了高管权力对高管薪酬契约的不合理干预。

法规、规章及规则"的任职条件,提高独立董事的监督效果。

第二,独立董事的激励机制。既然独立董事是代理问题的一部分,要有效发挥独立董事对高管权力的监督职能,也需要对独立董事进行恰当的激励。本书建议,从薪酬激励以及权益保障两个方面对独立董事进行激励。首先,关于独立董事的薪酬激励机制。目前我国上市公司独立董事津贴不高,与独立董事承担的责任具有不对称性,很难对独立董事形成激励。同时,独立董事的津贴由上市公司支付,当上市公司被公司高管等内部人所控制时,实际上由公司高管决定独立董事津贴。可以想象,在这种情况下,独立董事很难对高管进行监督。对独立董事进行薪酬激励不是单纯提高独立董事的待遇,关键在于保证独立董事在获得津贴上的独立性。本书支持目前部分学者的看法,建议成立独立董事协会,独立董事的津贴从各上市公司向独立董事协会交纳的基金中支出。其次,关于独立董事的权益保障机制。对公司高管进行积极监督的独立董事,可能会受到上市公司高管的打击报复,导致被迫离职。《指导意见》并没有对独立董事的权益保护问题做出相应规定,在相关法规一时难以完善的情况下,本书建议,要求上市公司披露独立董事的离职原因,证监会和交易所定期对各公司独立董事离职原因进行调查,防止独立董事遭到公司高管的报复性解聘。

另外,本书还建议,上市公司董事会下属的监督性质的委员会,如薪酬委员会和审计委员会的负责人,应由声誉高、专业知识和法律知识丰富,以及有企业经营管理经验的独立董事来担任。通过以上机制,有效发挥独立董事的监督作用,对公司高管权力进行监督,降低高管对契约缔结与履行过程的干预,提高会计信息的有用性。

第四节　宏观制度建设与改革

本书第三章的理论分析以及第四章、第五章的实证研究均表明,宏观制度环境与制度安排对会计信息契约有用性均有显著影响:政府对国有企业过多的行政干预,降低了会计信息在国有企业高管薪酬契约中的作用;在制度环境越好的地区,会计信息的债务契约有用性越大,会计信息透明度对会计信息债务契约有用性的积极影响也越显著。

财务会计系统是一种微观制度安排,是产权法律保护体系的重要组成部分，基于会计信息的契约结构是公司治理的一项重要机制，降低了交易成本。但财务会计系统及会计信息发挥作用是以高质量的非会计的宏观制度安排为前提的，这些宏观制度安排构成了会计信息发挥治理作用所面临的制度环境。高质量的非会计的产权法律保护等宏观制度安排是整个产权法律保护体系的基础。会计系统运行的制度基础和环境对会计信息质量的影响往往是根本性的（唐国平和郑海英，2001）。因此，完善宏观制度安排，改善会计信息发挥治理作用的制度环境，是提高会计信息契约有用性的根本保证。

一 继续推进市场化改革

我国经济体制的市场化改革已取得了举世瞩目的成就，但我国市场经济仍然处于转轨经济和新兴市场阶段。现代企业制度的建立与完善是我国经济市场化改革的重要组成部分，有必要继续推进市场化改革，建立、完善并有效实施宏观制度安排，进一步优化现代企业治理机制——基于会计信息的契约结构所需要的制度环境。

目前，重点是加强政府自身治理，理顺政府与市场的关系。加强对民营经济发展的支持力度，提高信贷资金分配的市场化程度，为民营企业营造公平的竞争环境。另外，我国经济的市场化程度具有显著的地域不平衡性，本书第五章研究发现，会计信息的债务契约有用性仅显著存在于东部市场化进程高的地区。因此，要对我国西部地区的市场化改革配套特殊的政策。目前政府在积极实施西部大开发战略，虽然有了相关配套政策，但其效果需要检验。本书的研究结果启示我们，可以从企业内部微观机制效果的变化，来考察西部大开发战略是否促进了西部地区的市场化改革。

二 减少政府过度干预

市场化改革并不是没有缺陷的，垄断、经济外部性、信息不对称以及公共产品的生产和供给等问题的存在，均会导致市场失灵。因此，单靠市场机制并不能实现资源配置的价值最大化，这就需要通过政府干预来弥补和矫正市场失灵，使社会福利最大化。

政府对企业干预，特别是对国有企业进行干预，有助于维护社会稳定、增加就业和税收等，这对全社会来说是一种收益。但政府干预导致企业承担过重的社会性负担，对企业来说是一种成本；而且政府干预还导致现代公司治理机制无法有效地在企业中发挥作用，降低了会计信息在高管薪酬契约与债务契约中的作用，增加了交易成本。因此，政府不能对企业过度干预，否则会导致企业社会性负担过重、公司治理机制扭曲，从而影响社会福利的最大化。与张兴亮和夏成才（2011）一致，本书认为，政府干预的最优水平是使公司增加的边际成本与全社会增加的边际收益相等。

詹科夫等（Djankov等，2003）认为，政府监管和政府控股是政府干预经济的两种手段，但政府控股导致的专制成本更高。考虑到目前我国的经济体制，在政府对企业直接控股一时难以改革的前提下，为了使政府干预回归到最优水平，本书建议，增加政府监管，减少政府因对企业控股而直接进行行政干预；政府通过制定和实施监管政策和优惠政策，引导和激励企业承担一定的社会性负担；要提高这一过程的透明度，从而降低隐性干预。通过这些改革，使企业在缔结和履行契约时能够界定或剔除非市场因素对企业业绩的影响，改善会计信息发挥契约有用性的制度环境。

结　　语

第一节　研究结论

本书依据企业的契约理论推导出企业所有权的存在，在企业所有权安排的理论框架——代理理论的基础上，以交易成本理论为分析工具，提出了会计信息契约有用性的基本命题；从企业组织变迁与会计程序及方法的发展，以及会计准则产生与发展的契约动因角度，对会计信息契约有用性进行了历史考察，发现了会计信息具有契约有用性的有力证据。

虽然本书在代理理论的基础上提出了会计信息契约有用性的基本命题，并用历史考察的方法发现了会计信息具有契约有用性的历史证据，但是代理理论忽视制度背景以及剩余计量的合约安排的影响。鉴于此，本书又重点分析了制度背景和会计信息质量对会计信息契约有用性的影响，对会计信息契约有用性的基本命题进行了补充，形成更为系统的理论框架。在此基础上，本书对会计信息在高管薪酬契约和债务契约的缔结与履行中的作用进行了实证检验。实证检验的结果均支持在会计信息契约有用性理论框架基础上所提出的理论假说。根据理论分析与实证研究结果，本书提出了提高会计信息契约有用性的政策建议。全文的主要研究结论可以归纳为以下几点：

第一，会计信息能够降低契约缔结时的信息成本和衡量成本等交易成本，并影响契约结构，从而决定了各契约方以会计信息设计契约条款的契约结构；会计信息能够减轻契约履行中契约各方之间的信息不对称，从而降低监督成本等交易成本（代理成本），发挥了治理作用。

第二，会计程序及方法随着企业契约的变迁而不断变化，以适应不同企业组织中契约的缔结与履行。契约双方对会计信息产生规则的需求导致了会计准则的产生；最小化高管薪酬契约和债务契约缔结与履行过程中的交易成本，是会计准则产生的契约动因。

第三，企业要最大化自己的产出，就必须设计与制度环境相匹配的企业内部契约安排规则，而这些内部契约安排规则会影响会计信息在企业契约缔结与履行中的作用。会计信息质量决定企业契约对会计信息依赖的程度，质量越高的会计信息在企业契约中被赋予越高的权重。

第四，高管薪酬契约缔结时使用了以会计业绩为基础的契约条款；不同产权性质企业中会计信息在高管薪酬缔结时作用的不同是由政府干预导致的；高管薪酬契约缔结时，对价值相关性越高的会计信息赋予越高的权重，并且当高管权力越小时，这种状况越显著。高管薪酬契约的履行是以高管薪酬契约的缔结为基础的，高管薪酬业绩敏感度越大，会计信息在高管变更决策中的作用也越大；高管薪酬粘性越低，则高管薪酬契约有效性越高，会计信息在高管变更中的作用越大。

第五，会计信息作为共同知识降低了债务契约缔结时契约双方之间的信息不对称，会计信息的这种作用在国有企业中更显著，这一现象是由国有企业具有较高的会计信息质量导致的，2003年的银行业改革对国有企业预算软约束产生了积极的硬化作用；好的制度环境直接提升了会计信息在债务契约缔结时的有用性。借款发生后，基于会计信息的债务契约条款在债务契约的履行中发挥了重要监督作用，表现为会计稳健性的提高，这一现象在民营企业中更显著，原因是银行因民营企业的信息风险更大而要求额外补偿。

以上研究结论为提高会计信息契约有用性和降低交易成本提供了启示，本书据此提出了以下政策建议：

其一，进一步加强会计准则建设。在会计准则制定和修订过程中，要保证计量属性的可获得性，慎重选择会计准则的制定模式，为提高会计信息的可靠性提供保障。应重新考虑契约有用性与价值相关性的关系，证监会的披露制度和会计准则应逐渐趋同。会计准则建设还必须考虑提高会计稳健性，以及保持会计准则的相对稳定，减少企业的调整成本。

其二，着力构建有效的会计准则执行机制。会计信息发挥契约有用性离不开会计准则的有效执行。应当从会计伦理方面，构建会计准则的自我执行机制；从加强注册会计师审计方面，构建会计准则的强制执行机制；从媒体监督方面，构建会计准则执行中的非正式制度。

其三，切实完善公司治理机制。要特别加强对高管权力的约束，使高质量的会计信息在企业契约中发挥更大作用。具体应当从构建高管行为准则，完善高管信息披露制度以及有效发挥独立董事监督职能等方面，形成上市公司高管权力治理的有效机制。

其四，继续进行宏观制度建设与改革。在企业契约中，财务会计系统及会计信息发挥作用是以高质量的非会计的宏观制度安排为前提的。本书建议要继续深入推进市场化改革，减少政府干预，不断完善宏观制度安排，改善会计信息发挥治理作用的制度环境。

第二节　主要创新

本书对会计信息契约有用性进行了系统的理论分析以及严密的实证检验，从历史考察的视角追溯了会计信息契约有用性的根源，深入总结了研究启示并提出了有效政策建议。本书的主要创新体现在以下几个方面：

一是以企业的契约理论、代理理论为基础，以交易成本理论为分析工具，通过严密逻辑推理，推导出会计信息契约有用性基本命题。分析了制度背景和会计信息质量对会计信息契约有用性的影响机理，以此对会计信息契约有用性基本命题进行必要补充，形成更系统的理论框架。这一理论框架是本书实证研究的基础，并能为今后从事会计信息契约有用性的研究提供理论基础。

二是发现了会计盈余的价值相关性对会计盈余的薪酬契约有用性具有积极影响的经验证据，为会计准则制定中权衡价值相关性和契约有用性提供了有益启示；本书通过研究高管薪酬业绩敏感度和薪酬粘性对会计信息在高管薪酬契约履行中作用的影响，将高管薪酬契约的缔结与履行的研究结合了起来，丰富了目前的研究文献。

三是研究了会计信息透明度对会计信息在债务契约缔结中作用的影响，并将事件研究法引入会计信息在债务契约履行中作用的研究；本书对会计信息在债务契约履行中作用的直接研究，弥补了目前这一领域研究的不足，运用事件研究法提高了实证检验的力度。

第三节　研究局限

由于笔者研究能力和掌握资料的限制，本书在研究内容和研究方法上，还存在一定局限：

（1）本书在代理理论基础上研究了会计信息在解决股东与高管、股东与债权人之间代理冲突中的作用，即主要涉及第一类代理问题，而没有涉及第二类代理问题①。

（2）本书分别研究了会计信息在高管薪酬契约和债务契约中的作用，而并没有考虑这两方面的相互影响。

（3）本书在实证研究中尽量采用各种方法避免内生性的影响，但研究结果依然会受到内生性的困扰。

第四节 未来研究方向

第一，分析企业中存在的第二类代理问题，研究会计信息在股权契约中的作用。中国上市公司由于股权集中而存在第二类代理问题，大小股东之间的利益冲突导致股权契约的治理变得重要起来。股东投资企业的主要目的在于获得股利，基于会计信息（会计利润）来发放现金股利有利于维持股权契约的稳定；但现金股利也可能是控股股东从上市公司转移资源的途径，因此，股权集中会影响会计信息在股权契约履行中的作用。未来研究可基于以上分析，进行相关的实证检验。

第二，考虑高管薪酬契约与债务契约之间的相互影响，研究会计信息是否有效发挥契约有用性。会计信息只有同时降低高管薪酬契约和债务契约缔结与履行中的交易成本，才能发挥有效的契约作用。未来可以从会计稳健性的角度来研究基于会计信息的高管薪酬契约对债务契约的不利影响，即外部不经济；因为会计稳健性是债权人对企业会计信息的要求，稳健的会计信息有利于保护债权人的利益，若某一种基于会计信息的薪酬契约结构所带来的会计稳健性越高，则说明这一高管薪酬契约结构的经济外部性越小，由此可以验证会计信息在高管薪酬契约中是否有效地发挥了作用。

第三，运用问卷调查法，实地调查企业契约中存在的基于会计信息的

---

① 施莱费尔和威士尼（Shleifer 和 Vishny，1997）认为，在投资者法律保护不够健全并且存在单一的控股股东（股权集中）时，公司最主要的委托代理问题不是股东与经理人而是大股东和小股东之间的利益冲突。学术界将大股东与中小股东之间的利益冲突称为第二类代理问题。

契约条款。问卷调查的范围不限于上市公司，还可以调查非上市公众公司，从而扩大样本量，降低样本选择偏差。通过实地调查，发现会计信息在企业高管薪酬契约、债务契约以及股权契约中作用的直接证据，提高会计信息契约有用性研究的可靠性，为会计准则的制定与修订，以及相关制度建设与改革提供支持证据。在问卷调查的过程中，还可以根据典型案例，运用案例分析法对会计信息契约有用性进行典型案例研究，丰富会计信息契约有用性的研究方法。

主要参考文献

中文部分

[1] 埃格特森:《经济行为与制度》,商务印书馆2007年版。

[2] 毕晓方、周晓苏:《盈余质量对会计信息报酬契约有用性的影响及股权特征的交互作用分析》,《中国会计评论》2007年第1期。

[3] 步丹璐、叶建明:《〈资产减值〉的经济后果——基于新旧会计准则比较的视角》,《中国会计评论》2009年第3期。

[4] 蔡祥、李志文、张为国:《中国实证会计研究述评》,《中国会计与财务研究》2003年第2期。

[5] 查特菲尔德:《会计思想史》,中国商业出版社1989年版。

[6] 陈冬华、陈信元、万华林:《国有企业中的薪酬管制与在职消费》,《管理世界》2005年第2期。

[7] 陈冬华、梁上坤、蒋德权:《不同市场化进程下高管激励契约的成本与选择:货币薪酬与在职消费》,《会计研究》2010年第11期。

[8] 陈圣飞、张忠寿、王烨:《会计稳健性研究的理论回顾与展望——基于契约观和信息观的视角》,《会计研究》2011年第4期。

[9] 陈胜蓝、魏明海:《投资者保护与财务会计信息质量》,《会计研究》2006年第10期。

[10] 陈信元、陈冬华、万华林、梁上坤:《地区差异、薪酬管制与高管腐败》,《管理世界》2009年第11期。

[11] 陈政:《民营上市公司股权激励问题研究》,《深圳证券交易所综合研究所研究报告(深证综研字第0180号)》,2011年。

[12] 迪屈奇:《交易成本经济学——关于公司的新的经济意义》,经济科学出版社1999年版。

[13] 丁烈云、刘荣英:《制度环境、股权性质与高管变更研究》,《管理

科学》2008年第6期。

[14] 窦家春：《独立审计与会计信息的债务契约有用性》，《山西财经大学学报》2011年第1期。

[15] 杜兴强：《契约·会计信息产权·博弈》，厦门大学博士学位论文，2000年。

[16] 杜兴强、雷宇、郭剑花：《政治联系、政治联系方式与民营上市公司的会计稳健性》，《中国工业经济》2009年第7期。

[17] 杜兴强、王丽华：《高层管理当局薪酬与上市公司业绩的相关性实证研究》，《会计研究》2007年第1期。

[18] 樊纲、王小鲁、张立文：《中国各地区市场化进程2000年报告》，《国家行政学院学报》2001年第3期。

[19] 樊纲、王小鲁、朱恒鹏：《中国市场化指数——各地区市场化相对进程2009年报告》，经济科学出版社2010年版。

[20] 方军雄：《我国上市公司高管的薪酬存在粘性吗?》，《经济研究》2009年第3期。

[21] 方军雄：《民营上市公司，真的面临银行贷款歧视吗?》，《管理世界》2010年第11期。

[22] 方军雄：《高管权力与企业薪酬变动的非对称性》，《经济研究》2011年第4期。

[23] 费方域：《企业的产权分析》，上海三联书店、上海人民出版社2006年版。

[24] 冯根福：《中国公司治理基本理论研究的回顾与反思》，《经济学家》2006年第3期。

[25] 弗鲁博顿、芮切特：《新制度经济学——一个交易费用分析范式》，上海三联书店、上海人民出版社2006年版。

[26] 高红阳：《不对称信息经济学研究现状述评》，《当代经济研究》2005年第10期。

[27] 高雷、宋顺林：《公司治理与公司透明度》，《金融研究》2007年第11期。

[28] 葛家澍、陈朝林：《财务报告概念框架的新篇章——评美国FASB第8号概念公告（2010年9月）》，《会计研究》2011年第3期。

[29] 管考磊：《金融生态环境、财务风险与银行信贷决策》，《中南财经

政法大学学报》2010 年第 6 期。

[30] 郭道扬：《会计控制论》（上、下），《财会通讯（综合版）》1989 年第 7、8 期。

[31] 郭道扬：《论产权会计观与产权会计变革》，《会计研究》2004 年第 2 期。

[32] 郭道扬：《会计史研究（第二卷）》，中国财政经济出版社 2004 年版。

[33] 哈特：《企业、合同与财务结构》，格致出版社、上海三联书店、上海人民出版社 2006 年版。

[34] 何杰、王果：《上市公司高管薪酬现实状况、变化趋势与决定因素：1999—2009》，《改革》2011 年第 2 期。

[35] 何亚东、胡涛：《委托代理理论述评》，《山西财经大学学报》2002 年第 3 期。

[36] 亨德里克森：《会计理论》，立信会计图书用品社 1987 年版。

[37] 普里维茨、莫里诺：《美国会计史》，中国人民大学出版社 2006 年版。

[38] 姜金香、李增泉、李磊：《两种准则下会计业绩的契约有用性评价——基于 B 股公司经理人员变更的实证分析》，《财经研究》2005 年第 8 期。

[39] 姜国华、张然：《稳健性与公允价值：基于股票价格反应的规范性分析》，《会计研究》2007 年第 6 期。

[40] 雷光勇：《会计契约论》，中国财政经济出版社 2004 年版。

[41] 雷光勇、李帆、金鑫：《股权分置改革、经理薪酬与会计业绩敏感度》，《中国会计评论》2010 年第 1 期。

[42] 雷宇：《信任、制度环境与盈余信息含量》，《中南财经政法大学学报》2011 年第 5 期。

[43] 雷宇、杜兴强：《"关系"、会计信息与银行信贷——信任视角的理论分析与初步证据》，《山西财经大学学报》2011 年第 8 期。

[44] 利特尔顿：《会计理论结构》，中国商业出版社 1989 年版。

[45] 李明辉：《论财务会计信息在公司治理中的作用》，《审计研究》2008 年第 4 期。

[46] 李维安、李汉军：《股权结构、高管持股与公司绩效——来自民营

上市公司的证据》，《南开管理评论》2006 年第 5 期。

[47] 李远鹏、李若山：《是会计盈余稳健性，还是利润操纵？——来自中国上市公司的经验证据》，《中国会计与财务研究》2005 年第 3 期。

[48] 李延喜、包世泽、高锐、孔宪京：《薪酬激励、董事会监管与上市公司盈余管理》，《南开管理评论》2007 年第 6 期。

[49] 李增泉：《激励机制与企业绩效——一项基于上市公司的实证研究》，《会计研究》2000 年第 1 期。

[50] 李增泉、孙铮：《制度、治理与会计：基于中国制度背景的实证会计研究》，格致出版社、上海人民出版社 2009 年版。

[51] 利特尔顿：《会计理论结构》，中国商业出版社 1989 年版。

[52] 梁芸：《公司业绩与高管变更的关系研究》，《武汉大学学报》.（哲学社会科学版）2010 年第 6 期。

[53] 廖秀梅：《会计信息的信贷决策有用性：基于所有权制度制约的研究》，《会计研究》2007 年第 5 期。

[54] 林毅夫：《中国经济专题》，北京大学出版社 2008 年版。

[55] 刘斌、刘星、李世新、何顺文：《CEO 薪酬与企业业绩互动效应的实证检验》，《会计研究》2003 年第 3 期。

[56] 刘峰：《会计准则研究》，东北财经大学出版社 1996 年版。

[57] 刘峰、黄少安：《科斯定理与会计准则》，《会计研究》1992 年第 6 期。

[58] 刘凤委、孙铮、李增泉：《政府干预、行业竞争与薪酬契约》，《管理世界》2007 年第 9 期。

[59] 刘浩、彭一浩、张静：《谁能获得"信用贷款"？——贷款性质结构与会计信息质量关系研究》，《财贸经济》2010 年第 7 期。

[60] 刘浩、孙铮：《会计准则的产生与制定权归属的经济学解释——来自企业所有权理论的观点》，《会计研究》2005 年第 12 期。

[61] 刘浩、孙铮：《会计准则保护产权的"马太效应"研究——来自近代西方历史的回顾与企业所有权理论的分析》，《财经研究》2006 年第 6 期。

[62] 刘星、徐光伟：《政府管制、管理层权力与国企高管薪酬刚性》，《经济科学》2012 年第 1 期。

主要参考文献

[63] 刘运国、吴小蒙、蒋涛:《产权性质、债务融资与会计稳健性——来自中国上市公司的经验证据》,《会计研究》2010 年第 1 期。

[64] 柳木华:《大众传媒对会计舞弊的监督:一项经验研究》,《证券市场导报》2010 年第 8 期。

[65] 刘玉廷:《贯彻科学民主决策要求 完善我国会计准则体系》,《会计研究》2004 年第 3 期。

[66] 卢现祥、朱巧玲:《新制度经济学》,北京大学出版社 2006 年版。

[67] 陆正飞、祝继高、孙便霞:《盈余管理、会计信息与银行债务契约》,《管理世界》2008 年第 3 期。

[68] 罗党论:《市场环境、政治关系与企业资源配置——基于中国民营上市公司的经验证据》,经济管理出版社 2009 年版。

[69] 罗飞、王竹泉:《论国有企业的财务决策机制》,《财经论丛》2003 年第 3 期。

[70] 罗玫、陈运森:《建立薪酬激励机制会导致高管操纵利润吗?》,《中国会计评论》2010 年第 1 期。

[71] 罗琦、肖文翀、夏新平:《融资约束抑或过度投资——中国上市企业投资—现金流敏感度的经验证据》,《中国工业经济》2007 年第 2 期。

[72] 吕炜:《体制性约束、经济失衡与财政政策——解析 1998 年以来的中国转轨经济》,《中国社会科学》2004 年第 2 期。

[73] 毛新述、戴德明:《会计制度改革、盈余稳健性与盈余管理》,《会计研究》2009 年第 12 期。

[74] 诺斯:《制度、制度变迁与经济绩效》,格致出版社、上海三联书店、上海人民出版社 2008 年版。

[75] 欧阳瑞:《多元化、公司业绩与总经理变更》,《管理科学》2010 年第 1 期。

[76] 潘飞、石美娟、童卫华:《高级管理人员激励契约研究》,《中国工业经济》2006 年第 3 期。

[77] 潘红波、夏新平、余明桂:《政府干预、政治关联与地方国有企业并购》,《经济研究》2008 年第 4 期。

[78] 潘克勤:《实际控制人政治身份降低债权人对会计信息的依赖吗——基于自我约束型治理视角的解释和实证检验》,《南开管理评

论》2009年第5期。

[79] 钱颖一：《现代经济学与中国经济改革》，中国人民大学出版社2003年版。

[80] 邱月华、曲晓辉：《是盈余稳健性还是盈余管理？来自中国证券市场的经验证据》，《中国会计评论》2009年第4期。

[81] 权小锋、吴世农、文芳：《管理层权力、私有收益与薪酬操纵》，《经济研究》2010年第11期。

[82] 饶品贵、姜国华：《货币政策波动、银行信贷与会计稳健性》，《金融研究》2011年第3期。

[83] 饶艳超、胡奕明：《银行信贷中会计信息的使用情况调查与分析》，《会计研究》2005年第4期。

[84] 桑德：《会计与控制理论》，东北财经大学出版社2000年版。

[85] 苏冬蔚、林大庞：《股权激励、盈余管理与公司治理》，《经济研究》2010年第11期。

[86] 孙亮、柳建华：《银行业改革、市场化与信贷资源的配置》，《金融研究》2011年第1期。

[87] 孙铮、贺建刚：《中国会计研究发展：基于改革开放三十年视角》，《会计研究》2008年第7期。

[88] 孙铮、刘凤委、李增泉：《市场化程度、政府干预与企业债务期限》，《经济研究》2005年第5期。

[89] 孙铮、刘凤委、汪辉：《债务、公司治理与会计稳健性》，《中国会计与财务研究》2005年第2期。

[90] 孙铮、刘浩：《中国会计改革新形势下的准则理论实证研究及其展望》，《会计研究》2006年第9期。

[91] 孙铮、李增泉、王景斌：《所有权性质、会计信息与债务契约——来自我国上市公司的经验证据》，《管理世界》2006年第2期。

[92] 唐国平、郑海英：《会计·企业·市场经济：会计信息失真的广角透视与思考》，《会计研究》2001年第7期。

[93] 汤湘希、谭艳艳：《社会价值观·企业价值观·管理价值观·会计价值观——基于全球金融危机视角的文献述评》，《中南财经政法大学学报》2009年第4期。

[94] 汤云为、钱逢胜：《会计理论》，上海财经大学出版社1997年版。

[95] 汪金爱、于鸣：《商业风险、所有权集中度与 CEO 解职关系研究》，《管理科学》2010 年第 5 期。

[96] 王冲、谢雅璐：《会计准则变迁降低了信息风险吗——来自中国证券市场的经验证据》，《山西财经大学学报》2010 年第 2 期。

[97] 王化成、张伟华：《关联交易、会计信息契约有用性与公司治理——基于上市公司高管更换的视角》，《中国软科学》2010 年第 8 期。

[98] 王克敏、王志超：《高管控制权、报酬与盈余管理——基于中国上市公司的实证研究》，《管理世界》2007 年第 7 期。

[99] 王小鲁、樊纲：《中国地区差距的变动趋势和影响因素》，《经济研究》2004 年第 1 期。

[100] 王雄元、全怡：《政治关系类型与银行融资便利性——基于国企民营化的动态分析》，《上海立信会计学院学报》2011 年第 3 期。

[101] 王亚平、刘慧龙、吴联生：《信息透明度、机构投资者与股价同步性》，《金融研究》2009 年第 12 期。

[102] 王艳艳、于李胜：《法律环境、审计独立性与投资者保护》，《财贸经济》2006 年第 5 期。

[103] 王跃堂：《会计政策选择的经济动机——基于沪深股市的实证研究》，《会计研究》2000 年第 12 期。

[104] 魏刚：《高级管理层激励与上市公司经营绩效》，《经济研究》2000 年第 3 期。

[105] 威廉姆森：《资本主义经济制度——论企业签约与市场签约》，段毅才、王伟译，商务印书馆 2002 年版。

[106] 魏明海、陶晓慧：《会计稳健性的债务契约解释——来自中国上市公司的经验证据》，《中国会计与财务研究》2007 年第 4 期。

[107] 吴敬琏：《当代中国经济改革教程》，上海远东出版社 2010 年版。

[108] 吴军、白云霞：《我国银行制度的变迁与国有企业预算约束的硬化——来自 1999—2007 年国有上市公司的证据》，《金融研究》2009 年第 10 期。

[109] 吴育辉、吴世农：《高管薪酬：激励还是自利？——来自中国上市公司的证据》，《会计研究》2010 年第 11 期。

[110] 夏成才、王雄元：《论会计信息产权的俱乐部模式》，《会计论坛》

2003年第1辑。

[111] 夏成才、邵天营：《公允价值会计实践的理论透视》，《会计研究》2007年第2期。

[112] 夏立军、方轶强：《政府控制、治理环境与公司价值——来自中国证券市场的经验证据》，《经济研究》2005年第5期。

[113] 肖成民、吕长江：《利润操纵行为影响会计稳健性吗？——基于季度盈余不同汇总方法的经验证据》，《会计研究》2010年第9期。

[114] 谢德仁：《企业剩余索取权：分享安排与剩余计量》，上海三联书店、上海人民出版社2001年版。

[115] 谢德仁：《独立董事：代理问题之一部分》，《会计研究》2005年第2期。

[116] 辛清泉：《政府控制、资本投资与治理》，经济科学出版社2008年版。

[117] 辛清泉、谭伟强：《市场化改革、企业业绩与国有企业经理薪酬》，《经济研究》2009年第11期。

[118] 修宗峰：《制度环境、制度变迁与决策有用性》，厦门大学博士学位论文，2009年。

[119] 许家林：《独立董事制度建立与完善的会计视角解读》，《会计研究》2003年第6期。

[120] 徐经长、曾雪云：《公允价值计量与管理层薪酬契约》，《会计研究》2010年第1期。

[121] 徐玉德、陈骏：《上市公司违约风险、盈余质量与银行信用借款——基于沪深A股市场的经验研究》，《证券市场导报》2011年第2期。

[122] 薛云奎、朱秀丽：《制度变迁、盈余质量和债务契约——来自中国银行业改革的经验证据》，《中国会计与财务研究》2010年第3期。

[123] 杨华军：《会计稳健性研究述评》，《会计研究》2007年第1期。

[124] 杨其静：《合同与企业理论前沿综述》，《经济研究》2002年第1期。

[125] 杨时展：《会计信息系统三评——决策论和受托责任论的争论》，《财会通讯》1992年第6期。

[126] 杨小凯、张永生：《新兴古典经济学与超边际分析》，社会科学文献出版社 2003 年版。

[127] 姚立杰、夏冬林：《我国银行能识别借款企业的盈余质量吗?》，《审计研究》2009 年第 3 期。

[128] 姚文韵、崔学刚：《会计治理功能研究：分析与展望》，《会计研究》2011 年第 2 期。

[129] 游家兴、李斌：《信息透明度与公司治理效率——来自中国上市公司总经理变更的经验证据》，《南开管理评论》2007 年第 4 期。

[130] 余明桂、潘红波：《政治关系、制度环境与民营企业银行贷款》，《管理世界》2008 年第 8 期。

[131] 曾庆生、陈信元：《国家控股、超额雇员与劳动力成本》，《经济研究》2006 年第 5 期。

[132] 翟华云：《法律环境、审计质量与公司投资效率——来自我国上市公司的经验证据》，《南方经济》2010 年第 8 期。

[133] 张敦力、李琳：《会计稳健性的经济后果研究述评》，《会计研究》2011 年第 7 期。

[134] 张金若、张飞达、邹海峰：《两类公允价值变动对高管薪酬的差异影响研究》，《会计研究》2011 年第 10 期。

[135] 张俊瑞、赵进文、张建：《高级管理层激励与上市公司经营绩效相关性的实证分析》，《会计研究》2003 年第 9 期。

[136] 张玲、刘启亮：《治理环境、控制人性质与债务契约假说》，《金融研究》2009 年第 2 期。

[137] 张龙平、王军只、张军：《内部控制鉴证对会计盈余质量的影响研究——基于沪市 A 股公司的经验证据》，《审计研究》2010 年第 2 期。

[138] 张维迎：《所有制、治理结构及委托——代理关系：兼评崔之元与周其仁的一些观点》1996 年第 9 期。

[139] 张维迎：《博弈论与信息经济学》，上海三联书店、上海人民出版社 2004 年版。

[140] 张五常：《关于新制度经济学》，拉斯·沃因、汉斯·韦坎德编《契约经济学》，经济科学出版社 1999 年版。

[141] 张兴亮、夏成才：《信息透明度对公司过度投资和融资约束的影响

研究》,《经济与管理研究》2011年第8期。

[142] 张兴亮、欧理平：《金字塔结构与会计盈余可靠性——来自中国民营上市公司的经验证据》,《财经理论与实践》2010年第6期。

[143] 赵卫斌、陈志斌：《政府控制与企业高管人员薪酬绩效敏感度》,《管理学报》2012年第2期。

[144] 赵宇龙：《会计盈余与股价行为》,上海财经大学博士学位论文, 1999年。

[145] 支晓强、童盼：《管理层业绩报酬敏感度、内部现金流与企业投资行为——对自由现金流和信息不对称理论的一个检验》,《会计研究》2007年第10期。

[146] 周其仁：《市场里的企业：一个人力资本与非人力资本的特别合约》,《经济研究》1996年第6期。

[147] 周仁俊、杨战兵、李礼：《管理层激励与企业经营业绩的相关性——国有与非国有控股上市公司的比较》,《会计研究》2010年第12期。

[148] 周仁俊、杨战兵、李勇：《管理层薪酬结构的激励效果研究》,《中国管理科学》2011年第2期。

[149] 朱茶芬、李志文：《国家控股对会计稳健性的影响研究》,《会计研究》2008年第5期。

[150] 朱凯、赵旭颖、孙红：《会计准则改革、信息准确度与价值相关性——基于中国会计准则改革的经验证据》,《管理世界》2009年第4期。

[151] 朱元午：《会计信息质量：相关性和可靠性的两难选择——兼论我国现行财务报告的改进》,《会计研究》1999年第7期。

[152] 邹海峰、辛清泉、张金若：《公允价值计量与高管薪酬契约》,《经济科学》2010年第5期。

英文部分

[1] Agrawal, A., C. R. Knoeber, Managerial Compensation and the Threat of Takeover, *Journal of Financial Economics*, Vol. 47, No. 2 (February 1998), pp. 219 – 239.

[2] Alchian, A. A., H. Demsetz, Production, Information, Costs, and E-

conomic Organizing, *The American Economics Review*, Vol. 62, No. 5 (December 1972), pp. 777 – 795.

[3] Armstrong, C. S., W. R. Guay, J. P. Weber, The role of information and financial reporting in corporate governance and debt contracting, *Journal of Accounting and Economics*, Vol. 50, No. 2 – 3 (December 2010), pp. 179 – 234.

[4] Asquith P., A. Beatty, J. Weber, Performance Pricing in Bank Debt Contract, *Journal of Accounting and Economics*, Vol. 40, No. 1 – 3 (December 2005), pp. 101 – 128.

[5] Baber, W. R., P. M. Fairfield, J. A. Haggard, The Effect of Concern about Reported Income on Discretionary Spending Decisions: The case of Research and Development, *The Accounting Review*, Vol. 66, No. 4 (October 1991), pp. 818 – 829.

[6] Baber, W., S. Kang, K. Kumar, Accounting Earnings and Executive Compensation: The Role of Earnings Persistence, *Journal of Accounting and Economics*, Vol. 25, No. 2 (May 1998), pp. 169 – 193.

[7] Bai, C. E., D. Li, Z. Tao, Y. Wang, A Multitask Theory of State Enterprise Reform, *Journal of Comparative Economics*, Vol. 28, No. 4 (December 2000), pp. 716 – 738.

[8] Ball, R., The Firm as a Specialist Contracting Intermediary: Application to Accounting and Auditing, *Working Paper*, University of Rochester, 1989.

[9] Ball, R., Infrastructure Requirements for an Economically Efficient System of Public Financial Reporting and Disclosure, *Brookings – Wharton Papers on Financial Services*, 4th Annual Conference, 2001.

[10] Ball, R., Brown P., An Empirical Evaluation of Accounting Income Numbers, *Journal of Accounting Research*, Vol. 6, No. 2 (Autumn 1968), pp. 159 – 178.

[11] Ball, R., L. Shivakumar, Earnings Quality in UK Private Firms: Comparative Loss Recognition Timeliness, *Journal of Accounting and Economics*, Vol. 39, No. 1 (February 2005), pp. 83 – 128.

[12] Ball, R. T., R. M. Bushman, F. P. Vasvari, The Debt – contracting

Value of Accounting Information and Loan Syndicate Structure, *Journal of Accounting Research*, Vol. 46, No. 2 (May 2008), pp. 247 – 287.

[13] Banker, R. D., R. Huang, R. Natarajan, Incentive Contracting and Value Relevance of Earnings and Cash Flows, *Journal of Accounting Research*, Vol. 47, No. 3 (June 2009), pp. 647 – 678.

[14] Basu, S., The Conservatism Principle and the Asymmetric Timeliness of Earnings, *Journal of Accounting and Economics*, Vol. 24, No. 1 (December 1997), pp. 3 – 37.

[15] Beatty, A., Discussion of the Debt – Contracting Value of Accounting Information and Loan Syndicate Structure, *Journal of Accounting Research*, Vol. 46, No. 2 (May 2008), pp. 289 – 296.

[16] Beaver, W. H., Directions in Accounting Research: NEAR and FAR, *Accounting Horizons*, Vol. 10, No. 2 (January 1996), pp. 113 – 124.

[17] Beaver, W. H., Financial Reporting: An Accounting Revolution (3Edition), *Prentice Hall International*, Inc., 1998.

[18] Bebchuk, L. A., J. M. Fried, Executive Compensation as an Agency Problem, *Journal of Economic Perspectives*, Vol. 17, No. 3 (Summer 2003), pp. 71 – 92.

[19] Berle, A. A., G. C. Means, *The Modern Corporation and Private Property*, New York: Macmillan, 1932.

[20] Bharath, S. T., J. Sunder, S. Sunder, Accounting Quality and Debt Contracting, *The Accounting Review*, Vol. 83, No. 1 (January 2008), pp. 1 – 28.

[21] Bond, P., I. Goldstein, E. S. Prescott, Market – based Corrective Actions, *Review of Financial Studies*, Vol. 23, No. 2 (February 2010), pp. 781 – 820.

[22] Brickley, J. A., J. L. Zimmerman, Corporate Governance Myths: Comments on Armstrong, Guay, and Weber, *Journal of Accounting and Economics*, Vol. 50, No. 2 – 3 (December 2010), pp. 235 – 245.

[23] Brickly, J. A., R. C. Lease, C. W. Smith, Corporate Voting: Evidence from Charter Amendment Proposals, *Journal of Corporate Finance*, Vol. 1, No. 1 (March 1994), pp. 5 – 31.

[24] Bushman, R., A. Smith, Financial Accounting Information and Corporate Governance, *Journal of Accounting and Economics*, Vol. 32, No. 1 – 3 (December 2001), pp. 237 – 333.

[25] Bushman, R., E. Engel, A. Smith, An Analysis of the Relation between the Stewardship and Valuation Roles of Earnings, *Journal of Accounting Research*, Vol. 44, No. 1 (March 2006), pp. 53 – 83.

[26] Bushman, R. M., R. J. Indjejikian, A. Smith, Aggregate Performance Measurement in Business Unit Compensation: the Role of Intrafirm Interdependencies, *Journal of Accounting Research*, Vol. 33 (Supplement 1995), pp. 101 – 128.

[27] Chang, E. C., S. M. L. Wong, Governance with Multiple Objectives: Evidence from Top Executive Turnover in China, *Journal of Corporate Finance*, Vol. 15, No. 2 (April 2009), pp. 230 – 244.

[28] Cheng, S., R&D Expenditures and CEO Compensation, *The Accounting Review*, Vol. 79, No. 2 (April 2004), pp. 305 – 328.

[29] Chen H., J. Z. Chen, G. J. Lobo, Y. Wang, Association Between Borrower and Lender State Ownership and Accounting Conservatism, *Journal of Accounting Research*, Vol. 48, No. 5 (December 2010), pp. 973 – 1014.

[30] Cheng, Q., T. D. Warfield, Equity Incentives and Earnings Management, *The Accounting Review*, Vol. 80, No. 2 (April 2005), pp. 441 – 476.

[31] Cheung, S. N. S., The Structure of a Contract and the Theory of a Non – exclusive Resource, *Journal of Law and Economics*, Vol. 13, No. 1 (April 1970), pp. 49 – 70.

[32] Cheung, S. N. S., The Contractual Nature of the Firm, *Journal of Law and Economics*, Vol. 26, No. 1 (April 1983), pp. 1 – 21.

[33] Chi, W., Y. Wang, Ownership, Performance and Executive Turnover in China, *Journal of Asian Economics*, Vol. 20, No. 4 (September 2009), pp. 465 – 478.

[34] Clinch, G., J. Magliolo, CEO Compensation and Components of Earnings in Bank Holding Companies, *Journal of Law and Economics*, Vol.

16, No. 1 – 3 (January-July 1993), pp. 241 – 272.

[35] Coase, R. H., The Nature of the Firm, *Economica*, Vol. 4, No. 15 (November 1937), pp. 386 – 405.

[36] Coase, R. H., The Problem of Social Cost, *Journal of Law and Economics*, Vol. 3, No. 1 (October 1960), pp. 1 – 44.

[37] Coase, R. H., Accounting and the Theory of the Firm, *Journal of Accounting and Economics*, Vol. 12, No. 1 – 3 (January 1990), pp. 3 – 13.

[38] Costello, A. M., R. Wittenberg – Moerman, The Impact of Financial Reporting Quality on Debt Contracting: Evidence from Internal Control Weakness Reports, *Journal of Accounting Research*, Vol. 49, No. 1 (March 2011), pp. 97 – 136.

[39] Coughlan, A. T., R. M. Schmidt, Executive Compensation, Management Turnover, and Firm Performance: An Empirical Investigation, *Journal of Accounting and Economics*, Vol. 7, No. 1 – 3 (April 1985), pp. 43 – 66.

[40] Dechow, P. M., Accounting Earnings and Cash Flows as Measures of Firm Performance: The role of Accounting Accruals, *Journal of Accounting and Economics*, Vol. 18, No. 1 (July 1994), pp. 3 – 42.

[41] Dechow, P. M., R. Sloan, A. P. Sweeney, Detecting Earnings Management, *The Accounting Review*, Vol. 70, No. 2 (April 1995), pp. 193 – 225.

[42] Defond, M. L., M. Hung, Investor Protection and Corporate Governance: Evidence from Worldwide CEO Turnover, *Journal of Accounting Research*, Vol. 42, No. 2 (May 2004), pp. 269 – 312.

[43] DeFond, M. L., C. W. Park, The Effect of Competition on CEO Turnover, *Journal of Accounting and Economics*, Vol. 27, No. 1 (February 1999), pp. 35 – 56.

[44] Djankov, S., E. Glaeser, R. La Porta, F. Lopez – de – Silanes, A. Shleifer, The New Comparative Economics, *Journal of Comparative Economics*, Vol. 31, No. 4 (Decembe 2003), pp. 596 – 619.

[45] Eisenhardt, K. M., Agency Theory: An Assessment and Review, *The*

Academy of Management Review, Vol. 14, No. 1 (January 1989), pp. 57 – 74.

[46] Engel, E., R. M. Hayes, X. Wang, CEO Turnover and Properties of Accounting Information, *Journal of Accounting and Economics*, Vol. 36, No. 1 – 3 (December 2003), pp. 197 – 226.

[47] Eriekson, M., M. Hanlon, E. L. Maydew, Is There a Link between Executive Equity Incentives and Accounting Fraud? *Journal of Accounting Research*, Vol. 44, No. 1 (March 2006), pp. 113 – 143.

[48] Faccio, M., J. J. Mcconnell, R. W. Masulis, Political Connections and Corporate Bailouts, *Journal of Finance*, Vol. 61, No. 6 (December 2006), pp. 2597 – 2635.

[49] Fama, E. F., Agency Theory and the Theory of the Firm, *Journal of Political Economics*, Vol. 88, No. 2 (April 1980), pp. 288 – 307.

[50] Fama, E. F., M. C. Jensen, Separation of Ownership and Control, *Journal of Law and Economics*, Vol. 26, No. 2 (1983), pp. 301 – 325.

[51] Fan, J. P. H., T. J. Wong, T. Zhang, Politically Connected CEOs, Corporate Governance, and Post – IPO Performance of China's Newly Partially Privatized Firms, *Journal of Financial Economics*, Vol. 84, No. 2 (May 2007), pp. 330 – 357.

[52] Feltham, G., J. Ohlson, Valuation and Clean Surplus Accounting for Operating and Financial Activities, *Contemporary Accounting Research*, Vol. 11, No. 2 (Spring 1995), pp. 689 – 731.

[53] Feltham, G., J. Ohlson, Uncertainty Resolution and the Theory of Depreciation Measurement, *Journal of Accounting and Economics*, Vol. 34, No. 2 (Autumn 1996), pp. 209 – 234.

[54] Firth, M., M. Y. F. Peter, O. M. Rui, Firm Performance, Governance Structure, and Topmanagement Turnover in a Transitional Economy, *Journal of Management Studies*, Vol. 3, No. 6 (September 2006), pp. 1289 – 1330.

[55] Firth, M., C. Lin, P. Liu, S. M. L. Wong, Inside the Black Box: Bank Credit Allocation in China's Private Sector, *Journal of Banking &*

Finance, Vol. 33, No. 6 (June 2009), pp. 1144 – 1155.

[56] Francis, J., K. Schipper, L. Vincent, Earnings and Dividend Informativeness When Cash Flow Rights Are Separated from Voting Rights, *Journal of Accounting and Economics*, Vol. 39, No. 2 (June 2005), pp. 329 – 360.

[57] Gormley, T. A., B. H. Kim, X. Martin, Do Firms Adjust Their Timely Loss Recognition in Response to Changes in the Banking Industry? *Journal of Accounting Research*, Vol. 50, No. 1 (March 2012), pp. 159 – 196.

[58] Grahama, J. R., S. Li, J. Qiu, Corporate Misreporting and Bank Loan Contracting, *Journal of Financial Economics*, Vol. 89, No. 1 (July 2008), pp. 44 – 61.

[59] Gaver, J. J., K. M. Gaver, The Relation between NonRecurring Accounting Transactions and CEO Cash Compensation, *The Accounting Review*, Vol. 73, No. 2 (Aprial 1998), pp. 235 – 253.

[60] Grossman, S. J., O. D. Hart, The Costs and Benefits of Ownership: A Theory of Vertical and Lateral Integration, *Journal of Political Economy*, Vol. 94, No. 4 (August 1986), pp. 691 – 719.

[61] Hart, O. D., Incomplete Contracts and the Theory of the Firm, *Journal of Law, Economics and Organization*, Vol. 4, No. 1 (Spring 1988), pp. 119 – 139.

[62] Hart, O. D., J. Moore, Incomplete Contracts and Renegotiation, *Econometrica*, Vol. 56, No. 4 (July 1988), pp. 755 – 785.

[63] Healy, P. M., The Effect of Bonus Schemes on Accounting Decisions, *Journal of Accounting and Economics*, Vol. 7, No. 1 – 3 (April 1985), pp. 85 – 107.

[64] Hermalin, B. E., M. S. Weisbach, Endogenously Chosen Boards of Directors and Their Monitoring of the CEO, *American Economic Review*, Vol. 88, No. 1 (March 1998), pp. 96 – 118.

[65] Holthausen, R. W., R. L. Watts, The Relevance of the Value – relevance Literature for Financial Accounting Standard Setting, *Journal of Accounting and Economics*, Vol. 31, No. 1 – 3 (September 2001), pp. 3 – 75.

[66] Holthausen, R. W., D. F. Larcker, R. G. Sloan, Annual Bonus Schemes and the Manipulation of Earnings, *Journal of Accounting and Economics*, Vol. 19, No. 1 (February 1995), pp. 29 – 74.

[67] Huson, M., P. Malatesta, R. Parrino, Managerial Succession and Firm Performance, *Journal of Financial Economics*, Vol. 74, No. 2 (November 2004), pp. 237 – 275.

[68] Hutton, A. P., A. J. Marcusa, H. Tehranian, Opaque Financial Reports, R2, and Crash Risk, *Journal of Financial Economics*, Vol. 94, No. 1 (October 2009), pp. 67 – 86.

[69] Jackson, S., T. Lopez, A. Reitenga, Accounting Fundamental and CEO Bonus Compensation, *Journal of Accounting and Public Policy*, Vol. 27, No. 5 (September – October 2008), pp. 374 – 393.

[70] Jensen, M. C., Organization Theory and Methodology, *The Accounting Review*, Vol. 58, No. 2 (April 1983), pp. 319 – 339.

[71] Jensen, M. C., W. H. Meckling, Theory of the Firm: Managerial Behavior, Agency Costs, and Ownership Structure, *Journal of Financial Economics*, Vol. 3, No. 4 (October 1976), pp. 305 – 360.

[72] Jensen, M. C., W. H. Meckling, Right and Production Functions: An Application to Labor – Managed Firms and Codetermination, *Journal of Business*, Vol. 52, No. 4 (October 1979), pp. 469 – 506.

[73] Jensen, M. C., K. J. Murphy, Performance Pay and Top – Management Incentives, *The Journal of Political Economy*, Vol. 98, No. 2 (Aprial 1990), pp. 225 – 264.

[74] Jones, J., Earnings Management during Import Relief Investigations, *Journal of Accounting Research*, Vol. 29, No. 2 (Autumn 1991), pp. 193 – 228.

[75] Kang, J., A. Shivdasani, Firm Performance, Corporate Governance, and Top Executive Turnover in Japan, *Journal of Financial Economics*, Vol. 38, No. 1 (May 1995), pp. 29 – 58.

[76] Ke B., Rui O., Yu W. Hong Kong Stock Listing and the Sensitivity of Managerial Compensation to Firm Performance in State – controlled Chinese Firms, *Review of Accounting Studies*, Vol. 17, No. 1 (March

2012): 166-188.

[77] Keating, A. S., Determinants of Divisional Performance Evaluation practices, *Journal of Accounting and Economics*, Vol. 24, No. 3 (December 1997), pp. 243-273.

[78] Khan, M., R. L. Watts, Estimation and Empirical Properties of a Firm-year Measure of Accounting Conservatism, *Journal of Accounting and Economics*, Vol. 48, No. 2-3 (December 2009), pp. 132-150.

[79] Khanna T., K. Palepu., Why Focused Strategy May be Wrong in Emerging Markets, *Harvard Business Review*, Vol. 75, No. 4 (1997), pp. 41-51.

[80] Klapper, L., I. Love, Corporate Governance, Investor Protection and Performance in Emerging Markets, *Workig Paper*, The World Bank, 2002.

[81] Kornai, J., The Soft Budget Constraint, *Kyklos*, Vol. 39, No. 1 (February 1986), pp. 3-30.

[82] LaPorta, R., F. Lopez-de-Silanes, A. Shleifer, R. Vishny, Law and Finance, *Journal of Political Economy*, Vol. 106, No. 6 (1998), pp. 1113-1155.

[83] LaFond, R., R. L. Watts, The Information Role of Conservatism, *The Accounting Review*, Vol. 83, No. 2 (March 2008), pp. 447-478.

[84] Lambert, R. A., The Use of Accounting and Security Price Measures of Performance in Managerial Compensation Contracts: A Discussion, *Journal of Accounting and Economics*, Vol. 16, No. 1-3 (July 1993), pp. 101-123.

[85] Lambert, R. A., Contract Theory and Accounting, *Journal of Accounting and Economics*, Vol. 32, No. 1-3 (December 2001), pp. 3-87.

[86] Lambert R. A., D. F. Larcher, K. Weigelt, The Structure of Organizational Incentives, *Administrative Science Quarterly*, Vol. 38, No. 3 (September 1993), pp. 438-461.

[87] Lee Charles M. C., Market Efficiency and Accounting Research: A Discussion of "Capital Market Research in Accounting" by S. P. Kothari, *Journal of Accounting and Economics*, Vol. 31, No. 1-3 (September

2001), pp. 233 – 253.

[88] Lehn, K., A. K. Makhija, EVA, Accounting Profits, and CEO Turnover: An Empirical Examination 1985 – 1994, *Journal of Applied Corporate Finance*, Vol. 10, No. 2 (Summer 1997), pp. 90 – 97.

[89] Lel, U., D. P. Miller, International Cross – Listing, Firm Performance, and Top Management Turnover: A Test of the Bonding Hypothesis, *Journal of Finance*, Vol. 63, No. 4 (August 2008), pp. 1897 – 1937.

[90] Leone A., Wu J., Zimmerman J., Asymmetric Sensitivity of CEO Cash Compensation to Stock Returns, *Journal of Accounting and Economics*, Vol. 42, No. 1 – 2 (October 2006), pp. 167 – 192.

[91] Li, K, H. Yue, L. Zhao, Ownership, Institutions, and Capital Structure: Evidence from China, *Journal of Comparative Economics*, Vol. 37, No. 3 (September 2009), pp. 471 – 490.

[92] Liao, G., X. Chen, X. Jing, J. Sun, Policy Burdens, Firm Performance, and Management Turnover, *China Economic Review*, Vol. 20, No. 2 (March 2009), pp. 15 – 28.

[93] Modigliani, F., M. H. Miller, The Cost of Capital, Corporation Finance and the Theory of Investment, *The American Economic Review*, Vol. 48, No. 3 (June 1958), pp. 261 – 297.

[94] Morck, R., A. Shleifer, R. W. Vishny, Management Ownership and Market Valuation: An Empirical Analysis, *Journal of Financial Economics*, Vol. 20 (January – March 1988), pp. 293 – 315.

[95] Morck, R., B. Yueng, W. Yu, The Information Content of the Stock Market: Why Do Emerging Markets Have Synchronous Stock Price Movement? *Journal of Financial Economics*, Vol. 58, No. 1 – 2 (2000), pp. 215 – 260.

[96] Murphy, K. J., Performance Standards in Incentive Contracts, *Journal of Accounting and Economics*, Vol. 30, No. 3 (December 2000), pp. 245 – 278.

[97] Murphy, K. J., J. L. Zimmerman, Financial Performance Surrounding CEO Turnover, *Journa of Accounting and Economics*, Vol. 16, No. 1 – 3 (January – July 1993), pp. 273 – 315.

[98] Nikolaev, V. V. , Debt Covenants and Accounting Conservatism, *Journal of Accounting Research*, Vol. 48, No. 1 (March 2010), pp. 137 – 175.

[99] Nwaeze, E. , S. Yang, J. Yin, Accounting Information and CEO Compensation: The Role of Cash Flow from Operations in the Presence of Earnings, *Contemporary Accounting Research*, Vol. 23, No. 1 (Spring 2006), pp. 227 – 265.

[100] Ohlson, J. A. , Accounting Earnings, Book Value, and Dividends: The Theory of the Clean Surplus Equation, *Working Paper*, Columbia University, 1988.

[101] Ohlson, J. A. , The Theory of Value and Earnings and An Introduction to the Ball – Brown Analysis, *Contemporary Accounting Research*, Vol. 8, No. 1 (Fall 1991), pp. 1 – 19.

[102] Peng, E. Y. , Accruals Quality and the Incentive Contracting Role of Earnings, *Journal of Accounting and Public Policy*, Vol. 30, No. 5 (October 2011), pp. 460 – 480.

[103] Penman, S. H. , Return to Fundamental, *Journal of Accounting, Auditing and Finance*, Vol. 7, No. 4 (1992), pp. 465 – 483.

[104] Petersen, M. A. , Information: Soft and Hard, *Working Paper*, Northwestern University, 2004.

[105] Pi, L. , J. Lowe, Can a Powerful CEO Avoid Involuntary Replacement? —An Empirical Study from China, *Asia Pacific Journal of Management*, Vol. 28, No. 4 (2011), pp. 775 – 805.

[106] Shaw, K. W. , M. H. Zhang, Is CEO Cash Compensation Punished for Poor Firm Performance? *The Accounting Review*, Vol. 85, No. 3 (May 2010), pp. 1065 – 1093.

[107] Shleifer, A. , R. W. Vishny, A Survey of Corporate Governance, *Journal of Finance*, Vol. 52, No. 2 (June 1997), pp. 737 – 783.

[108] Sloan, R. , Financial Accounting and Corporate Governance: A Discussion, *Journal of Accounting and Economics*, Vol. 32, No. 1 – 3 (December 2001), pp. 335 – 347.

[109] Smith, C. W. , J. Warner, On Financial Contracting: An Analysis of

Bond Covenants, *Journal of Financial Economics*, Vol. 7, No. 2 (June 1979), pp. 117 – 161.

[110] Vuong, Q. H., Likelihood Ratio Tests for Model Selection and Non – Nested Hypotheses, *Econometrica*, Vol. 57, No. 2 (March 1989), pp. 307 – 333.

[111] Warner, J. B., R. L. Watts, K. H. Wruck, Stock Prices and Top Management Changes, *Journal of Financial Economics*, Vol. 20 (January – March 1988), pp. 461 – 492.

[112] Watts, R. L., A Proposal for Research on Conservatism, *Working Paper*, University of Rochester, 1993.

[113] Watts, R. L., J. L. Zimmerman, Towards a Positive Theory of the Determination of Accounting Standards, *The Accounting Review*, Vol. 53, No. 1 (January 1978), pp. 112 – 134.

[114] Watts, R. L., J. L. Zimmerman, Agency Problem, Auditing and the Theory of the Firm: Some Evidence, *Journal of Law and Economics*, Vol. 26, No. 3 (October 1983), pp. 613 – 633.

[115] Watts, R. L., J. L. Zimmerman, Positive Accounting Theory, *Prentice – Hall*, 1986.

[116] Watts, R. L., Conservatism in Accounting Part I: Explanations and Implications, *Accounting Horizons*, Vol. 17, No. 3 (September 2003), pp. 207 – 221.

[117] Weisbach, M. S., Outside Directors and CEO Turnover, *Journal of Financial Economics*, Vol. 20 (January – March 1988), pp. 431 – 460.

[118] Williamson, O. E., *Markets and Hierarchies: Analysis and Antitrust Implications*, New York: Free Press, 1975.

[119] Williamson, O. E., *The Economics Institutions of Capitalism*, New York: Fress Press, 1985.

[120] Williamson, O. E., The New Institutional Economics: Taking Stock, Looking Ahead, *Journal of Economic Literature*, Vol. 38, No. 3 (September 2000), pp. 595 – 613.

[121] Xue, Y., Make or Buy New Technology: The Role of CEO Compensation Contract in a Firm's Route to Innovation, *Review of Accounting*

Studies, Vol. 12, No. 4 (May 2007), pp. 659 – 690.

[122] Yang, X., Y – K. Ng, Theory of the Firm and Structure of Residual Rights, *Journal of Economic Behavior and Organization*, Vol. 26, No. 1 (1995), pp. 107 – 128.

[123] Yuan, Q., Public Governance, Political Connectedness, and CEO Turnover: Evidence from Chinese State – Owned Enterprises, *Working Paper*, The University of Melbourne, 2011.

[124] Zeff, S. A., The Rise of Economic Consequence, *Journal of Accountancy*, Vol. 146 (December 1978), pp. 56 – 63.

[125] Zhang, J., The Contracting Benefits of Accounting Conservatism to Lenders and Borrowers, *Journal of Accounting and Economics*, Vol. 45, No. 1 (March 2008), pp. 27 – 54.

后　　记

本书的选题来源于我在中南财经政法大学攻读博士学位相关课程时受到的启发。记得学完《财务会计基本理论》课程后，汤湘希教授给我们布置了一道作业题——什么是会计？初拿到这个题目时，自认为学习会计多年，回答这个问题很容易，但当要动手写时，竟然不知道如何下笔。要回答这个问题，必须首先界定会计的目标是什么，它是构建财务会计理论的起点或基础，而会计目标是否实现，需要检验会计信息是否在企业契约的缔结与履行中发挥了作用。为了完成汤老师布置的作业，我阅读了大量文献，并初步确立研究会计信息契约有用性这一课题。

我将自己要研究会计信息契约有用性这一课题的想法向我的导师夏成才教授进行了汇报，得到了夏老师的大力支持。夏老师帮我分析这一选题将会面临的研究难点，鼓励我进行多学科的交叉研究，并要求我在研究内容和方法上进行创新。万事开头难，我的研究是从阅读文献和撰写小论文开始的。还记得我经常拿着稚嫩的习作初稿请夏老师帮我修改，拿回来的都是写满红字批语的修改稿。每当我遇到困惑时，无论是给夏老师打电话还是发邮件，夏老师都是每求必应。在与夏老师的接触中，我也被夏老师严谨的治学态度和豁达的处事哲学感染，这些都让我终生受益。

在本书的写作期间，我得到了中南财经政法大学会计学院许多老师的支持和帮助。特别感谢杨汉明教授和王雄元教授抽出宝贵的时间，对我的研究课题进行指导。何威风教授常常为我答疑解惑，并给我提供各种学习资源，谢谢何老师的无私帮助！感谢我的硕士研究生导师邓春华教授给予我学习、生活上的关心、支持和鼓励。华中科技大学的占美松博士常常主动与我交流他的学术思考和心得，并为我提供许多宝贵的资料，首都经贸大学的申慧慧博士常对我的研究提出很有价值的建议，在这里表示深深的谢意！

本书的后续研究工作是我在嘉兴学院工作期间完成的,感谢嘉兴学院领导给予我的关怀。嘉兴学院商学院的领导为我提供了良好的研究环境,感谢他们帮助。感谢嘉兴学院现代会计研究所的同事们对我的支持。非常感谢嘉兴学院科技处的领导和同事为本书的出版所付出努力。本书的出版还得到了浙江省哲学社会科学规划项目的资助,在这里表示感谢。特别感谢本书的责任编辑,中国社会科学出版社的宫京蕾老师为本书出版所做的贡献!

　　多年以来,我的父母、妻子、女儿、姐姐、姐夫一直为我默默的付出,没有他们的宽容、理解与支持,我不可能完成本书的写作,本书是对他们最好的回报。

张兴亮

2015 年 10 月